rororo

ro
ro
ro

Zu diesem Buch

«Die sexuellen Phantasien der Deutschen» – Band zwei.
Ausgewählt aus über 700 Textbeiträgen und Fotos, die der Herausgeberin und dem Herausgeber während eines Jahres geschickt wurden.
Lustvoll erzählen Frauen und Männer von Seitensprüngen, Urlaubserlebnissen, Begegnungen mit dem unwiderstehlichen Unbekannten, Sex zwischen Frauen und Männern, zwischen Frauen, zwischen Männern, von erotischen Experimenten, gewagten Phantasien oder dem Kick mit dem vertrauten Menschen: pure Lust.

Über den ersten Band «Was uns anmacht» schrieb der *Spiegel* 1997: «Nancy Friday, die amerikanische Bestsellerautorin, muß sich schwer geirrt haben: Sie hat in ihren Büchern behauptet, Frauen träumen vom Sex mit Gorillas und Schäferhunden ...»

Hinweise zu den Textautoren, Bildgebern und Herausgebern finden sich auf den Seiten 285 bis 288.

Andrea Baldauf/Stefan Biele (Hg.)

PURE LUST

Sexuelle Phantasien der Deutschen

Rowohlt Taschenbuch Verlag

Originalausgabe
Veröffentlicht im Rowohlt Taschenbuch Verlag GmbH,
Reinbek bei Hamburg, April 1999

Umschlaggestaltung Notburga Stelzer
(Photo: IFA Bilderteam – Photex)
Satz: Sabon PostScript, QuarkXPress 3.32
Photo auf Seite 3: Martin Krake
Gesamtherstellung Clausen & Bosse, Leck
Printed in Germany
ISBN 3 499 60635 6

INHALT

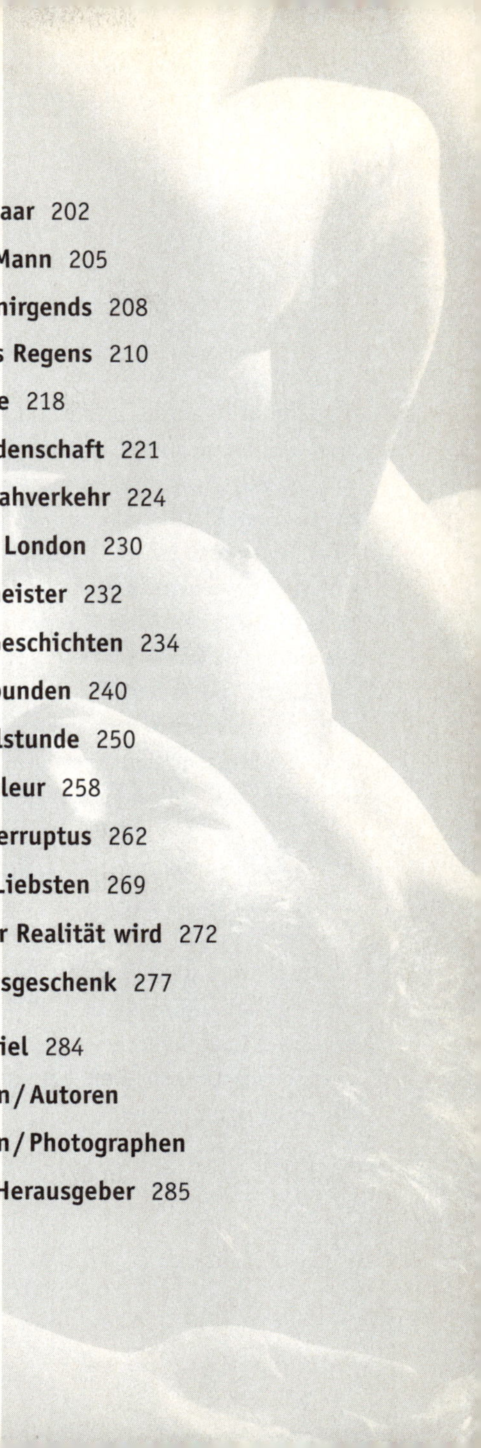

VORWORT

Pure Lust

Vor Ihnen liegt der 2. Band der Reihe «Die sexuellen Phantasien der Deutschen». Auf den nächsten Seiten finden Sie die aufregendsten, sinnlichsten, wildesten oder ungewöhnlichsten erotischen Phantasien und Erlebnisse. Ausgewählt aus über 700 Textbeiträgen und Photos, die uns während eines Jahres geschickt wurden. Lustvoll erzählen Frauen und Männer von Seitensprüngen, Urlaubserlebnissen, Begegnungen mit dem unwiderstehlichen Unbekannten. Sex zwischen Frauen und Männern, zwischen Frauen, zwischen Männern, von erotischen Experimenten, gewagten Phantasien oder dem Kick mit dem vertrauten Menschen: pure Lust.

Über den 1. Band «Was uns anmacht» schrieb der *Spiegel* 1997: «Nancy Friday, die amerikanische Bestsellerautorin, muß sich schwer geirrt haben: Sie hat in ihren Büchern behauptet, Frauen träumen vom Sex mit Gorillas und Schäferhunden ...»

Auch mit diesem Buch wollten wir dem näher kommen, was Frauen und Männer in Deutschland denn wirklich anmacht. Dazu schalteten wir neben Aufrufen in Radio- und Fernsehsendungen in überregionalen Tages- und Wochenzeitungen folgende Anzeige:

LUST
&
LIEBE

Für das Buch «Pure Lust – Sexuelle Phantasien der Deutschen» (Rowohlt Verlag) suchen wir Ihr schönstes sexuelles Abenteuer, ein aufregendes Erlebnis, eine wilde oder gefühlvolle Phantasie, ein sinnliches Foto. Gerne mit Alter, Geschlecht, Beruf.

Redaktion Lust & Liebe

Postfach 103501, 28035 Bremen

Von Beiträgen mit ein paar Zeilen bis zu Mappen mit zahlreichen Texten, von kleinen Gedichten bis zu Geschichten über etliche Seiten war alles dabei. Und das unterscheidet sich erheblich von dem, was Nancy Friday in den 70er Jahren von dem Sexleben der Amerikaner berichtet hat. Kein Wunder, fast 30 Jahre sind vergangen. Deutschland ist nicht Amerika. Die sexuelle Revolution, Frauenbewegung, Mediengesellschaft … haben ihre Spuren hinterlassen. Frauen treten selbstbewußter auf, Männer verwechseln Sex nicht mit einem Leistungssport, oder?

Wir betrachteten einen Großteil der Beiträge genauer: wer schrieb uns, was unterscheidet die sexuellen Drehbücher der Geschlechter, gibt es ein Lieblingsambiente für erotische Erlebnisse oder Wünsche …? Dazu mehr in diesem Vorwort. Einen Querschnitt der Einsendungen, 56 Geschichten, finden Sie daran im Anschluß – von phantastisch bis authentisch, von sanft bis exzessiv.

Über die Texte

Uns schrieben Menschen zwischen 20 und 75 Jahren. Die Mehrzahl der Frauen ist im Alter zwischen 20 und 35 Jahren, während im Durchschnitt das Alter der Männer etwas über dem der Frauen liegt.

Etwa 60 % der Einsender sind männlichen Geschlechts. Wenn man die Anzahl und die Länge der Geschichten hinzurechnet, verschiebt sich der Anteil weiter zu Gunsten der Männer. Von ihnen sind die längsten Beiträge verfaßt. Das ist erstaunlich, denkt man doch vielfach, eben diese kommen beim Thema Sex ohne Umschweife zur Sache. Auch bedenkenswert: je älter die Einsender (auch die Einsenderinnen) desto länger werden die Beiträge. Die Spanne reicht von nicht einmal einer bis zu einem Dutzend Seiten. Manche Texte haben fast literarische Qualitäten.

Viele der Geschichten sind authentisch, bestechen durch Ehrlichkeit oder Einzigartigkeit. Während jüngere Frauen überwiegend von realen Erlebnissen berichten, tragen ältere Frauen eher mit erdachten Geschichten zum Buch bei. Vergleicht man die Geschlechter, spielt sich bei den Männern wohl ein größerer Anteil der Beiträge im Kopf als im Bett ab.

Verwundert hat uns auch die Offenheit: etwa 90 % aller Einsender gaben ihren Namen an. Beim Alter war man schon zurückhaltender, oder besser gesagt, **Mann** war zurückhaltender, 20 % von ihnen wollten nicht so recht raus mit ihrem Alter. Wenig beteiligt haben sich Schwule, ganz im Gegensatz zu Frauen, die von lustvollen Begegnungen mit Frauen erzählen. Ob Schwule sich stärker in Insiderkreisen bewegen, während gleichgeschlechtlich orientierte Frauen schon eher den Blick auf Hetero-Sex werfen?

Wie sieht's mit dem Inhalt der erotischen Träume und Erlebnisse aus? Z. B. Gruppensex: nur eine kleinere Zahl der sexuellen Phantasien dreht sich um Sex mit drei und mehr Menschen. Das erotische Abenteuer mit einem anderen scheint für den Kick völlig auszureichen. Und dabei unterscheiden sich die Geschlechter nicht. Das gilt auch für die Umgebung. Ganz beliebt sind die eigenen vier Wände. In zwei Drittel der Geschichten findet Sex zu Hause, im Hotel oder in der Ferienwohnung statt. Erst danach kommen lustvolle Inszenierungen z. B. in Büros, in Umkleidekabinen von Boutiquen, im Schwimmbad oder Filmstudios. In nur 10 % werden Plätze gesucht, an denen es ganz öffentlich werden kann (oder soll?): am Strand oder Wegesrand, am See oder auf einer Brücke inmitten einer tosenden Großstadt, wobei Männer tendenziell öfter den Kribbel der Öffentlichkeit suchen.

Risikofreudiger werden die Menschen bei der Wahl der Partner: am reizvollsten scheint's mit den Unbekannten, ganz vertraut sind nur etwa ein Viertel miteinander. Viele Einsender schreiben liebevoll, legen großen Wert auf die Beziehung zu dem Menschen, mit dem's zur Sache geht oder gehen soll.

Und wie sieht's mit der Initiative für das Abenteuer aus? Ganz zufällig ergeben sich die wenigsten Beziehungen. Bei den Männern ist das eigene Geschlecht deutlich aktiver: nur in jeweils 15 % der Fälle träumt der Mann, daß entweder die Frau oder Mann und Frau zusammen die Initiative ergreifen. In den Frauengeschichten wagen Frauen und Männer etwa in gleicher Zahl den ersten Schritt zum Kennenlernen.

Anders wird's dann schon, wer dem anderen die sexuellen Absichten andeutet: sowohl die Frauen als auch die Männer wünschen sich zu mehr als 50 % vom jeweils anderen verführt zu werden, etwa 10 % zeigen sich gleichermaßen ihre Lust. Nur ein Drittel riskiert den ersten eindeutigen Schritt selber.

Ganz stimulierend ist offensichtlich, wenn der oder die Partnerin einen sexuell verwöhnt. Nur 10 % der erzählenden Frauen und ein Drittel der Männer sind die sexuell aktiveren in den eigenen erotischen Träumen. Bei einem Viertel sind beide Geschlechter etwa gleich um den anderen bemüht.

Entgegen dem Zeitgeist und der Vorliebe der Erotikmagazine des Fernsehens bewegen sich die größte Anzahl der Geschichten fern ab von extremen Formen von Sexualität. Sex mit Tieren bleibt die Ausnahme. Sado-Maso, Lack, Leder, Fetische oder sex-technisches Zubehör mag man lieber auf dem Bildschirm betrachten als selber erleben. Dennoch haben wir ein paar dieser Geschichten aufgenommen, um den Spielraum zu zeigen, in dem sich das Knistern bewegt oder bewegen kann. Sie sind in diesem Buch überrepräsentiert.

Die beliebteste erotische Begegnung ist die Berührung, von sanft und angedeutet (z. B. mit Blicken) bis zum Beißen und mehr. Auf der Hitliste der eindeutigen Praktiken steht sowohl bei den Frauen als auch bei den Männern der klassische Sex (Vaginalverkehr) ganz oben, gefolgt von oraler Befriedigung. Frauen wie Männer wünschen sich etwas häufiger, daß jeweils der andere einem mit dem Mund Vergnügen bereitet. Ungewöhnlichere Formen kommen bei beiden Geschlechtern vor. Bis auf eine. Die Lust am Urinieren des Partners oder vielmehr der Partnerin ist eine Lust, die uns ausschließlich Männer berichteten.

Wie wichtig ist der Orgasmus in den Phantasien? Männern offensichtlich wichtiger: während in Beiträgen von Frauen der Höhepunkt nicht so häufig erwähnt wird, erleben die Hauptakteure in den Männergeschichten im Durchschnitt eine größere Anzahl von Höhepunkten. Bei den Geschlechtern steht der eigene lustvolle Höhepunkt stärker im Vordergrund: insgesamt wird der Orgasmus des anderen seltener beschrieben.

Die exzessiven Inszenierungen mit einer größeren Zahl und

unterschiedlichen sexuellen Praktiken malen sich eher die jüngeren Frauen und Männer aus, wobei im Geschlechtervergleich die Männer deutlich vor den Frauen liegen.

Lange galt in der wissenschaftlichen Diskussion die Annahme, sexuelle Phantasien seien Indizien für unbefriedigte erotische Wünsche. Besonders psychoanalytisch orientierte Wissenschaftler sahen sexuelle Träume als Kompensation von Unzufriedenheit. Sicher können erotische Inszenierungen sexuelle Bedürfnisse aufzeigen. Neuere Studien legen eher nahe, daß Menschen mit reichen sexuellen Phantasien ihre erotischen Erlebnismöglichkeiten – auch mit realen Partnern – entwickeln und Lustträume eher mit sexueller Zufriedenheit einhergehen. Bei der Durchsicht der Beiträge konnten und wollten wir nicht entscheiden, welche Motive hinter den Träumen stehen.

Finden nun sexuelle Phantasien auf der Spielwiese ungezügelten Verlangens statt oder bewegen sich die Geschichten zwischen Sanftheit und Blümchensex? Werden Wünsche vorsichtig ausgehandelt oder probieren die Geschlechter, was ihnen in den Sinn kommt? Zugegeben, erotische Träume könnten in größerem Maße die Grenzen des Bekannten sprengen, als etliche Beiträge in diesem Buch das tun. Möglicherweise liegt das an der Vielzahl der realen Erlebnisse. Langweilig sind sie dadurch nicht – ganz im Gegenteil. Sexualität findet statt zwischen propagiertem sexuellem Überfluß in Zeitschriften, Fernsehmagazinen und der Werbung und einer in den letzten Jahren zunehmenden Lustlosigkeit auch bei Männern. Sexualität haftet Gewalt an, Zwang, Ausbeutung, Ausdruck des Machtgefälles zwischen den Geschlechtern.

Gunter Schmidt, der bekannte Hamburger Sexualwissenschaftler, befürchtet, daß neben den legitimen Verboten nicht tolerierbarer sexueller Aggressionen sich Sanktionen auf die Leidenschaft und Erotik verheerend auswirken können. Nämlich dann, wenn man der Sexualität sämtliche aggressiven Anteile raubt, wie er in seinem Buch «Sexuelle Verhältnisse» schreibt. Aggressive Anteile in seinem Sinne sind Verführung, Umarmung, der Geschlechtsakt, das «In den anderen Eindringen», also das Überwinden von Körpergrenzen. Sexualität habe immer aggressive Anteile: der leidenschaftliche Kuß, die wilde Umarmung. Sexualität sei dann lustvoll spannend, wenn sie zumindest Spuren von Risiko und Angst enthalte, und zwar in halbwegs kontrollierbaren Ausmaßen. Ohne diese Spuren ende die Sexualität in Gleichgültigkeit und Langeweile. Das mag gelten, solange die aggressiven Anteile Begehren zeigen und Kreativität fördern, die beteiligten Menschen den Respekt für die Grenzen des anderen im Auge behalten. Solange Schmidts These keine neue Norm formuliert, mag sie der lustvollen Seite der Sexualität dienlich sein. Wir hoffen, daß letzteres auch für dies Buch gilt und wünschen allen Lesern viel Spaß.

Zum Schluß ein großes Dankeschön an alle, die an der Entstehung dieses Buches beteiligt waren. In erster Linie an all die Menschen, die uns ihre Geschichten und Photos anvertraut haben. Wir hoffen, daß auch denen dieses Buch so gut gefällt wie uns. Wenn Sie mitmachen möchten bei einem 3. Band dieser Reihe, blättern Sie doch bitte im Nachspiel.

Andrea Baldauf/Stefan Biele, im Dezember 1998

Eine haarige Angelegenheit

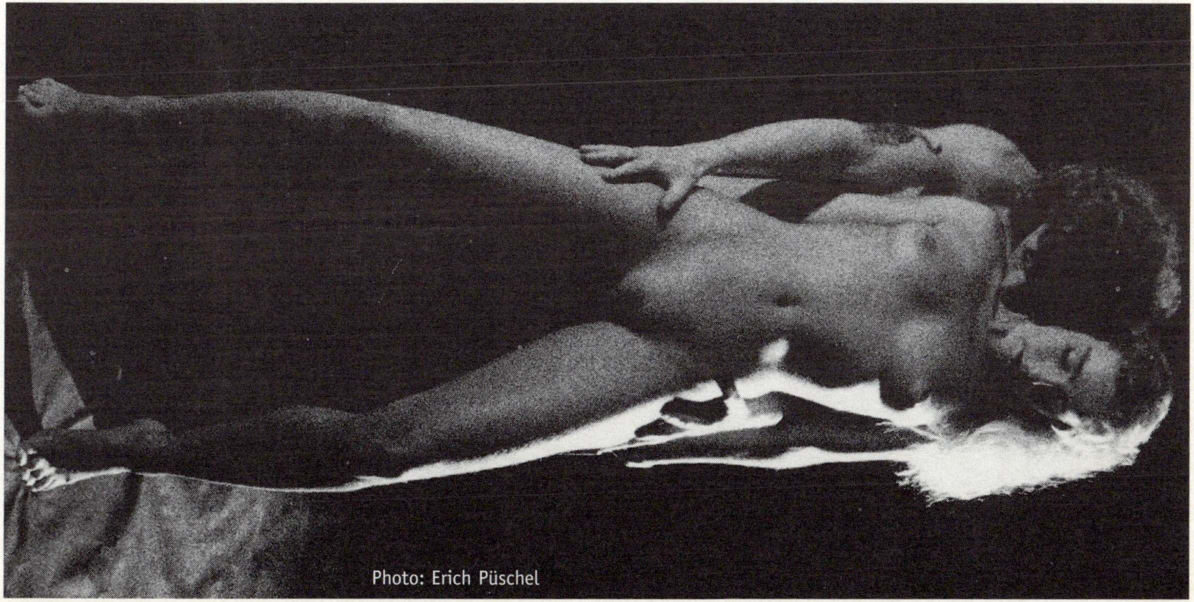

Photo: Erich Püschel

Sie haßte die Haare an den Körpern anderer Menschen fast mehr als alles andere. Wenn sie im Sommer durch die Stadt lief und Männer in Achselshirts mit ihren darunter hervorquellenden Haaren sah, die sich häufig auch auf Schultern und Rücken ausbreiteten, überkam sie ein Gefühl von Ekel und Abstoßung.

Sie selber besaß Haare natürlich auf dem Kopf und zwischen den Beinen, wovon sie glaubte, bei ihr würden sie dorthin gehören. Sie konnte sich noch gut an jene Augenblicke zurückerinnern; Augenblicke voller Spannung und Erotik, in denen sie sich an einem männlichen Körper hinabbewegte, am Bauchnabel vorbei, und plötzlich auf ein Büschel von Haaren stieß.

Und obwohl sie versuchte, es mit aller Kraft zu ignorieren, half es nicht viel, denn als sie gerade voller Leidenschaft diesen glatten, harten Schwanz in sich saugte, daran leckte, und eine Stimme von oben hechelte: «Ja, mach weiter, das ist so geil!», riß ein langes, hartes Haar sie aus ihrer Konzentration, indem es sich einfach von seinem Ursprung löste und sich geschickt in ihren Mund verirrte.

Angewidert ließ sie den Schwanz aus ihrem Mund gleiten, und suchte nun verzweifelt mit zwei Fingern das widerspenstige Etwas. Es schien sich immer mehr zu verkriechen, immer dann, wenn sie glaubte, es zu haben, schlüpfte es wieder weg, suchte sich seinen Weg weiter nach hinten, Richtung Rachen, und drohte sie zu ersticken. Sie röchelte vor sich hin, das eben noch so straffe Ding vor ihr hatte sich bereits wieder zu einem schlaffen Knäuel zusammengerollt.

Die letzte Möglichkeit, sich vor dem Ersticken zu retten, bestand darin, einen Schluck zu trinken, um dieses hartnäckige, eklige Haar endlich loszuwerden. Sie tat es, und im gleichen Moment wurde ihr klar, daß das zwar ihr Leben gerettet hatte, es aber dafür jetzt in ihr war.

Nicht, daß sie Probleme damit hatte, körperfremde Dinge in sich zu haben, geschweige denn herunterzuschlucken, aber es mußte ja nicht unbedingt ein Haar sein! Ehrlich gesagt wäre es das Letzte, was sie freiwillig in sich aufnehmen würde. Und so nahm diese Nacht ein schnelles, etwas unangenehmes Ende, wie schon so viele vorher.

Sie machte sich jedoch keine Gedanken darüber, wie es den Männern erging, die sie leckten. Da waren auch Haare im Weg, aber irgendwie fand sie die rasierten Frauen auf den Bildern, die sie gesehen hatte, immer etwas nackt und unnatürlich.

Vielleicht war sie auch einfach zu egoistisch und zu faul, tagtäglich eine Rasur über sich ergehen zu lassen, die wahrscheinlich schmerzhaft wäre, und sowieso würden wohl die Haare so schnell wieder wachsen, daß es gleich anfangen würde zu jucken, und man müßte sich bei der Arbeit oder beim Einkaufen immer unauffällig irgendwohin zurückziehen, um sich dann durch ausgiebiges Kratzen Erleichterung zu verschaffen.

Doch alles sollte anders kommen.

Seit längerer Zeit hatte sie einen Geliebten, mit dem sie sich mehr oder weniger regelmäßig traf, um hauptsächlich ihren gemeinsamen sexuellen Gelüsten nachzugehen. Sie kannten ihre Körper genau, jeder wußte von dem anderen, was er mochte und was nicht, doch trotzdem gab es immer wieder Überraschungen, neue Sachen, die sie ausprobieren wollten, es wurde also nie langweilig. Sie waren beide offen für Extreme, der sogenannte «Blümchensex» würde für sie nicht in Frage kommen. Es mußte schon immer etwas extravagant und manchmal auch etwas brutal sein.

Dieser Geliebte besaß natürlich nicht ein einziges Haar an seinem Körper, das eine perfekte Liebesnacht hätte unsanft zerstören können. Sie konnte also ungeniert an ihm herumlecken – wo auch immer –, ohne daß sie befürchten mußte, daß ein drahtiges langes Haar mal wieder versuchen würde, ihr nach dem Leben zu trachten. Deswegen war ihr Geliebter wohl auch so von ihr geliebt.

Eines Abends kam er wieder mal zu ihr, und sie fielen schon auf dem Sofa im Wohnzimmer übereinander her, bissen sich gegenseitig in die Hälse, was ihr sogenanntes Spezialgebiet war, denn es waren keine normalen, zärtlichen Bisse, wie ein frisch verliebtes Paar sie mögen würde. Es waren starke, aggressive Bisse, wie die eines wilden Tieres, die Spuren hinterließen, für die man im Alltag gewöhnlich eine relativ logische Erklärung suchte, wenn die anderen einen mal wieder anstarrten und bei dem Anblick schmunzelten oder vor sich hin kicherten.

Das Problem war nur, es gab einfach keine halbwegs vernünftige Erklärung für offensichtliche Bißwunden an der Kehle, wenn man nicht gerade einen Hund besaß. Aber um plausible Erklärungen kann man sich in einem dieser bissigen Momente nun wirklich keine Gedanken machen.

Also bissen und leckten sie weiter an sich herum. Von Zeit zu Zeit drückte sie ihm mit ihren Händen oder mit seinem Gürtel den Hals zu. Sie mochte es, Macht über ihn zu haben, doch dieses Spiel funktionierte andersherum genauso gut, und so zog er sie gierig, aber bestimmend aus, und drängte sie ins Schlafzimmer, wo er ihr befahl, sich hinzusetzen und sie fragte, ob sie ihm bedingungslos vertrauen würde.

Nicht wissend, was mit ihr passieren würde, antwortete sie trotzdem mit einem leisen: «Ja, das tue ich.»

Er legte sie hin und band ihr etwas um die Augen. Er hatte

ihr nun einen dieser Sinne geraubt, tat es auch mit dem nächsten, indem er ein dickes Seil aus seiner Tasche zauberte und ihr damit nun die Hände über dem Kopf am Bett festknotete. Das einzige, was ihr blieb, war ihr Gehör – den Geschmacks- und Geruchssinn konnte sie hier momentan nicht einsetzen –, und so hörte sie, wie er des öfteren das Zimmer verließ, sie hörte einen laufenden Wasserhahn und wie er in seiner Tasche herumwühlte.

Ihr war kalt, so ganz nackt und gefesselt auf ihrem Bett. Sie bekam am ganzen Körper Gänsehaut, und so langsam hatte sie eine Vorstellung, was er wollte. Er hatte schon mal damit gedroht, doch sie ging nicht darauf ein, und vergaß es schnell wieder.

Ihr wurde noch kälter, als er eine weiche Substanz auf sie schäumte, und nun bestätigte sich ihre Vorstellung. Er hatte vor, sie ganz glatt zu machen, so wie er es selbst auch war. Ihr schossen die Vorstellungen über das Jucken und das schmerzhafte tägliche Rasieren durch den Kopf, aber mit ihrem bestätigten Vertrauen hatte sie es ihm nun mal erlaubt.

Er schäumte sie ein und begann vorsichtig jedes einzelne Haar zu entfernen, und es tat ihr gar nicht weh. Es war eher spannend, und auf eine bestimmte Weise erotisch, und so genoß sie es letztendlich doch. Er faltete ihre Lippen auseinander, um auch an die etwas schwerer zu erreichenden Stellen zu gelangen. Zwischendurch plätscherte er mit dem Rasierer in einer Schüssel mit Wasser, die er neben das Bett gestellt hatte. Zum Schluß wusch er sie mit lauwarmem Wasser gründlich ab, damit auch kein Rasierschaumgeschmack zurückblieb. Er trocknete sie ab, band sie aber noch nicht los und fing an sie zu küssen. Er sagte mit erregter Stimme: «Jetzt bist du ganz glatt!»

Er leckte über die Stelle, wo sie einst Haare besaß, und es fühlte sich gut an. Er leckte weiter hinab, wo sich der feuchte Eingang zu ihr befand. Sie konnte noch immer nichts sehen, dabei sah sie ihm so gerne zu, wie er seine Zunge in sie vergrub, ihren Saft um seinen Lippen. Er leckte und leckte sie mit einer Wonne wie nie zuvor. Sie bettelte, er solle ihr ihre Augen zurückgeben, und schließlich tat er es auch.

Sie hätte ihn so gerne berührt, sein glattes, weiches Fleisch unter ihren Fingerspitzen gespürt, doch sie war schon froh, ihn wieder sehen zu können, wie er in sie tauchte, sie dabei verstohlen ansah, während er seine Zunge in sie gleiten ließ.

Ab und zu konnte sie einen Blick auf seinen Schwanz erhaschen, der hart in die Höhe ragte. Sie liebte diesen Schwanz. Sie hatte noch nie einen schöneren gesehen, wenn man in bezug auf dieses Körperteil überhaupt von Schönheit sprechen kann. Aber dieses Exemplar war wirklich eine Augenweide, und sie konnte sich niemals daran satt sehen.

Manchmal, wenn er schlief, saß sie einfach da, schlug die Decke zurück und starrte ihn an, so harmlos, wie er in schlafendem Zustand aussah, hatte er trotzdem nichts von seiner Schönheit verloren, wenn er nicht mit Blut gefüllt, sondern einfach ruhig dalag.

Bei vielen anderen Männern hatte sie ihn hinterher nicht mehr gemocht, sah er doch so anders aus, schrumpelig, zerknittert und ohne Leben. Nicht seiner. Er war immer vollkommen gewesen, egal in welchem Zustand.

Und nun versuchte sie verzweifelt, an seinem ebenso vollkommenen Körper vorbeischauen zu können, um ihn zu begrüßen. Sie hechelte:

«Na los, zeig ihn mir endlich, ich möchte ihn sehen und schmecken!»

Also richtete er sich auf, rutschte breitbeinig an ihrem Körper hoch und schob ihn ihr in den Mund. Sie umschloß den Geliebten, lange Vermißten mit ihren Lippen, umkreiste ihn mit der Zunge, spielte ein wenig mit ihm. Er gab das Tempo an, denn ihre Hände durfte sie noch immer nicht einsetzen.

Er hatte keinen starken Geschmack, was ihr gefiel, denn die

meisten Männer, die sie zuvor hatte, schmeckten ihr nicht immer.

Er bäumte sich vor ihr auf, stützte sich an die Wand. Er stöhnte immer sehr laut und liebte es, während des Aktes zu reden, auch wenn man aufgrund der großen körperlichen Anstrengung nicht immer alles verstand, machte es sie noch zusätzlich an. Diese gehechelte, außer Atem geratene Stimme, die sie schon allein hätte zum Wahnsinn treiben können.

Sie bat ihn, sie loszubinden, damit sie das frisch rasierte Stück betasten konnte. Sie schloß die Augen und streichelte ihren Bauch, bis sie zaghaft zu dieser neuen, glatten Haut gelangte. Sie kam sich fremd und nackt vor, sie fühlte sich wie diese Frauen auf den Bildern und wußte noch nicht recht, ob sie es mochte – ließ sich jedoch nichts anmerken.

Und so fuhren sie mit ihrem Liebesspiel fort, ölten sich gegenseitig ein, trieben es wild und heftig, rieben ihre beiden geglätteten Körper aneinander – kein Haar, nur Glätte. Eigentlich war es besser als sonst, denn nichts ziepte, störte, nichts konnte sich in irgendwelchen Haaren verkleben. Später stellte sie sich vor den Spiegel und betrachtete sich. Es sah noch ein wenig fremd aus, sie mußte sich erst daran gewöhnen. Doch von Tag zu Tag gefiel es ihr besser, und es juckte auch kaum, wenn sie sich regelmäßig rasierte, und später war sie froh, daß er es getan hatte, denn sonst würde sie immer noch mit diesem unnützen Busch von Haaren herumlaufen.

Denn wo sind Haare sonst ansehnlich und praktisch außer auf dem Kopf?!

Maya von Berg, 23 Jahre, Krankenschwester.
«Ich schrieb die Geschichte in Gedenken an meine Nächte mit M.»

Champagne Brut

Frankfurt Flughafen – in diesem Menschengewühl sollen wir uns treffen, so wie schon seit Jahren. Ich sehe sie erst im letzten Moment, wie immer schick in Schale, mit perfekter Frisur. Paris–Nizza, die Drinks werden serviert, sie ist aufgekratzt, redet ununterbrochen. Keine Rettung in Sicht, die Maschine ist völlig ausgebucht. Ich ärgere mich über alles, das miese Essen, die engen Sitze und daß ich mich zum xtenmal habe breitschlagen lassen. Zehn Tage Nizza mit meiner Mutter, einfach zum Kotzen.

Sie wird äußersten Wert auf meine Anwesenheit legen, mir teure blöde Kleider kaufen, mich auf Kerle hinweisen, sie mir sozusagen ans Herz legen, die vor Geld nur so strotzen und die sie sich als Schwiegersohn vorstellt. Genau diese Typen, wie sie auch in Frankfurt rumlaufen und ihrer Karriere hinterherhecheln, die Herren Autotelefon und Wichtig. Ich schwöre mir: Dies ist das letzte Mal! Dieser alte Plüschkasten voll mit mumienhaften alten Damen und verbrauchten Ehemännern, massenhaft Brillies auf gepudertem Kreppapier. Man kennt sich, bisou-bisou, Küßchen-Küßchen. Mein Freund war sauer, unser gemeinsamer Urlaub ist gestrichen und nun bin ich hier. Er wollte unbedingt in die Alpen und wandern gehen, in der Hitze die Berge rauf und runter, in den Pausen und ansonsten mir mit seinen Problemen in den Ohren hängen, seine Nöte als Assistenzarzt und so weiter ... Ich nippe am Tee, er schmeckt bitter. Ich langweile mich zu Tode. Man plaudert auf der Hotelterrasse, Skandale und Skandälchen werden aufgewärmt. Madame sitzt im Schatten und parliert.

– Morgen werde ich dir was Hübsches kaufen, mein Kind, wie immer hast du nichts im Koffer. Natürlich habe ich nichts im Koffer, habe wie jedes Jahr die ganz edlen Fetzen im Secondhandladen verkauft. Zu allem Elend sind in dieser Saison Bonbon-Farben angesagt, meine Mutter ist begeistert, zückt ihre güldene Kreditkarte und eilt in die nächste Boutique. Ein langhaariger, natürlich mit Zopf, arrangiert gerade die Auslage, mir sticht ein schwarzes, kurzes Kleid ins Auge. Madame begeistert sich an Hellrosa, Mint und Vanillegelb. Das Schwarze!! Der Schwule peilt die Zahlungsfähigkeit und hofiert sie. Ein Blick auf seinen Hintern. Warum haben Schwule immer die knackigsten?

Ich greife mir das Schwarze und verschwinde in der Kabine. Inzwischen ist die Inhaberin des feinen Ladens aufgetaucht und begrüßt Madame überschwenglich. Ich kämpfe mit drei winzigen Knöpfen, komme ins Schwitzen, verfluche den Fummel und will wieder raus. – Kann ich Ihnen behilflich sein? Der Vorhang hinter mir bewegt sich. Er hat kühle Hände, nestelt hinten an meinem Hals, streicht mir über den Rücken und fährt wie zufällig mit seiner Hand über meine nackte, feuchte Haut zwischen den Stoffrändern des Décolletés.

– Wenn der schwul ist, fresse ich einen Besen! Er faßt mich zart an die Schulter, dreht mich zu sich, ein kurzer, prüfender Blick bleibt hängen, eine Geste, ich verlasse die Kabine nur ungern. Madame schaut konsterniert, das Schwarze ist nicht in ihrem Sinne. Das ist klar, aber wir sind schneller. – Außerdem zu weit, murmelt der Assistent, holt es rasch eine Nummer kleiner und wir verschwinden abermals. Ich bin wie elektrisiert, meine Bewegungen ungeschickt, ich fühle seine Hände,

sie brennen förmlich durch den glatten Stoff, als er ihn über meinen Hüften glattstreicht. Er kniet vor mir, steckt den Saum eine Idee kürzer und streift dabei immer wieder mit seinen glatten Fingerspitzen über meine weißen Oberschenkel. Ich werde ganz zittrig, beobachte ihn im Spiegel, jung und noch ohne markante Züge. Sein Gesichtsausdruck konzentriert, zwei Stecknadeln zwischen den schmalen Lippen, eine steile Falte zwischen den dunklen Brauen mustert er mein Outfit und erhebt sich. Er bittet mich zu warten.
Zeit zu denken. – Warum nicht?????
Da erscheint er wieder, mit schwarzen Lackballerinas, einer dicken Haarspange und zwei goldenen Ohrklunkern. Greift wieder an meine Schultern, diesmal fester, dreht er mich zum Spiegel und arrangiert mit unglaublicher Zärtlichkeit meine Haare, steckt die Klammer fest, zupft hier und da ein paar Strähnchen raus. Massiert meine Ohrläppchen, knetet sie ein wenig. Ich spüre seinen Atem, klick, klick! Umfaßt für einen Moment meinen Hals, wir sehen uns durch den Spiegel in die Augen, seine kühlen Hände machen mich ganz irre. Seine Fingerspitzen! Ich bin eifersüchtig auf jede andere verdammte Kundin, das macht er doch nicht mit jeder! Oder?
Ich sitze auf dem Hocker in der heißen Kabine, er umfaßt meine Fessel, streift mir den Schuh über. So toll sieht er gar nicht aus, schießt es mir durch den Kopf, aber er hat Methode, das muß man ihm lassen. Der zweite Schuh, es nützt nichts. Ich muß aus der Kabine raus, mit weichen Knien zum großen Spiegel. Ich drehe und wende mich, alle Augen sind auf mich gerichtet, und ich finde, daß ich gut aussehe, ich fühle mich großartig in diesem Kleid, sehr weiblich und sexy. Das Outfit wird abgelehnt. Madame besteht auf einen champagnerfarbenen Rüschenfummel, die Inhaberin ist natürlich auf ihrer Seite. Auch sie hat haarscharf erkannt, das Schwarze ist zu

sexy, der tiefe Ausschnitt, die Schultern frei, der weiche, anschmiegsame Stoff, knalleng über den Hüften. Damit steche ich Madame aus. Bedauern in seinen, meinen Augen. Wir sind uns einig.
Am nächsten Abend liegt eine Karte im Fach an der Rezeption. Das Kleid ist reduziert worden, er erwarte mich um 19 Uhr in der Boutique. Ein kurzer, heftiger Wortwechsel, ich kralle meinen letzten Euroscheck. Auf dem goldverzierten Tisch im Laden ein Sektkübel, darin eine Flasche Lanson brut, eine rote Rose daneben. Ich bin baff! Und scharf! Irritiert, wo ist die Chefin? Er grinst ein bißchen verlegen, dann schließt er die Eingangstür hinter mir ab. Ich stehe da mit hängenden Armen, er faßt meine Hand und mit der anderen berührt er meine Brust, nicht zu leicht, nicht zu fest. Er nickt, ich nicke, er zieht mich in die Kabine. Dort hängt am Spiegel das Schwarze. Schuhe, Ohrschmuck, alles liegt bereit. Zielstrebig und mit sicheren Bewegungen entkleidet er mich, und wie für eine Zeremonie wird mir von kundigen Händen das Kleid angezogen. Wieder steckt er mir die langen Haare hoch, sein Gesicht ganz nah an meinem Nacken, mir scheint, sein Atem geht etwas schneller, heftiger, aber geduldig und sorgfältig richtet er meine Frisur, steckt mir aber nicht die Klunker an, sondern saugt an meinen Ohrläppchen, knabbert, beißt und züngelt, während seine Hände über meine Brüste streichen. Ich sehe ihn hinter mir im Spiegel, fühle seine Erregung. Das Licht ist gnadenlos, wie immer in solchen Kabinen, heute macht es mir nichts. Ich schließe einfach die Augen und meine Hände sind an seinen Hüften, ich taste nach hinten an den muskulösen Po. Er dreht mich zu sich, drückt mich nach hinten an den kalten, glatten Spiegel, eine kleine Ablage davor schiebt meinen Unterleib nach vorne, meine Hände werden über meinem Kopf festgehalten, und er drängt sich an mich, küßt mich.

Seine schmalen Lippen berühren mich zuerst zart, dann aber dringt seine Zunge heftig und tief zwischen meine Zähne. Wir spielen, erkunden uns, er küßt göttlich, drängt sich weiter an meinen Leib und läßt mich sein scharfes Teil fühlen. Mit einer Hand hält er meine Hände über dem Spiegel fest, und während er mich immer noch küßt, tastet er nach den Ohrringen, zieht den Ausschnitt des Kleides unter meine Brüste und knipst die Dinger an meine knallspitzen Brustwarzen. Das ist zuviel, ich bin so feucht wie nie, das Telefon klingelt – bleib so!
Er verschwindet, kommt innerhalb von Sekunden wieder mit der Flasche Champagner. Das Telefon! Er gießt einen winzigen Schluck in meinen gierigen Mund, seine Lippen fangen den Tropfen am Kinn auf. Ein paar Tropfen auf meine stehenden, brennenden Brustwarzen, er massiert sie, klemmt die Ohrringe wieder an, streift mit seinen festen, schmalen Händen über meinen Bauch, meine Hüften und befiehlt mir, die Arme oben zu lassen. Unmöglich!, aber doch, ich lasse sie oben, er kniet nieder, schiebt langsam das Kleid etwas höher, drängt meine Beine auseinander und spielt mit meinem Vlies. Zupft, streichelt, fühlt, wie klatschnaß ich bin, und kostet den Saft. Ich stehe auf den Zehenspitzen, alle Muskeln angespannt und werde fast wahnsinnig. Seine Finger dringen in mich, seine Zunge ist überall, er schaut zu mir auf – laß die Hände oben! Ich wußte es, er hat mich! Fühle es kommen, ich zittere, will es hinauszögern, ein wütiger Orgasmus überfällt mich. Wir lieben uns heftig in der Kabine, es ist eng und heiß. Im Hinterraum zwischen Bügelbrett, Plastikhüllen und Kartonagen fressen wir uns gegenseitig auf, lecken unseren Schweiß, verschlingen uns.
Taxi! In seiner Wohnung duschen wir. Das Kleid sitzt wie angegossen. Zum Glück habe ich einen knallroten Lippenstift dabei. Er nickt – perfekt! Wir radebrechen Französisch, er ist Italiener. Ich bin sicher, er ist der Lover der Inhaberin, es ist mir

egal. Heute ist ein Glückstag, meiner Haut kann man es ansehen, rosig durchblutet, und meine Augen haben einen ganz besonderen Ausdruck.
Irgendwo unter Palmen essen wir wunderbar gegrillten Fisch und trinken mehr Champagner. Wir lachen, haben alle Zeit der Welt, Nizza entfaltet seinen Zauber nur für uns.
Gegen Morgen erscheine ich im Plüschkasten. Madame macht einen Aufstand. Ist mir auch egal. Am Abend überreicht mir der Portier mit einem geilen Grinsen wieder eine Karte. Als ich bei ihm eintreffe, hängt an der Badezimmertür neben dem Schwarzen ein Chiffonkleid mit Spaghettiträgern in einem umwerfend leuchtenden Rot. – Damit du was zum Wechseln hast, meint er. – Laß uns nach Monte-Carlo ins Casino fahren, unser Glück herausfordern, wer weiß?

Isabel Cordero

Als ich das erste Mal mit Anita schlief, hatte ich mir kurz vorher beim Holzhacken die Kuppe des linken Zeigefingers amputiert (natürlich aus Versehen). Obwohl ich kein wehleidiger Mensch bin, saß ich lange an dem derben Holztisch unserer großen Wohngemeinschaftsküche und weinte. Die abgetrennte Kuppe hatte ich vor mich auf den Tisch gelegt, für den Fall, daß jemand kommen und mich fragen würde:

«Warum weinst du?»

Ich hatte die Hoffnung auf medizinische Hilfe und ein paar tröstende Worte schon fast aufgegeben, als ich Anita am Küchenfenster vorbeilaufen sah. Ich hob schnell die blutende Hand und winkte ihr zu.

Sie kam herein und besah sich die Wunde. Sie tat so, als würde sie etwas davon verstehen, dabei hatte sie keine Ahnung. Weil sie offensichtlich nicht wußte, was sie tun sollte, nahm sie behutsam die abgehackte Kuppe vom Tisch und setzte sie mit einem pfiffigen Lächeln auf die Schnittstelle. Natürlich paßte sie. Dann drehte sie die Spitze um, so daß die Vorderseite mit dem Nagelrest zur Handfläche zeigte. Vielleicht wollte sie mich aufheitern.

Seltsamerweise hatte sich ihr Atem während dieser Experimente beschleunigt, ohne ersichtlichen Grund ließ sie meine Fingerkuppe plötzlich fallen (sie rollte unter die Spüle – schiefe Ebene) und setzte sich auf meinen Schoß.

Sie streicht durch mein Haar, knöpft mein Hemd auf, rutscht auf meinem Schoß hin und her, knetet meinen Hintern und küßt mich. Mir ist jede Art von Trost recht, ich habe einen Teil meines Körpers verloren, und sie versucht, einen Teil meiner Selbständigkeit, meiner Seele zu amputieren und mein Herz zu durchbohren.

Ach ja, es geht nicht nur ums Herz. Da ist noch etwas anderes. Nicht so groß, nicht so schwer, doch auf ähnliche Weise pulsierend. Und auch hier bedient sie sich, nimmt Herz und Schwanz als Kombipack, sie ist zufrieden mit ihrer Entscheidung, quiekt und grunzt, und mir ist es recht, so recht. Ich halte den verkürzten Finger über uns, wir wollen ihn nicht sehen, er tut nicht mehr weh, man darf nur nicht hinschauen, wir konzentrieren uns auf den langen, unversehrten Finger, der in ihr steckt, den Kontakt herstellt, der Sprachlosigkeit und Verlegenheit überbrückt, den Kreis schließt. Und der unverletzte Finger, der aus meiner Mitte wächst, kann sich nicht entscheiden, ob er herein will oder heraus, jede Sekunde überlegt er es sich anders – rein, raus –, und wir beide freuen uns über seine Unentschlossenheit, was würden wir ohne ihn machen?

Vielleicht würden wir Musik hören, einen Joint rauchen, etwas essen. Nebensächliches.

Jetzt aber gibt es Wichtiges zu tun. Ich stütze mich mit den Armen auf, sehe für einen Moment in Anitas Gesicht und verliebe mich. So schnell geht das. Vielleicht geht es auch langsamer, aber dann ist es etwas anderes.

Anita setzt sich auf, ohne Rücksicht auf das fehlende Glied, aber mit sehr viel Rücksicht auf das vorhandene. Sie sieht mir in die Augen, sprachlos, aber nicht verlegen. Später wird sie mir erzählen, daß sie sich konzentriert hat, sich nicht zu verlieben, und daß es nicht funktioniert hat.

Es war *ihre* Idee, zu vögeln, jetzt will sie hören, daß es eine gute Idee war, als Aufforderung stößt sie einen kurzen, fast unauffälligen Schrei aus, ich spritze in sie, viel Aufgestautes und Schmerzhaftes ist mit darin, ich horche in mich hinein, ob noch etwas kommt, dann sage ich:

«Das war eine gute Idee.»

Genauso lief unsere erste «Vögeln-und-Verlieben-Begegnung» ab. Noch zweimal an diesem Tag begossen wir unsere neue Freundschaft, wie es sich für Frischverliebte gehört. Nicht im Traum wäre ich auf die Idee gekommen, daß mit Anita etwas nicht stimmte.

Aber bereits am nächsten Morgen stand ich vor einem Rätsel – im wahrsten Sinne des Wortes. Ich erwachte mit einem prächtigen Ständer, wurde mir bewußt, daß ich von nun an meine Erektionen nicht mehr egoistisch behandeln durfte und schob mich sanft zwischen Anitas Beine. Aber sie zeigte sich unwillig, entzog sich meiner zärtlichen Attacke und stieg schließlich aus dem Bett. Was war los mit ihr?

Abends kam sie wieder zu mir, zärtlich, anschmiegsam, aber ohne eine Spur von Geilheit. Irgendwann schliefen wir eng aneinandergekuschelt ein.

Am nächsten Morgen bedrängte ich sie nicht, was mir schon etwas schwer fiel. Aber ich wollte Anita den entscheidenden Schritt machen lassen. Sie hatte ja schon überzeugend bewiesen, daß sie dazu in der Lage war. Aber *wann* würde sie es tun? Und *wo*?

Sie tat es noch vor dem Frühstück im Wald. Aber warum? Wir waren Hand in Hand zum Nachbarhof gelaufen, um frische Milch zu holen. Wir ließen uns die verbeulte Blechkanne füllen, wechselten ein paar Worte mit dem Bauern und machten uns dann auf den Rückweg. Wir waren keine drei Meter gelaufen, als mich der Hofhund, ein widerlicher, pygmäenhafter Kläffer, der mich genauso haßte wie ich ihn, an der rechten

Wade erwischte. Dafür, daß das Vieh kaum größer als ein Kaninchen war, tat es verdammt weh. Ich stöhnte und fluchte, Anita aber lachte und zog mich weiter, drängte mich vom Weg ins Unterholz und riß mir, immer noch lachend, die geschändete Hose herunter.

Anita hat es sehr eilig, sie ist unruhig, wird nervös, als würde jeden Augenblick ihr Bus kommen. Ich liege auf dem Rücken, Tannennadeln stechen meinen nackten Hintern, die Erektion läßt auf sich warten. Der Schwanz liegt schlaff und beleidigt auf meinem Oberschenkel. Er streikt, protestiert.

«So geht das aber nicht», beschwert sie sich, «ohne jede Vorwarnung.»

Anita scheint schließlich Verständnis für seine Reaktion zu haben. Sie beugt sich zu ihm herunter, flüstert ihm ein paar aufmunternde Worte zu, streicht mit der Zunge langsam vom Schaft bis zur Spitze. Und noch einmal, ganz langsam. Jetzt ist der Weg für ihre Zunge schon deutlich länger. Der Schwanz legt seine Empörung ab, er wirkt versöhnlich, kooperativ. Anitas Lippen schließen sich um ihn, er fühlt sich geschmeichelt, geehrt. Er will kein Spielverderber sein, er macht ja alles mit, man muß ihn nur respektieren.

Anita zaubert aus ihrem langen Rock ihren Slip hervor, sie hängt ihn an einen dünnen Ast über meinem Kopf. Dann hebt sie den Rock, setzt sich auf mich, sie will endlich die Früchte ihrer Arbeit spüren, will die Ernte einfahren. Und sie tut es, laut und ganz ohne Scham, sie schreit ihre Lust in den kühlen Morgen, die Vögel verstummen, die Ameisen ziehen sich verlegen zurück, der Schmerz in meinem Unterschenkel ist betäubt, nichts ist zu hören außer Anitas Lust, niemand wagt es, die Meisterin zu unterbrechen.

Endlich sackt sie über mir zusammen, die rauhe Wolle ihres Pullovers kitzelt meine Brust, ich rolle Anita herum – «He, ich habe auch noch ein Wörtchen mitzureden» –, stoße in einem irren Rhythmus zu, dann spüre ich es fließen unter mir. Anita öffnet die Augen, die jetzt fast schwarz sind, die goldenen Fünkchen der Begierde gelöscht.

Taumelnd und schwankend stehen wir auf, sammeln Hose, Slip und Milchkanne ein, zögernd und mit unsicheren Schritten machen wir uns auf den Weg. Die Ameisen laufen wieder, die Vögel schimpfen hinter uns her, aber wir hören es kaum.

Das also war das Erlebnis mit dem Hund, der Milchkanne und dem Wald. Und mit Anita natürlich. Tja, Anita. Was war mit ihr los? Irgend etwas stimmte da nicht. Sollte es möglich sein, daß sie …? Ich hegte einen ganz bestimmten Verdacht. Noch am gleichen Abend sollte er sich erhärten.

Unsere Wohngemeinschaft befand sich vollzählig in der geräumigen Küche des halb verfallenen Resthofes. Hinter der baufälligen Scheune im Westen versank eine blasse Sonne. Die Stimmung war heiter und warm. Wir lachten und schwatzten, tranken und kifften, bereiteten ein aufwendiges Abendessen vor. Es kam nicht oft vor, daß wir zu sechst gemeinsam aßen. Aber heute waren alle da. Paul, der arbeitslose Ingenieur, der pro Tag drei bis vier nutzlose Erfindungen machte. Harry, der sich mit seinem Soziologiestudium beeilen mußte, damit es nicht übergangslos im Rentnerdasein endete. Mareike, die stets gut gelaunte drogenschmuggelnde Holländerin («Ich bin in der Pharmabranche») mit dem großen Herzen und dem gewaltigen Appetit auf dicke Joints und schlanke Männer. Jacqueline, die scharfzüngige Medizinstudentin, deren wunderschöne Augen zur Bedeutungslosigkeit verdammt waren angesichts der Konkurrenz perfekt geformter Brüste.

Ja, und Anita, meine rätselhafte Freundin und unberechenbare Geliebte. Schließlich ich selbst, Conrad, der unbeholfene Physiker, ohne Erfahrung im Drogenhandel, unfähig zum Erfinden, schwach in Soziologie, weder scharfzüngig noch mit schönen Augen geschweige denn Brüsten gesegnet, dafür ängstlich, zögerlich, verletzlich, mit einem geradezu lächerlichen Respekt vor Polizisten und Frauen.

War ich denn gar nichts? O doch, bis auf ein paar kleine Dellen und Beulen war ich gesund, weder dick noch klein, weder vorbestraft noch drogenabhängig, ich liebte meine Eltern, verstand mich ausgezeichnet mit meinen Geschwistern, darüber hinaus konnte ich gut kochen, speziell Kartoffelschälen, außerdem erregte ich Neid und Bewunderung durch meine Fähigkeit, ins Koma gefallene Automotoren zum Leben zu erwecken, ja, mehr noch, ich galt als unbestrittener Spezialist für kontaktgesteuerte Zündanlagen, einer Technik, von der sich die Hersteller schon vor Jahren mit Grausen abgewendet hatten. So ganz ohne war ich wohl doch nicht. Auch jetzt, in der Küche, ruhten zehn Augen auf mir, als ich mit ruhiger und schneller Hand das Kartoffelmesser über die Knollen führte. Aber irgendwie machten mich die anerkennenden Blicke heute nervös, ich rutschte ab, das Messer machte einen sauberen Schnitt wie ein Skalpell in meine linke Handfläche, Blut tropfte auf die Holzdielen und –

«Conny!» Anita stand vor mir, ihr Atem ging stoßweise, ihre Brustwarzen unter der dünnen Bluse zeichneten sich deutlich ab. «Komm mit!» Ungeduldig zerrte sie mich aus der Küche, mit dem Fuß zog sie die Tür hinter uns zu. Und jetzt, in diesem Moment, als sie sich den Rock bis zu den Hüften hochschob, sich mit dem Oberkörper auf dem Schränkchen neben der Küchentür abstützte und «Mach schon!» zischte, da wurde mir mit einem Mal klar, was mit ihr los war. Es machte sie scharf, spitz, geil, wenn ich mir weh tat, Schmerzen hatte, verletzt war. Dann vergaß sie alles um sich herum, hatte nur noch ein Ziel, einen Wunsch, ein Verlangen: von mir genommen zu werden, mich zu nehmen, und zwar sofort.

Während ich von hinten in sie eindrang, wurde mir bewußt, daß mir diese Merkwürdigkeit eigentlich überhaupt nichts ausmachte. Ein seltsamer Tick, eine außergewöhnliche Marotte. Na, klar: die Fingerkuppe, der Hundebiß, das Messer! War Anita pervers? *Meine* Anita pervers? Gewiß nicht. Sie war meine Freundin, die beste, die ich je hatte, eine aufmerksame, leidenschaftliche Geliebte, schön, intelligent, mit einem begehrenswerten Körper. Zärtliche Gefühle durchströmten mein Hirn, mein Herz, fanden ihren Weg zum Schwanz, ließen ihn das Tempo verlangsamen, ich beugte den Kopf, drehte Anitas Gesicht zu mir. Die goldenen Funken in ihren braunen Augen wurden mit jedem sanften Stoß weniger, ich konnte zusehen, wie sie zerplatzten, verschwanden, erloschen. Ich berührte Anitas Lippen mit meinen, löste sie wieder, stieß heftiger.

«Schön, Conny», stöhnte sie.

Und noch einmal, sehr laut: «Schön, Conny.»

Als wir gekommen waren und uns träge voneinander gelöst hatten, fiel uns als erstes die Stille aus der Küche auf. Ich holte ein Pflaster aus dem Badezimmer, versiegelt meine Wunde und betrat, nachdem ich tief Luft geholt hatte, die Küche. Anita folgte mir.

«So», sagte ich und griff zum Messer.

«Heile heile Segen», murmelte Anita mit belegter Stimme.

Das war eigentlich schon alles.

Übrigens: Das Essen war vorzüglich.

Danach sahen wir ein wenig fern. Die anderen überließen Anita und mir nach unserem spektakulären Auftritt freiwillig das bequeme Sofa. Man muß sich nur durchsetzen können.

Als ich gegen Mitternacht aus dem Badezimmer kam und zu Anita ins Bett gehen wollte, traf ich Jacqueline in der Diele. Sie hatte ein recht knappes, atemberaubendes Nachthemd an.

«Du, Conny», flüsterte sie und hielt mich am Arm fest.

«Ja?» sagte ich und versuchte, ihr in die Augen zu sehen.

«Mein Wagen macht Probleme. Er stottert. Ich nehme an, die Zündung.»

«Wenn er kalt ist oder wenn er warm ist?» Auf dem Nachthemd waren kleine, bunte Elefanten.

«Immer», sagte Jacqueline.

«Mhm», machte ich. Wahrscheinlich war das Nachthemd aus Seide. «Ich werde ihn mir morgen abend einmal zur Brust nehmen.»

«Danke», hauchte Jacqueline.

Es ist schön, wenn man gebraucht wird.

Und jetzt hänge ich hier auf dem Hof mit gebeugtem Oberkörper über dem Motor von Jacquelines altem Renault und nehme die Zündanlage auseinander. Es ist immer das alte Lied: Da verschmoren die Unterbrecherkontakte, und den jungen Computer-Fuzzis in den Werkstätten fällt nichts Besseres ein, als neue Kontakte einzubauen. Doch damit ist es nicht getan. Die Frage ist:

Warum verschmoren sie?

Ich weiß es: Weil der Kondensator defekt ist. Da nützen die besten Kontakte nichts.

Wenn der Kondensator funktioniert, verschmoren die Kontakte auch nicht mehr. Sie werden alt, aber sie verschmoren nicht.

So einfach ist das.

Und auf die Kerzengewinde gehört Kupferpaste! Sonst bekommt man die Zündkerzen kaum heraus. Rutscht höchstens mit dem Schlüssel ab. So wie ich jetzt. Eine kleine Schramme nur. Aber es blutet und tut weh. Verdammt weh.

Anita steht an unserem Schlafzimmerfenster. Sie kämmt sich die Haare, ihr Oberkörper ist nackt.

«Anita!» rufe ich hinauf.

«Was ist, Conny?» Sie lehnt sich aus dem Fenster, ihre runden, vollen Brüste liegen auf dem Fensterbrett. Sogar von hier unten kann ich die zarten rosa Spitzen deutlich erkennen.

«Ich habe mich verletzt! Kannst du kommen?»

Sie kann.

Andreas Busch, 43 Jahre

Liebe Lust & Liebe Redaktion,
den ersten Band Eurer Serie «Was uns anmacht» habe ich verschlungen. Es hat mir gefallen, so viele verschiedene Formen von Lust und Liebe darin wiederzufinden.
Zum Teil haben mein Freund und ich uns die Geschichten vorm Einschlafen vorgelesen und uns selbst davon ein wenig inspirieren lassen.
Eigentlich wollte ich mich schon an Eurer letzten Ausschreibung beteiligen, aber da fehlte mir dann doch der Mut. Nun also dieses Mal.
Die Geschichte, die ich Euch schicke, gehört zu meinen schönsten sexuellen Erlebnissen. So unglaubwürdig sie vielleicht im Detail erscheinen mag, ist sie doch genauso geschehen.
«Ich will nur, na was wohl ...» habe ich erlebt, als ich 24 Jahre alt war.

Wir kannten uns schon eine ganze Weile - seit ich angefangen hatte, in derselben Abteilung zu arbeiten wie er. Vom ersten Augenblick an knisterte es zwischen uns. Er war etwas größer als ich und hatte etwas Häriges an sich. Ich mag es, wenn Männer kräftiger gebaut sind, so daß man richtig was in der Hand hat, wenn man sie anfaßt. Außerdem fuhr ich total auf seine blauen Augen und die blonden Locken ab.

Wenn wir uns in der Kantine trafen, flirteten wir herum, aber dabei blieb es auch. Er war verheiratet und wollte keinen Ärger mit seiner Frau. Ich hatte keine Lust auf Emotionsstreß im Betrieb und war mir als Trophäe für eine Nacht zu schade. Also war der Gedanke, unserer Neugier aufeinander nachzugeben tabu - dachten wir jedenfalls.

Denn da bot sich plötzlich die Gelegenheit: das Betriebsfest. Ich weiß nicht, was an dem Abend mit mir los war. Ich hatte schon längere Zeit mit keinem Mann geschlafen und war wohl unglaublich empfänglich. Es war ein milder Sommerabend. Wir saßen in einem Biergarten und natürlich ganz zufällig nebeneinander. Als

«Ich will nur, na was wohl ...»

sein nackter Arm versehentlich meinen nackten Arm streifte, zuckte ich wie elektrisiert zusammen. Er schaute mich irritiert an und begann dann zu grinsen. Ganz langsam legte er mir seine Hand auf den Arm. Meine Nackenhaare sträubten sich und ich bekam eine Gänsehaut. Ich zischte ihn an, er solle das lassen. Sein Grinsen wurde frecher, und er erkundigte sich ganz unschuldig, was ich denn hätte, während seine andere Hand mir über den Rücken streichelte. Mir brach der Schweiß aus. Ich stand panisch auf und ging zum Klo. Dort ließ ich mir Wasser über die Handgelenke laufen und lehnte mich an die kühle Wand, um mich abzuregen.

Zurückgekehrt setzte ich mich an einen anderen Platz. Aber jetzt ließ er nicht mehr locker und saß plötzlich wieder neben mir. Seine Hand landete auf meinem Oberschenkel. Mir wurde heiß und es kostete mich Kraft, seine Hand wegzuschieben, statt sie einfach tiefer in meinen Schoß zu drücken, wo ich sie jetzt spüren wollte. Er spürte, was in mir vorging und begann mir in den Nacken zu pusten. Wieder fand seine Hand den Weg in meinen Schoß. Sanft schob er meinen Rock hoch und streichelte an der Innenseite meiner Schenkel entlang. Ich atmete stoßweise. Meine Brustwarzen rieben hart am Stoff meines Oberteils. Als seine Finger sich unter dem Rand meines Slips durchgegraben hatten, merkte ich, wie ich wegzufließen begann. Er bohrte sich weiter vor und begann meinen Kitzler zu massieren. Ich ergriff seine Hand und legte sie mit aller Gewalt auf den Tisch zurück. Dann stand ich auf, nahm meine Jacke und ging. Von der Tür aus lächelte ich ihm jedoch auffordernd zu. Denn meine Gedanken kreisten nur noch darum, einen Ort zu finden, wo ich mit ihm vögeln könnte.

Ich wartete im Auto auf ihn. Lässig stieg er ein und schlug vor, an einen See zu fahren, wo man gut schwimmen könne. Schwimmen? fragte ich. Grinsend gab er zurück, was ich denn sonst von ihm wolle. Also fuhren wir schwimmen.

Das totale Klischee erwartete uns: einsamer See in lauer Sommernacht bei Mondschein. Am Ufer zogen wir uns langsam voreinander aus. Zug um Zug. Dann standen wir etwas verlegen nackt voreinander. Schließlich lief ich einfach in den See hinein und bespritzte ihn mit Wasser. Wir tobten herum, tauchten uns gegenseitig unter, kitzelten uns und blieben umarmt stehen. Der erste zaghafte Kuß. Lippen finden sich, öffnen sich, erfühlen sich mit der Zunge, schmecken, lecken ... zeitgleich erkundeten unsere Hände unsere Körper, neugierig, fordernd. Sein Schwanz regte sich, reckte sich mir entgegen. Ich glitt an ihm hinab und nahm ihn in den Mund. Ließ meine Zunge ihn umkreisen, saugte, lutschte ... Er atmete heftiger, hob mich hoch und trug mich ans Ufer. Er legte sich auf mich, küßte mich, knabberte an meinem Ohrläppchen, leckte sich zu meinen Brustwarzen hinunter, biß sie, nuckelte genüßlich daran herum und bahnte sich einen Weg mit der Zunge nach weiter unten. Ich stöhnte auf, als er mit seinen Händen meine Schenkel öffnete und mich zu lecken begann. Seine Zunge wurde wilder, fordernder. Ich keuchte und hielt es einfach nicht mehr aus, ihn nicht in mir zu spüren, wollte ihn endlich haben seinen harten Schwanz, vögeln ...

Aber wo war das verflixte Gummi? Ich hoffte, daß ich noch eins im Auto hatte, für Notfälle sozusagen. Wir rannten zum Auto. Fündig geworden, streifte ich es ihm über. Wir versuchten eine bequeme Stellung auf dem Vordersitz zu finden, aber mein Kleinwagen ließ unserem Tatendrang nicht genug Raum. Immer war irgendein Körperteil im Weg oder einer von uns stieß sich an irgendwas oder er entglitt mir. Also schlug er vor, mich auf der Kühlerhaube zu nehmen, das hätte er schon immer mal gewollt. Er hob mich hoch und legte mich zurück. Meine Hände fanden Halt an den Scheibenwischern, während meine Beine ihn umschlangen. Seine Hände fuhren auf mir entlang, streichelten meine Brüste, massierten meinen Kitzler ... Ich floß davon, als er endlich in mich eindrang, sich in mir bewegte, mit mir bewegte, einen gemeinsamen Rhythmus suchend, schneller, immer schneller, fordernd: komm, komm. Ein gemeinsamer Schrei. Seufzen. Stille. Dann sahen wir uns an und begannen zu lachen. Was für ein Mitternachtsfick unterm Sternenhimmel!

Immer noch lachend liefen wir Hand in Hand in den See. Ich versuchte meinen Geruch von ihm abzuwaschen, schließlich mußte er noch nach Hause zu seiner Frau. Wir trockneten uns gegenseitig mit meinem Rock ab. Dann fuhr ich ihn heim. Ein Kuß zum Abschied.

Ich bin keine Trophäe geworden, mit der er geprahlt hat. Es blieb unser Geheimnis und das einzige Mal. Er hat noch Ärger mit seiner Frau bekommen, weil sie ihm nicht geglaubt hat, daß das Fest so lange gedauert haben soll. Und ich konnte lange Zeit nicht an meinem Auto vorbeigehen, ohne zu schmunzeln.

B., 29 Jahre, weiblich, Diplompädagogin.

Nizza-Trip mit Isabelle

Nun hatte ich sie endlich soweit. Sie kam mit mir nach Nizza, die süße Isabelle, meine Schulfreundin, in die ich heimlich verliebt war. So heimlich, daß es selbst mir verborgen geblieben war, obwohl alle körperlichen Anzeichen darauf hingedeutet hätten, hätte frau ihnen Aufmerksamkeit geschenkt. Mein Puls raste, wenn ich sie sah, und wenn wir uns nahe waren, bekam ich ein flaues Gefühl im Magen.

Während der Abiturszeit lagen wir uns oft auf dem Teppichboden meines Zimmers gegenüber und berieten uns über die kleine Welt des Mädchengymnasiums, der letzten In-Discotheken und unseren realen oder erträumten Männergeschichten. Dabei sahen wir uns stundenlang bedeutungsvoll in die Augen, unsere reifen Mädchenkörper bewegungslos auf dem Teppich klebend. Meinen neugierigen Blick ihren wunderbaren Kurven folgen zu lassen wäre undenkbar gewesen. Statt dessen wanderten meine durstigen Augen ungehindert über ihr liebliches Gesicht, ihre sanften, weichen Züge, ihre klare, zarte Haut, ihren sinnlich rosa Mund und die witzige, in den Himmel gerichtete Stupsnase. Sie war die Verkörperung von perfekter rundlicher Weiblichkeit, eine weichgespülte Superfrau, die man immer zum Schmusen dabei haben möchte. Wenn sie lachte, standen ihre Eckzähne hervor und ihre Locken bebten wie expandierende Drahtfedern.

Inzwischen war ich zum Studium nach Berlin gezogen, viele Autostunden von Isabelle entfernt, die in der Nähe Frankfurts einen Kunstkurs belegte. In Kreuzberg waren die Klamotten schwarz und eintönig, das Leben aber vielseitig und kunterbunt. Nach wenigen Semesterwochen entpuppte sich ein Großteil meiner StudienkollegInnen als sexuell ambivalent, und als ich bei der Christopher Street Party bis in die Morgenstunden mit fremden Frauen tanzte, fiel es mir plötzlich wie die Titanic auf den Hinterkopf: es war Isabelle, die ich liebte. Ich wollte nur sie und nicht den schleimigen österreichischen Künstler, der mich eines Nachts in seine Bude mit Blick auf den Reichstag lockte und charmant vollsuhlte, der meinte, das Feuerwerk, welches zufällig begann, als er mir seine Aussicht vorführte, sei ein Zeichen, daß wir jetzt unbedingt vögeln müßten. Auch wollte ich keinen der beiden Michaels, die mir zu der Zeit des öfteren auflauerten, und wenn sie mich nicht zu Gesicht bekamen, Telefonterror betrieben bis mitten in die Nacht. Seit mir mein spezielles Gefühl für Isabelle klar geworden war, begleiteten mich immer Hubschrauber im Bauch und ein sanftes, leicht dümmliches Lächeln saß mir auf den Lippen, wenn ich an sie dachte oder ihren Namen gesprochen hatte. Iiisaaabelle.

Neben der geographischen Distanz gab es jedoch noch ein Hindernis namens Bernd, denn mit dem war Isabelle seit einiger Zeit zusammen. Bernd war doppelt so alt wie sie, weniger als halb so schön und bekam schon graue Haare. Mit Bernd konnte ich überhaupt nichts anfangen. Wenn er da war, wurde stets von seiner doofen Werbeagentur gequatscht und daß Isabelle noch viel hübscher wäre, würde sie nur mindestens fünf Kilo abnehmen. «Mädel, du hättest echt Modelqualität, wie kann man sich das nur versauen? Ich versteh dich nicht.» Mit der Zigarette in seiner schweifenden Hand zeichnete er Rauchzacken in den Raum. Sein Bauchansatz preßte dabei sanft an die Innenseite der Designer-Hemden. Meinen Tip, ihn zu verlassen, hat sie sich leider nur angehört.

Die Gelegenheit zum gemeinsamen Urlaub ergab sich, als

die Werbesocke, wie ich Bernd im stillen zu nennen pflegte, auf einem Kongreß im Ausland war und ich Isabelle in den Semesterferien besuchte. Ihre Blicke erschienen mir diesmal forscher als sonst, und so fiel es mir leichter. «Willst du mit mir in das Haus meines Onkels nach Nizza kommen?» piepste ich los, meine Stimme weniger souverän als geplant. «Es ist ganz ruhig gelegen, ein wenig abseits vom Städtchen. Wir könnten viel lesen, malen, kochen und schöne Musik hören und vielleicht, ehm, ein wenig experimentieren.» Bei diesem letzten Wort hatte sie aufgehorcht und mich angelächelt. Ich wurde verlegen und wandte mich schnell ab, um mein errötendes Gesicht zu verbergen; der Plan aber stand.

Wir fuhren die knapp 1600 km lange Strecke mit dem geliehenen Golf ihrer Schwester. Das Haus von Onkel Albert war hoch gelegen und bot von zwei Stockwerken eine hervorragende Aussicht auf die Côte d'Azur. Wir richteten uns ein, verteilten Kissen in allen Zimmern und bezogen unsere Betten – ich überließ Isabelle das majestätische Schlafgemach im obersten Geschoß mit eigener Terrasse und bezog selbst eine Kammer im Erdgeschoß.

Die erste Woche verlief, ohne daß die gewünschte Nähe zwischen uns entstand. Es gab Momente, die entscheidend hätten sein können, ich traute mich jedoch nie, den ersten Schritt zu tun, weil ich mir nicht sicher war, ob Isabelle meine Gefühle überhaupt erwiderte. Morgens saß ich ihr beim Frühstück gegenüber und betrachtete sie beim Kauen. Beim Kochen stand ich dicht hinter ihr und lugte über ihre Schulter, den Kastaniengeruch ihrer Haarpracht einatmend, bis mir schwindelte. Meine Ohren tranken jedes Wort aus ihrem Mund und in jede ihrer Gesten las ich Romane. Oft lag ich auf meinem Bett in der Kammer und schaute den Gardinen zu, wie sie sich vom Wind aufbauschten und mir aufmunternd zuwedelten. Dort inszenierte ich tagträumend unsere ersten Berührungen.

Der Samstagabend kam, und wir verspürten, was meine

Mutter immer «Hummeln im Hintern» nannte und schrecklich fand: Ausgehfieber. Wie in der Schulzeit trugen wir gackernd unsere gewohnte Bemalung auf, warfen uns in Schale und zogen los. Ich war völlig aufgeregt. Vielleicht würde uns ein ausgelassener Abend endlich näher bringen, denn lange wollte ich es nicht mehr aushalten. Hatten ihr die Geschichten meiner Berliner Bekanntschaften nicht genug verraten, konnte sie nicht sehen, daß ich auf ein Zeichen ihrerseits wartete? Wenn sie nicht interessiert wäre, hätte sie sich doch nie auf die Reise eingelassen, vor allem nicht unter dem Motto zu experimentieren. Wenigstens redete sie nicht von Bernd, das war ein echtes Plus.

Wir zogen von Disco zu Disco und taten alles, was bei mir unter Flirten lief: anlachen, anstoßen, zuzwinkern und über alle Backen strahlen. Isabelle war bereits leicht beschwipst, als wir zu dem (der wartenden Schlange aufgetakelter Touristen zufolge) wohl populärsten Laden gerieten. Beim Reingehen warf sie dem gebräunten Türsteher ein Luftküßchen zu, welches ich gerne aufgefangen hätte.

Sie schien mir unberechenbarer denn je, und ich war gespannt, was die Nacht noch in petto hatte.

Kaum hatten wir unsere Getränke bezahlt, war Isabelle samt Bier bereits ins nebelige Gestampfe der Tanzfläche geglitten. Ich süffelte mein Perrier an die Bar gelehnt und ließ meinen Blick über das Klientel schweifen. Es ist immer wieder spannend, Disco-Verhalten zu beobachten. Die Coolen, die Super-Coolen und die Möchte-gern-Coolen, die betont unbeteiligt ihre Fassaden aneinander vorbeischieben und kurz darauf reaktionshaschende Seitenblicke wie Fischernetze auswerfen. In Berlin konnte ich mich so stundenlang amüsieren und ab und zu grinste ich dem einen oder anderen freundlich ins Gesicht. Hier suchte ich die federnden Köpfe nach Isas Expandern ab. Als sie von der bebenden Masse wieder ausgespuckt wurde, klebte ein großer, schlanker und für meinen Geschmack viel zu attraktiver Franzose an ihrer Hand, mit dem sie auf mich zusteuerte. «C'est ma copine Bubi», stellte sie mich strahlend vor. «Das ist Philippe», wurde mir dann verkündet. Philippe nickte zwinkernd und stammelte mit starkem Akzent «Guten Abend, schöne Frau». Bissous folgten, wie sich das gehört. Kurz darauf tauchte Philippes Bruder Antoine auf und das Spiel wiederholte sich.

«Die beiden wissen von 'ner klasse Party und wollen uns mitnehmen», sprudelte Isabelle heraus. Sie hatte offensichtlich ihren Spaß mit den Schönlingen. Das kann ja heiter werden, dachte ich mir und versuchte, meinen wildgewordenen Herzschlag zu beruhigen. Am liebsten wäre ich auf der Stelle weggerannt und hätte angefangen zu heulen. Der Liedtext «Da fliegt mir doch das Blech weg» lief in Endlos-Schlaufe durch meinen Kopf, untermalt mit entsprechend scheppernden Toneffekten. «Laß uns doch bitte mitgehen, es wird bestimmt witzig», baggerte Isabelle weiter. Dabei zog sie ermutigend ihre Augenbrauen hoch und lächelte animiert. Ich brachte mein innerlich entgleistes Gesicht wieder in Form und konzentrierte mich darauf, mit meinem Mund ein natürlich wirkendes Lächeln hinzukriegen. «Klar, wenn du magst, was immer du willst», nickte ich heftig.

Schnitt. Wir zu viert im Auto. Ich genervt hinterm Steuer, die anderen angeregt plappernd und lallend im Auto verstreut. «Est-ce qu'il est possible qu'on cherche quelque chose de notre maison?» – «Aha», dachte ich und log, «d'accord, pas de problème», mit gespieltem Enthusiasmus. Hätte ich nur Nein gesagt. Doch dafür war es jetzt zu spät.

Im Haus der Brüder wurde alsgleich ein Döschen Koks ausgepackt und das weiße Pulver in Linien auf dem runden Glastisch aufgereiht. Ich lehnte mit geübter Lockerheit ab, während die anderen sich darüber hermachten und das Zeug durch Papierröllchen in ihre Nasen sogen. Auch Isabelle probierte eine Linie. Dann machten die Brüder Musik und zogen eine peinliche Playback-Show zu Gainsbourgs «Je t'aime» ab. Sie hielten imaginäre Mikrophone in ihren Händen, sangen lauthals falsch und torkelten dabei durch das enge Wohnzimmer.

Plötzlich war Isabelle ganz nahe bei mir. Sie hatte eine merkwürdige Klarheit im Gesicht und faselte von der Schönheit der Fische im Meer, von Wasserblasen und wunderbaren Meeresgewächsen. Ich betrachtete sie mit großer Neugier. Ist das der Effekt von Koks, fragte ich mich, ein wenig enttäuscht, daß wir uns nun, wie es schien, in zwei völlig getrennten Welten bewegten. Die Typen grölten noch immer zu ihren französischen Schnulzen, bis Philippe die Musik leiser stellte und uns in eine schmale Tür zerrte, die ich für einen Besenschrank gehalten hatte.

Der Raum dahinter war ein Schlafzimmer. Es bestand von Wand zu Wand aus einem riesigen Bett, jeglich am Fuße des Bettes war eine Bodenfläche von circa einem halben Meter. In der Ecke neben der Tür stand ein kleines Beistelltischchen mit weißer Häkeldecke; über dem Bett hing ein Kreuz. In meinem Schädel läutete es erneut zum Aha-Erlebnis. Dies sah verdammt nach dem Schlafzimmer der Eltern aus. Ich hoffte stark, daß diese auf Reisen waren und keine peinliche Situation entstehen würde. Die anderen schienen nicht im geringsten beeindruckt. Sie hatten bereits das Bett als Trampolin erobert und hüpften ausgelassen darauf herum, wie es Fünfjährige tun, wenn sie nicht schlafen gehen wollen. Die Party, zu der wir eigentlich unterwegs waren, wurde mit keinem Wort mehr erwähnt. Typisch!

Ich stand eine Weile unentschlossen im Türrahmen und schaute ihnen zu, bis Antoine mit einem Salto vom Bett sprang und direkt vor mir auf die Füße kam. Er krallte sich an mir fest und begann mich zu beknutschen. Ich ließ es mir gefallen, um zu sehen, wie ein Modeltyp küßt. Isabelle und Philippe hatten auch schon ihre Münder ineinandergeschachtelt und kurz darauf lagen wir zu viert im Bett. Isa und ich an den Randpositionen, die Typen in der Mitte. Das Licht muß wohl ganz von alleine ausgegangen sein, denn plötzlich schien nur noch fahler Mondschein durchs Fenster auf Antoine und meiner Seite des Bettes. Sich so im Arm zu liegen und berührt zu werden, war eigentlich ganz schön. Wären meine Gedanken nicht ständig zärtlich bei Isabelle gewesen, hätte ich es vielleicht sogar genießen können. Doch die, die ich begehrte, küßte und schmuste am anderen Rand des Bettes mit einem fremden Mann. So lag ich hier und liebte sie in Gedanken. Vielleicht hatte ihr Flirten mir gegenüber, welches ich als Interesse interpretiert hatte, gar nichts zu bedeuten. Vielleicht machte ich mir nur was vor.

Ich schielte zu den beiden in die Dunkelheit hinüber. Waren sie etwa schon ausgezogen, beim Petting? Was trieben die dort genau, nahmen sie doch einiges an Raum in Anspruch und wälzten sich hin und her. Ich kämpfte mit meiner Enttäuschung. Da flog Isabelles Oberteil durch die Luft, klatschte wie eine Ohrfeige an die Wand und fiel zu Boden. Antoine tastete konzentriert nach meinen Brüsten. Ich überlegte, ob ich nicht einfach aufstehen und meine Freundin ihrem Glück überlassen sollte. Sie wollte es ja scheinbar so. Ich stellte mir kurz vor, die beiden würden vor meinen Augen miteinander schlafen. Bei dem Gedanken wurde mir übel. Ich fühlte mich in die Idiotenrolle sinken und war drauf und dran mich zu entlieben. Doch plötzlich wurde es ruhig auf der anderen Seite des Bettes. Dann schellte Isabelle wie von einer Ratte gebissen hoch. «Bubi, ich möchte viel lieber dich spüren!» rief sie mir entgegen, und wir bewegten uns wie auf Autopilot aufeinander zu. «Ich auch», hauchte ich versöhnt.

Wir trafen uns in der Mitte des Bettes und bevor ich's begriff, spürte ich ihre warme Zunge in meinem Mund, spielte mit ihr, fühlte ihre Zähne, ihren Gaumen. Ihre Haare fiel auf meine Wangen, ich streichelte ihren Hinterkopf, wir küßten und küßten uns. Sie schmeckte süß wie Rhabarbermus, von dem ich nie genug bekam. Ich schloß meine Augen und ließ mich treiben. Als der Kuß ein Ende nahm, zogen wir langsam unsere Zungen zurück und besiegelten ihn mit einem sanften Schmatzer. Glücklich lächelnd lehnten wir unsere Stirnen aneinander. Ein von Freudendrucksern begleitetes «Hm, du» entwich mir in meiner Seligkeit. Ich umarmte, was ich von ihrem nackten Oberkörper greifen konnte, und drückte sie an mich. Ein weiterer ausgiebiger Kuß folgte. Dann berührte ich zaghaft ihre vollen Brüste, worauf sie die Augen schloß und geräuschvoll ausatmete. Wow, diese Frau! Ich spürte eine wohlige Wärme zwischen meinen Schenkeln aufsteigen. Ich begehrte sie wie noch keinen Menschen je zuvor.

Die Brüder hatten sich inzwischen im Bett aufgerichtet und sahen uns interessiert zu. Philippe war gerade dabei, Isabelles Haare, die unsere Küsse wie ein Vorhang verdeckt hatten, beiseite zu schieben, um besser sehen zu können. Er hatte ein erwartungsvoll schmieriges Grinsen im Gesicht und einen Steifen in der Hose.

Erst jetzt spürte ich Antoines Hand an meinem Fußgelenk zupfen. «Viens ici», flüsterte er, eine Prise vorwurfsvoll. Isa und ich streichelten unsere Hände und sahen uns tief in die Augen. Es war, als ob ich sie zum erstenmal wirklich sah. Unglaubliche Liebesfunken sprühten dort, es knisterte vor Möglichkeiten. Sie lächelte und nickte sanft, wobei sie ihre Lider einen Moment lang über ihre graublauen Augen zog. «Du küßt so schön», sagte sie leise. Dann drückte sich ihr Näschen wieder in meine Wange und unsere Zungen schlugen nochmals zärtliche Kreise miteinander. Ich war so elektrisiert, ich hätte ganz Nizza mit Strom versorgen können.

Ohne ein weiteres Wort zu verlieren, zogen wir uns unter dem gestenstarken Protest der Brüder an, suchten unsere Klamotten zusammen und tauchten verliebt ins Morgengrauen.

Stefanie Kleinhenz, 32 Jahre, Filmemacherin.

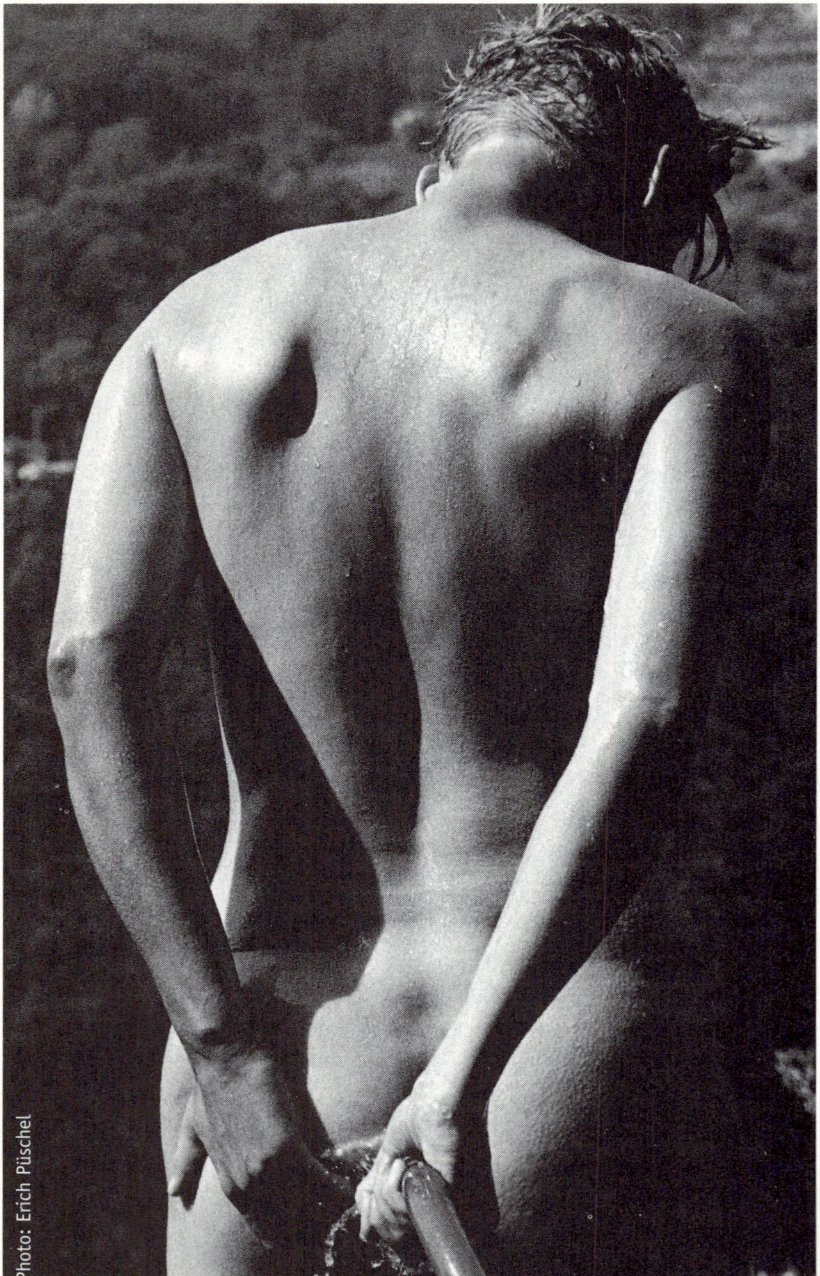

Photo: Erich Püschel

Heißer Dampf

Ein anstrengender Tag lag hinter mir und ich freute mich jetzt rechtschaffen auf das Dampfbad. Ich war noch nicht oft da gewesen. Die wenigen Male, an denen ich es geschafft hatte, war es wunderschön. Die Dampfschwaden, die sich um einen legten und einen fast unsichtbar machten, die alles um einen herum so ein bißchen ins Ungewisse tauchten. Das genau war es, was ich heute brauchte. Und so ging ich entschlossen den Berg hinauf, bezahlte an der Kasse, entledigte mich meiner Kleider, stand für 10 Minuten unter der wärmenden Dusche – schon das ein Genuß für sich – und setzte mich schließlich ins Dampfbad. Mit einem kurzen Blick vergewisserte ich mich, daß ich alleine war. Man konnte zwar die Umrisse des Raumes nur schemenhaft erkennen, daß er leer war, war jedoch deutlich. Die Freude darüber jedoch dauerte nur ganz kurze Zeit. Die Tür ging auf und noch jemand kam herein. Ich konnte nicht genau erkennen, ob es ein Mann oder eine Frau war. Die Person setzte sich genau mir gegenüber. Und ob ich es wollte oder nicht, meine Ruhe war gestört. Meine Augen versuchten die Dampfschwaden zu durchdringen, um zu erkennen, ob es sich um eine Frau oder einen Mann handelte. Intuitiv sagte mir mein Gefühl, daß mir da eine Frau gegenüber saß. Ich konnte zwar nichts erkennen, was darauf hindeutete, aber wenn es so etwas wie eine Aura

gab, so spürte ich unmißverständlich, daß es sich bei meinem Gegenüber um ein weibliches Wesen handelte. Irgend etwas an dieser Person weckte mein Interesse. Ich stand einfach auf und ging wie absichtslos zur Mitte des Raumes. Dort war eine Kugel, über die warmes Wasser lief. Ich legte meine Hände auf die Kugel und versuchte möglichst unauffällig etwas Genaueres über diese Person herauszufinden. Ich war inzwischen ziemlich sicher, daß es sich um eine Frau handelte. In diesem Moment verzogen sich die Dampfschwaden etwas und ich konnte jetzt deutlich erkennen, daß es eine Frau war. Sie hielt die Augen geschlossen, was es mir ermöglichte, sie etwas offener zu betrachten. Es war ein wunderschönes Wesen. Das, was man durch die Schleier hindurch sehen konnte, war sehr vielversprechend. Während ich sie so anstarrte, öffnete sie plötzlich die Augen, so als ob sie spüren würde, daß ich sie betrachtete. Leicht schuldbewußt senkte ich meinen Blick sofort auf die Kugel und tat so, als ob es nichts Interessanteres auf der Welt gäbe als das warme Wasser, das über diese Kugel strömte. Während mir verschiedene wirre Vorstellungen durch den Kopf schossen, sah ich auf einmal neben meinen beiden Händen, die auf der Kugel ruhten, ihre Hände auftauchen.
Sie war aufgestanden und hatte ihre Hände zwischen meine gelegt. Wie unabsichtlich berührten ihre beiden kleinen Finger meine beiden Daumen. Ich bekam völlig weiche Knie und mußte mich auf den Händen abstützen. Plötzlich begann sie, ganz zart ihre Finger gegen meine Daumen zu reiben. Ich selbst blieb völlig regungslos. Ich war einfach total verwundert.
So etwas war mir noch nie begegnet. Ehe ich mich versah, hatte sie ihre Hände in einer selbstverständlichen Geste auf meine gelegt. Sie hatte zarte, angenehme Hände. Es fühlte

sich gut an, ihre Hände auf den meinen zu spüren. Als sie dann begann, meine Finger und meinen Handrücken zu liebkosen, konnte ich mir kaum etwas Schöneres vorstellen. Für einen Moment fiel der ganze gewöhnliche Alltag von mir ab und es gelang mir, mich vollständig diesem irrealen Erlebnis hinzugeben. Dann nahm sie meine Hände, löste sie von der Kugel und führte mich langsam zurück auf meinen Platz.
Sie selbst ging vor mir in die Knie. Zart schloß sie mir mit ihren Fingern die Augen. Plötzlich spürte ich, wie sie mir ein Tuch – wo sie das plötzlich her hatte, ich weiß es nicht – über die Augen legte. Jetzt nahm sie meine Hände wieder und legte sie sich selbst aufs Gesicht. Ich begann mit meinen Händen ihr Gesicht zu erkunden. Sie tat genau das gleiche bei mir. Es dauerte eine Weile, bis ich merkte, daß sie meine Berührungen sozusagen spiegelte. Als ich dann zart ihren Hals berührte, da streichelte sie auch den meinen. Ich genoß diese Berührung. Ich versuchte, alles so bewußt wie möglich zu tun. Ich freute mich schon im voraus auf die Stellen, an denen ich ihre Hände gleich spüren würde, weil ich sie indirekt über meine Berührungen ihres Körpers steuern konnte. Gleichzeitig betete ich inbrünstig darum, daß in diesem Moment niemand das Dampfbad betreten würde. Langsam wanderten meine Hände ihren Hals entlang hinunter auf ihren Busen. Es war ein wunderschöner, wohlgeformter Busen, und während meine Hände ihn freudig erkundeten, spürte ich gleichzeitig ihre Hand auf meiner Brust. Ganz zart umkreiste sie meine Brustwarze. Für einen Moment beugte ich mich nach vorne und berührte mit meinen Lippen ihren Busen. Ich spürte, wie ein wohliges Erschauern über ihren Körper lief. Als ich mit meinem Kopf zurückwich, spürte ich, daß auch sie mit ihren Lippen meine Brust berührte.

Langsam wanderten meine Hände weiter über ihren Bauch, umkreisten langsam und genüßlich ihren Bauchnabel. Leicht ließ ich meinen linken Zeigefinger hineingleiten, während sie das gleiche bei mir tat. Dann wanderten meine Hände hinunter zu ihrem Venushügel. Sekundenlang schwebten sie ganz knapp über ihren vollen Schamlippen, bevor ich meine Finger in ihr feuchtes Geschlecht tauchte. Ich spürte dabei ihre Hand auf meinem Glied. Ich beugte mich nach vorne und fuhr mit meiner Zunge zart über ihre rosa Lippen. Der Dampfgeschmack war durchsetzt mit dem Geschmack ihres Geschlechts. Es war ein dunkler und geheimnisvoller Geschmack. Als ich mich wieder aufrichtete, begann sie mit ihren Lippen mein Glied zärtlich zu verwöhnen. Und dann durchbrach sie auf einmal ihre Vorgehensweise und tat etwas, was ich nicht getan hatte – aber wie hätte ich es auch tun sollen –, sie setzte sich nämlich plötzlich auf mich, teilte mit ihren Händen ihre wunderbaren Schamlippen und stülpte sie über mein heiß pochendes Glied. Ganz sachte begann sie ihr Becken zu bewegen. Sie übte dabei einen leichten Druck mit ihren Oberschenkeln aus. Ein leises Stöhnen entrang sich meinen Lippen. Ich konnte nur noch mit Mühe an mich halten. In diesem Moment wurden ihre Bewegungen heftiger. Sie begann ihren Unterkörper auf und ab zu bewegen. Sie wurde schneller und schneller und begann mich förmlich zu reiten. Ein Stöhnen nach dem anderen entrang sich meiner Brust. Meine Hände hatten sich unbewußt um ihren Busen gelegt und kneteten ihn im Takt ihrer Bewegung. Schließlich grub ich meine Hände in ihre prachtvollen Pobacken und unterstützte so ihren immer wilder werdenden Ritt. Da kam es mit einer bisher nicht gekannten Urgewalt über mich – ich konnte mich einfach nicht mehr zurückhalten und explodierte in ihrem Schoß. Ein zartes Stöhnen ihrerseits zeigte an, daß

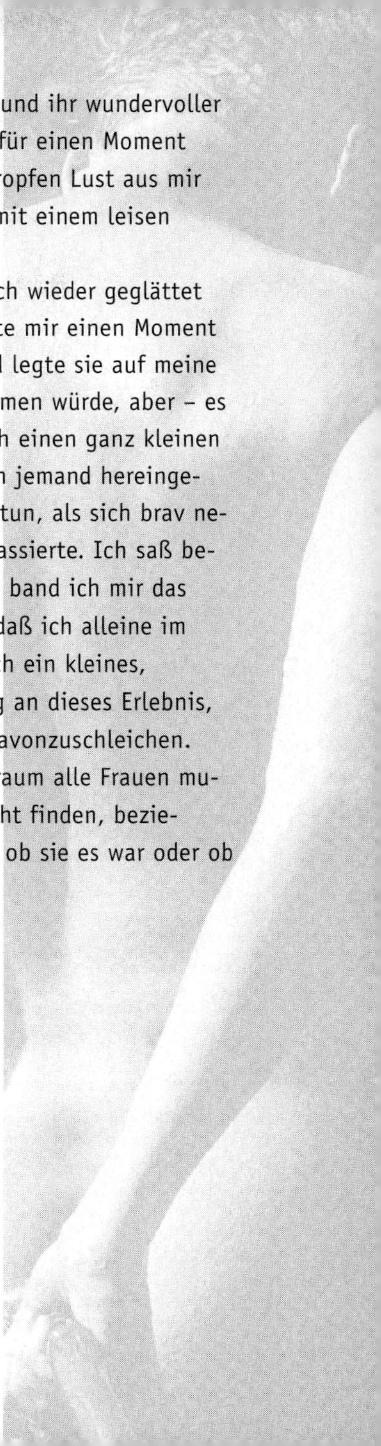

sie meinen heftigen Erguß in sich spürte und ihr wundervoller Körper gab Antwort darauf. Sie steigerte für einen Moment ihren Ritt, so wild, daß auch der letzte Tropfen Lust aus mir herausgequetscht wurde, und sank dann mit einem leisen Juchzen über mir zusammen.
Nachdem unsere Lustwellen sich allmählich wieder geglättet hatten, stieg sie herab von mir, streichelte mir einen Moment die Oberschenkel, nahm meine Hände und legte sie auf meine Knie. Gespannt wartete ich, was nun kommen würde, aber – es geschah nichts. Statt dessen verspürte ich einen ganz kleinen Luftzug – o weh, wahrscheinlich war noch jemand hereingekommen und sie konnte nun nichts mehr tun, als sich brav neben mich zu setzen. Aber nichts weiter passierte. Ich saß bestimmt noch fünf Minuten so. Schließlich band ich mir das Tuch vom Gesicht, nur um festzustellen, daß ich alleine im Dampfbad war. In meinen Händen hielt ich ein kleines, weiches Handtuch. Die einzige Erinnerung an dieses Erlebnis, das schon begann, sich ins Unwirkliche davonzuschleichen.
Als ich schließlich hinaustrat und im Vorraum alle Frauen musterte, konnte ich die, die ich suchte, nicht finden, beziehungsweise bei keiner war ich mir sicher, ob sie es war oder ob sie es nicht war.
Das Handtuch besitze ich noch heute.

Johannes Halbig, 44 Jahre, Sonderschullehrer

Der Typ im Kaufhaus

Es passierte irgendwann im Juli in einem Kaufhaus. Irgendwie hatte ich das Gefühl, daß ich beobachtet würde. Drehte mich um und da stand er: Groß, schlank, sympathisch - und starrte mich an. Ich hatte nichts dagegen, fand es sogar toll. Ich nahm die Blicke als Kompliment, besonders wenn sie von so einem attraktiven Typen kommen. Ich machte sein Spielchen mit, schaute weg, dann wieder hin. Er sah mich immer noch an, er lächelte und nun kam es: «Hättest du Lust, mir zu helfen?» fragte er. «Möchte mir ein Hemd kaufen, vielleicht könntest du mich ja beraten!» Nicht schlecht Junge, dachte ich. «Okay», sagte ich. Bei der Anprobe hatten wir viel Spaß, mehr als einmal konnte ich sehen, daß er äußerst gut gebaut war. Aber gekauft hatte er nichts, statt dessen lud er mich zu einem Drink ein. Um zu gestehen, daß er gar nichts kaufen, sondern mich nur kennenlernen wollte. So nahm ich auch die netten Sachen, die er mir dann sagte, ernst. Ich schmolz dahin. Sein Charme machte mich superscharf auf Sex. Ich mußte fort. Wir verabredeten uns für den Abend.

Als wir uns wiedersahen, lagen wir uns gleich in den Armen. Mmmhh, er war so wunderbar sanft, seine Küsse schmeckten nach mehr. Wir kuschelten immer intensiver, seine Hand schob sich in meine Bluse unter den BH, spielte mit meinen Brustwarzen, die sich sofort aufrichteten. Dann tastete er sich unter meinen Rock ganz frech in meinen Slip. Ja, er machte das echt gut. Ich genoß die fordernden Zärtlichkeiten. Drängte mich den streichelnden Fingern entgegen. Schließlich strich er mir das Höschen ab. Ich pellte ihn aus seinen Klamotten, dann lagen wir splitternackt auf dem Bett. Es war herrlich, er verwöhnte mich mit seinen Lippen am ganzen Körper. Knabberte am Ohrläppchen, umkreiste mit seiner Zunge meine Nippel ... Ich mochte nicht aufhören, ihn anzufassen. Berührte seinen muskulösen Body überall. Fühlte seine Erregung. Himmel, was für ein Traummann. Ich zerfloß vor Gefühl ... konnte es kaum erwarten, ihn in mir zu spüren. Zitternd vor Lust preßte ich meine Lippen auf seinen Bengel. Dann war es soweit ... wow, ich mußte stöhnen, als er mich nahm. Zart und dennoch kraftvoll. Wir schaukelten uns mit jeder Sekunde dem Höhepunkt entgegen, bis es ihm kam und dann mir.

Stefanie R., 29 Jahre, Hausfrau

SHOPPING BIZARR

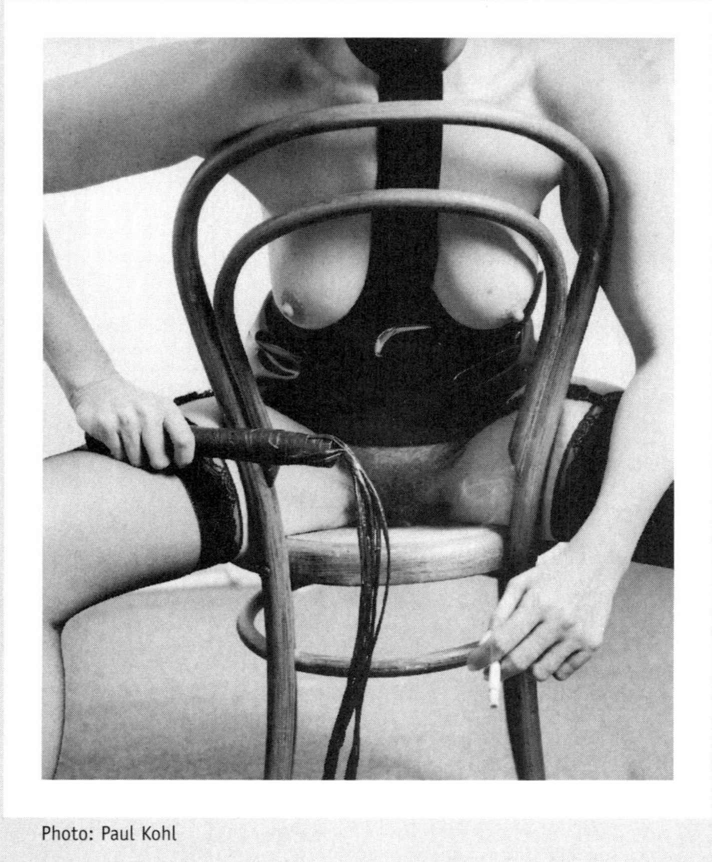

Photo: Paul Kohl

Die sommerliche Hitze staute sich seit Tagen in der Innenstadt der Metropole. Ein bunter Flickenteppich aus schwitzenden Leibern schob sich durch die Straßen des Einkaufsviertels. Knappe T-Shirts, enge Bustiers, kurze Röcke und Shorts spannten sich um die schwitzenden Körper der Passanten. Nur wenige umflatterte weit geschnittenes Tuch in Form langer Hosen, Röcke oder Kleider.

Sie fiel auf im grellen Licht der Mittagssonne. Ihr langes pechschwarzes Haar schwang bei jedem Schritt um ihre nackten Schultern. Ihr trägerloses schwarzes T-Shirt schien mit dem schwarzen, knöchellangen Faltenrock verwachsen zu sein. Ein dunkler Punkt im farbigen Meer der Sommerkleidung; fast ein Anachronismus zur Helligkeit des Tages. Sie bewegte sich mit einer natürlichen Eleganz durch den Strom der Menschen. Ihr leicht wippender Gang mochte von den federnden Sohlen ihrer Turnschuhe herrühren, womöglich auch die leichte Drehung ihrer Hüften. Dennoch haftete ihr nichts Auffälliges an. Ihr Gesicht war ungeschminkt, die Augen verbarg eine großflächige dunkle Sonnenbrille.

Wäre sie nicht plötzlich aus dem Strom der Passanten ausgeschert und hätte sich nicht schweratmend, die Stirn auf die erhobenen Arme gepreßt, gegen den glänzenden Marmorpfeiler eines Geschäftes gelehnt, sie wäre ihm wohl kaum aufgefallen. So schob sie sich an diesem Julitag unwillkürlich und unverrückbar in sein Gesichtsfeld. Ihr Anblick ergriff von seinen Gedanken Besitz, die die Eindrücke elektrisierend an die Nervenbahnen weiterleiteten. Ihr sich in schnellem Rhythmus hebender und senkender Brustkorb, die leicht zitternden Beine unter dem weiten, seidigen Rock zogen ihn magisch an und ließen ihn seine Schritte beschleunigen. Behende bahnte er sich den Weg durch die Menge, schwamm eine Zeitlang erfolglos gegen den Strom, bis er schließlich neben ihr zu stehen kam.

Sein «Fühlen Sie sich nicht gut? Kann ich Ihnen helfen?», kam etwas gepreßt hervor, was weniger an seiner Atemlosigkeit als an seiner aufkeimenden Nervosität lag. Lange hatte er niemand mehr so unvermittelt auf der Straße angesprochen. Zuerst kam es ihm vor, als würde seine Stimmlage lediglich sein unterschwelliges Begehren und nicht das freundliche Angebot, ihr helfen zu wollen, spiegeln. Er glaubte ferner, ein leichtes Lächeln um den sanft geschwungenen Mund der Frau zu bemerken. Aber die feinen Schweißperlen, die ihr Gesicht überzogen, und das genäßte Haar an ihren Schläfen ließen ihn wieder schnell auf seine Hilfsbereitschaft zurückkommen. «Kann ich Ihnen helfen?» wiederholte er noch einmal sein Angebot. Dabei berührte er sanft ihren nackten Arm, der von einer leichten Gänsehaut überzogen war. Ein kaum hörbares «Ja» drang über ihre kaum geöffneten Lippen. Behutsam hakte er sich unter ihren Arm und deutete mit dem Kopf in Richtung auf ein Straßencafé auf der anderen Seite. «Möchten Sie sich einen Augenblick setzen?» fügte er an. Sie nickte bloß und ließ sich von ihm in das Café an einen der leeren Tische führen. Ein breiter Sonnenschirm entzog diesen Platz dem grellen Tageslicht. Behutsam ließ er sie auf einen der Stühle gleiten, zog für sich einen anderen heran und nahm ebenfalls Platz.

Beruhigt nahm er wahr, daß ihr Atem flacher wurde. Die feinen Schweißperlen waren von ihrem Gesicht verschwunden und nur noch zwei feuchte Haarsträhnen erinnerten an das Geschehen vor wenigen Sekunden. Das makellose Weiß ihrer Zähne, das aus dem Halbdunkel des leicht geöffneten Mundes leuchtete, stand im Kontrast zu den dunklen Flächen der Brille. Ihm schien es, als würde sie ihn durch die dunklen Gläser ihrer Brille fixieren. Sie machte jedoch keinen Versuch zu sprechen, fühlte sich nicht bemüßigt den Vorfall zu erklären oder zur Lösung der Situation beizutragen. Er übernahm die Initiative, stellte sich vor und sagte dann: «Ich freue mich, daß es Ihnen besser geht.» Sie reagierte nicht auf seinen Vorstoß. «Diese Hitze macht uns allen zu schaffen, nicht wahr?» fügte er nach einem kurzen Moment des Schweigens hinzu. Er war sich nicht sicher, ob sie ihn überhaupt gehört hatte. Doch endlich antwortete sie mit leiser, aber wohlklingender Stimme: «Es ist nicht die Hitze.» Erneut vermeinte er dieses feine, eigentümliche Lächeln um ihren Mund festzustellen.

Seine Stirn legte sich in Falten und fragend blickte er sie an. Die Sonnenbrille ließ ihn den Ausdruck ihrer Augen nur erahnen. Die Flächigkeit ihres Gesichtes irritierte ihn. «Sind Sie krank?»

setzte er fragend nach. «Im Gegenteil», antwortete sie und lachte. Ihre Haltung sowie ihre Äußerungen verwirrten ihn zunehmend. «Das verstehe ich nicht», hörte er sich unsicher sagen. Er stellte fest, daß ihm die Situation entglitt. Ohne sich von ihm irritieren zu lassen, streckte sie sich. Sie verschränkte die schlanken Arme kraftvoll hinter ihrem Kopf, was ihre vollen Brüste nach vorn springen ließ. «Es muß Ihnen in der Tat alles merkwürdig vorkommen.» Er nickte bloß. Als sie erneut schwieg, beugte er sich vor und sagte: «Sie können sich mir ruhig anvertrauen. Ich bin verschwiegen.» Auf diese Worte ließ er das Lächeln des weltgewandten Charmeurs folgen, das ihm bereits häufiger beim weiblichen Geschlecht die Türen der Sympathie geöffnet hatte.

Die Frau rutschte auf dem Stuhl leicht nach vorn, zog mit den Fingern der rechten Hand die Sonnenbrille für einen kurzen Augenblick auf dem schlanken Nasenrücken nach unten und ließ ein Paar bernsteinfarbene Augen aufblitzen. Sprachlos musterte sie ihn. Das Ergebnis schien positiv ausgefallen zu sein, denn plötzlich setzte sie sich wieder auf und zog langsam ihren langen Rock über die Knie. Seine Muskeln spannten sich. Automatisch schob er seinen Oberkörper vor. Seine Neugierde schien sie zu beflügeln. Der Rock wanderte nun bis zur Hälfte ihrer wohlproportionierten Schenkel empor. Sein Blick wurde von ihren Schenkeln magisch angezogen. Er kam sich vor wie ein billiger Voyeur. Nervös glitten seine Augen die gebräunten Schenkel entlang, bis sie an den Laufspuren eingetrockneter Körperflüssigkeit haften blieben. Es durchzuckte ihn wie ein Blitz. Er beugte sich weiter nach vorn, um vor ihr das Anschwellen seines Gliedes zu verbergen. Das Blut pochte in seinen Schläfen, sein Mund wurde trocken.

Die Frau spürte seine aufkeimende Erregung. Sie signalisierte ihr, daß er bereit sein würde, sich auf das von ihr angebotene Spiel einzulassen. Langsam drehte sie ihren Kopf hin und her. Außer ihnen befanden sich keine weiteren Personen in diesem, zur Straße hin durch eine Hecke abgeschirmten Teil des Lokals.

Erneut fixierte sie ihn und lenkte seinen Blick durch das Spiel ihrer schlanken Finger zu ihrem Schoß. Spielerisch strich sie über den seidigen Rock, raffte ihn langsam zusammen, um ihn schließlich mit einem kurzen Ruck bis zum Ansatz ihrer Schenkel emporzuschieben. Was er sah, verschlug ihm den Atem. «Ich hatte einen Orgasmus», hörte er sie dabei wie durch einen dichten Nebel sagen. Sie trug einen mattglänzenden schwarzen Gummislip. Hauteng umspannte er ihre Scham. Feuchtigkeit drang an den Rändern hervor und ließ sie wie lackiert erscheinen.

Laszív stieß die Frau einen Finger unter die Gummihaut. Ein kleines Rinnsal lief heraus, suchte seinen Weg über ihren Schenkel, bis es an der tiefsten Stelle einen funkelnden Tropfen bildete. Im Nu schwoll er an, wurde dicker, löste sich schließlich lautlos von der braunen Haut und fiel auf den Bürgersteig. In diesem Moment zog die Frau den Finger aus dem Slip heraus. Das Gummi schnellte mit einem obszönen Laut in seine ursprüngliche Form zurück. Der runde Klebansatz in der Mitte des Zwickels war das letzte, was er sah, bevor die Frau mit schnellen Griffen ihren weiten Rock wieder über die Knie zog.

Erst jetzt begriff er das ganze Ausmaß ihres Spiels, fiel es ihm wie Schuppen von den Augen. Die Frau trug einen japanischen Tanzslip, einen von diesen obskuren Gummiartikeln, die er letztens noch in dem Katalog eines einschlägigen Versandhauses gesehen hatte. Dem Slip aus weichem Latexgummi war in der Mitte des Schritts, im Zwickel, ein ca. 12 cm langes, nach innen ragendes Gummiglied eingearbeitet. Die Werbung für diesen Artikel versprach seiner Trägerin höchste Lust. Es hieß, daß sich der japanische Tanzslip wie eine zweite Haut um die Hüften und den Schritt seiner Trägerin legt und er durch den Schweiß der Haut schnell bei jeder Bewegung zu tausend kleinen, fest massierenden Händen wird, wobei das Glied fest in der Vagina sitzt und jede Bewegung in die Vagina überträgt. Kaum vorzustellen, daß diese Frau so etwas trug. Geschweige denn, daß sie damit in aller Öffentlichkeit spazierenging. Sein Glied schwoll enorm an, als er sich vergegenwärtigte, daß die dunkelhaarige Frau, die ihm nun mit verschränkten Beinen gegenübersaß, es sich unter den Augen aller Passanten in der Fußgängerzone schamlos besorgt hatte.

Die Stimme der Frau holte ihn wieder in die Realität zurück. «Entschuldigen Sie mich bitte für einen Augenblick, mein Herr», sagte sie, erhob sich und lief mit sanft schwingenden Hüften ins Lokal. Kurz darauf stand sie wieder vor ihm, ein längliches schwarzes Bündel in der Hand, das sie diskret in ihre Einkaufstasche gleiten ließ. «Ich hoffe, Sie denken jetzt nicht schlecht von mir», sagte sie. Sie sah ihn an und setzte erklärend hinzu: «Ich führe ein Tatoo- und Piercingstudio in der Südstadt, und manchmal teste ich die Artikel für den Zusatzbedarf einfach gern selbst. Sie verstehen?» Nach einer kurzen Pause fuhr sie fort: «Aber warum schauen Sie nicht einmal selbst bei mir vorbei?» Mit diesen Worten stand sie auf, überreichte ihm eine Visitenkarte, die sie ihrem Portemonnaie entnommen hatte, und war kurz darauf mit einem Lächeln in der Menschenmenge verschwunden.

Es dauerte eine geraume Zeit, bis er sich wieder gefangen hatte. Dann sprang er auf und lief ebenfalls in das Lokal. Wenig später kam er mit leicht geröteten Wangen und entspannten Lenden wieder heraus.

Bereits am nächsten Tag wählte er die auf der Visitenkarte angegebene Telefonnummer. Ein fragendes kurzes «Ja» ertönte am anderen Ende der Leitung. Ihre Stimmlage veränderte sich, als er sich vorstellte. Sie lud ihn ein, noch am selben Tag – allerdings nach Ladenschluß – auf einen Besuch bei ihr vorbeizukommen.

Das Studio lag am Ende einer breiten Allee. Schwarzlackierte Stahlrahmen faßten ein großes Schaufenster und eine Tür, auf der in goldenen Lettern ihr Serviceangebot prangte. Das Läuten der Türglocke verhallte. Endlich schien sich hinter den zugezogenen silberfarbenen Gardinen etwas zu bewegen. Eine Hand, ihre Hand, schob sich um den Vorhang der Tür, zog ihn zurück und die Tür schwang auf.

Im Innern herrschte ein angenehmes Zwielicht. Zuerst nahm er nur schemenhaft ihre Gestalt wahr. Sie trug eine weite, weichfallende helle Bluse zu einem kurzen, engen Rock, dessen Rot im Dämmerlicht wie Kohlen glühte. Ihr Haar lag zu einem dicken Zopf geflochten auf dem Rücken, die Füße steckten in hochhackigen Slippern. Langsam gewöhnten sich seine Augen an die Lichtsituation im Raum. Sie lächelte ihm zu und wies mit einer grazilen

Handbewegung auf ein breites Sofa in der Nähe des Schaufensters. Dankend nahm er Platz und das kühle Erfrischungsgetränk entgegen, das sie ihm reichte.

Verstohlen ließ der Mann seinen Blick über ihren Körper wandern. Ihre Brust zeichnete sich voll und schwer unter dem weichen Tuch der Bluse ab. Die Bluse strahlte mit ihrem schlichten Stehkragen und den zwei, die Knopfleiste flankierenden Knöpfen eine schlichte Eleganz aus. ‹Die goldenen Knöpfe›, dachte er, ‹irgend etwas stimmt nicht mit ihnen.› Verwirrt beugte er sich vor und sah genauer hin. Ein lustvoller Schauer erfaßte ihn. Was er sah, ließ das Blut in seinen Ohren pochen. Die Bluse wies in Brusthöhe auf jeder Seite einen kleinen, umsäumten vertikalen Schnitt auf, durch den sich je eine ihrer rosenroten Knospen drängte. Die Länge ihrer Brustwarzen war ebenso beachtlich wie ihr Durchmesser. Die goldenen Stäbchen, die die Knospen horizontal durchbohrten, waren an den Enden mit Kugeln bestückt und verhinderten einen Rückzug der Brustwarzen ins Innere der Bluse. Der Kontrast zwischen den kräftigen rosa Knospen und dem glänzenden Edelmetall hätte besser nicht in Szene gesetzt werden können. Der stimulierenden Wirkung ihres Intimschmucks bewußt, streckte die Frau ungeniert die in ihrer Nacktheit veredelten Knospen hervor und weidete sich an der Geilheit des Mannes. Der Anblick ihrer gepiercten Brüste ließ im Nu sein Glied beachtlich anschwellen. Ohne daß er es hätte beeinflussen können, glitt die Spitze seines Penis aus der schützenden Vorhaut hervor. Schmerzhaft schob sich seine Eichel zwischen dem behaarten Bauch und Slip nach oben. Bei jeder noch so kleinsten Bewegung wurde sie grob von seiner Beinkleidung massiert und gepreßt.

«Gefällt Ihnen mein Intimschmuck?» sprach ihn die Frau von der Seite an. Sie erhob sich von ihrem Sitz und trat auf ihn zu. Die von der geschlitzten Bluse fixierten Brüste wurden in ihren wippenden Bewegungen bei jedem ihrer Schritte abrupt gestoppt. Der Frau schien es zu gefallen. Er bemerkte, wie ihre Warzen die Farbe veränderten. Sie hoben sich gegen die weiße Bluse in ihrem tiefen Rot nun deutlicher ab, was den Glanz des Goldes zusätzlich verstärkte. «Viele Frauen laufen gepierct umher», ließ ihn die Frau wissen. «Die meisten bevorzugen allerdings eine Veredelung des Bauchnabels. Ich selbst», vertraute sie ihm weiter an, «habe soviel Gefallen an Intimschmuck gefunden, daß ich auch meine Labien beringt habe. Es steigert die Lust enorm, müssen Sie wissen.»

Sie hatte sich ihm mittlerweile bis auf einen Meter genähert. Ihr unverwechselbarer Eigengeruch, eine Mischung aus Schweiß, Parfum und Metall, stieg ihm in die Nase und verstärkte seine Geilheit. Erneut bäumte sich sein Schwanz mächtig in der engen Hose auf. Schmerzvoll verzog der Mann sein Gesicht. Die Frau musterte ihn aufmerksam. Dann ließ sie ihre Hände mit einer aufreizenden Gebärde zum Saum ihres Minirocks gleiten und schob den Rock in Zeitlupentempo zur Taille herauf. Der vor ihr sitzende Mann bestand nur noch aus purer animalischer Lust. Gebannt starrten seine Augen auf ihren Schoß, der sich ihm Stück für Stück offenbarte. Ihr glatt rasierter Venushügel wölbte sich üppig, ehe er in zwei pralle, fleischige Schamlippen aufsprang. Kein Künstler hätte ihren Schwung perfekter gestalten können. Wie Blütenblätter aus einer sich öffnenden dicken Knospe traten die zarten rosafarbenden, inneren Schamlippen hervor. Jede war mit zwei Kreolen bestückt. Die Ringe schienen aus massivem Gold zu bestehen, denn die zarten Lippen hingen straff gespannt herunter. Bei jeder noch so kleinen Drehung der Frau schlugen sie wie kleine Glocken aneinander und ihr hoher, metallischer Klang durchzog den Raum. Der Mann hatte diesen Klang zuerst mit einem Windspiel in Verbindung gebracht, dann mit den Schnallen auf ihren Slippern. Beim Anblick der Vagina war das erste Lustwasser aus seinem bis zum Bersten gespannten Penis ausgetreten. Er dachte nur noch ans Ficken.

«Wer gerne Gummi trägt, sollte immer glatt rasiert sein», hörte er die Frau sagen. Sie stand jetzt genau vor ihm. Ihre glattrasierte, beringte Scham bot sich seinem Mund dar wie eine süße, verlockende Speise. Ihre Schamlippen näßten langsam ein. Auch sie war jetzt im höchsten Maße erregt. Ein Tropfen löste sich und perlte an einem der Ringe ab. Nun konnte sich der Mann nicht mehr zurückhalten. Er streckte den Kopf nach vorn, ließ seine Zunge herausschnellen und tauchte in den verführerischen Duft ihres Schoßes ein. Der Geschmack ihrer Vulva hatte etwas Hartes, Metallisches an sich. Im Gegensatz hierzu verströmte die feste, glatte Haut einen milden Pfirsichduft. Seine Zunge glitt über die runden Knospen ihrer Scham auf den violetten Schlitz zu, fuhr in ihm hinab, um an den straff gespannten Lippen der inneren Schamlippen zu verweilen. Sanft stieß er dabei die Ringe an, bis seine Zunge schließlich in der feuchten Kluft verschwand, aus der ein steter Fluß der Lust quoll. Die Frau streckte ihren Unterleib fordernd seiner Zunge entgegen, wobei sie die Beine leicht spreizte. Sie genoß sein Zungenspiel. Der Klang der aneinanderschlagenden Kreolen gewann an Rhythmus, bis er von dem gutturalen Stöhnen der Frau überlagert wurde.

Plötzlich erhob sich der Mann und entledigte sich gekonnt seiner Hose. Dann drehte er die Frau an den Hüften herum und drückte ihren Oberkörper auf die Sofalehne herunter. Hinter ihr stehend ließ er sanft seine kühlen Finger über ihre erigierten, heißen Brustwarzen gleiten. Spielerisch zog er an den Warzen und versetzte dadurch die schweren Brüste in leichte Schwingungen. Die Steifheit ihrer Knospen nahm erstaunlicherweise noch einmal zu und erinnerten ihn an sein Glied, das er mit Wollust an ihre Schenkel preßte.

Mit einer leichten Hebung seines Beckens drängte er seine Männlichkeit zwischen die wohltuende Feuchtigkeit der beringten Labien, um dann mit einem starken Stoß bis zum Anschlag in ihre weit geöffnete Vagina einzudringen. Ihre durch die Ringe straffgespannten inneren Schamlippen legten sich dabei wie ein Zelt über seinen Schaft und massierten ihn zusätzlich auf bis dahin unbekannte Weise. Durch das Gewicht der Kreolen schien auch ihr Lustknoten tiefer zu liegen und zusätzlich stimuliert zu werden. Jeden Stoß beantwortete die Frau durch heftiges Stöhnen und zusätzliche Drehungen ihrer Hüfte.

Das sich ausbreitende Zwielicht im Raum, der sanfte Klang der Ringe, das schmatzende Geräusch seines ein- und ausfahrenden Gliedes und die sanft schwingenden Brüste in seinen Händen ließen ihn immer geiler werden. Die Frau schien die bevorstehende Eruption seines Gliedes zu spüren. Aber anstatt ihn ruhig zu stellen, griff sie mit ihren schlanken Fingern nach dem pulsierenden Penis zwischen ihren Beinen und massierte ihn zusätzlich. Gekonnt ließ sie ihre Finger dabei ab und zu über seinen prallen Hodensack gleiten, um ihn ihre Nägel spüren zu lassen. Ihm wurde klar, daß sie seinen Erguß wollte und hielt sich nicht zurück. Seine Lenden bebten, als es über ihn kam und er spürte, wie das Sperma heiß und kraftvoll durch seinen Schaft schoß, um sich in ihrem Schoß zu verströmen.

Kaum hatte er sich entleert, löste sie sich schlangenartig von ihm und griff nach einem aufgerollten schwarzen Bündel in der Sofaecke. Es war der Gummislip, den sie in der Einkaufsstraße getragen hatte. Erstaunt sah er sie an, doch sie kümmerte sich nicht um ihn. Blitzschnell faltete die Frau den Slip auseinander und stieg mit ihren langen Beinen in die Öffnungen. Sie placierte die Spitze des kräftigen Gummischwanzes gekonnt vor ihrer Vulva. Dann zog sie mit einer schnellen energischen Bewegung den Slip nach oben. Ohne Anstrengung glitt das Kunstglied in ihre vor Feuchtigkeit triefende Vagina. Ein leichtes Spreizen der Beine, ein Nachgreifen und -ziehen und schon umschloß der Gummislip wie eine zweite Haut ihren Unterleib. Der Anblick geilte ihn dermaßen auf, daß sein Penis trotz der Ejakulation erneut steif wurde.

«Wir wollen doch nicht, daß auch nur ein Tropfen verlorengeht, oder?» sagte sie mit verschwörerischer Stimme, während sie ihren roten Stretch-Rock herunterzog und glatt strich. Sie lachte auf: «Du weißt bestimmt, was wir jetzt unternehmen werden!?» flüsterte sie erhitzt. Ohne die Antwort auf ihre Frage abzuwarten, nahm sie einen dünnen Pullunder und streifte ihn über den Kopf. Niemand konnte darunter jetzt noch mehr als eine einfache Bluse mit Stehkragen vermuten. Als sie seinem fragenden Blick begegnete, bedeutete sie ihm, er solle sich ebenfalls anziehen. Vielsagend zwinkerte sie ihm danach zu und sagte: «Zumindest weißt du, daß ich gleich in der Stadt keinem Schwächeanfall erliegen werde.» Damit ging sie zum Eingang und hielt ihm strahlend die Tür auf.

T. J., 48 Jahre, männlich, Photograph und Schriftsteller

Tanja und ich kannten uns wenige Wochen, trafen uns selten, waren viel zu unschlüssig, was wir voneinander wollten. Essen gehen, am frühen Abend spazierengehen. Jeder blieb für sich. Ein liebevoller Belagerungszustand, jeder sieht, was der andere macht, durchaus aufmerksam teilnehmend am Leben, am ande-

Haare

ren Leben, das durchs Telefon auf Distanz gehalten wird. Telefonate, die sich über Stunden erstrecken, ganze Abende, halbe Nächte. «Jetzt haben wir schon wieder fast drei Stunden telefoniert, in der Zeit hätten wir uns auch sehen können.» – «Dann hören wir jetzt besser auf, ich muß morgen wieder früh raus.» – «Ja, okay, dann telefonieren wir wieder.» – «Oder sehen uns.» – «Oder so, ja.» – «Wann hast du Zeit?» – «Kann ich jetzt noch nicht sagen.» – «Dann telefonieren wir noch mal.» – «Bis bald, Ciao.»

Mir wurde das irgendwann zu wenig, andererseits wußte ich nicht, was sie will, vielleicht wartete sie nur auf ein deutlicheres Zeichen von mir. Oder dachte genau dasselbe von mir. Also mußte ich sie überraschen.

Wann sie gewöhnlich von der Arbeit heimkommt, wußte ich. Ich rief um diese Zeit an. «Sehen wir uns?» – «So schnell entschlossen?» – «Ja.» – «Ich bin gerade nach Hause gekommen.» – «Das weiß ich. Hast du schon was vor?» – «Nein, das heißt, ich wollte mir die Haare waschen, heute morgen bin ich nicht mehr dazugekommen. Wurde gestern etwas später.» – Wenn sie darauf wartet, daß ich danach frage, wo sie war, kann sie lange warten. Sie soll merken, daß mir alles andere egal ist, das ich nur sie will, egal, wo sie sich gestern die Nacht um die Ohren geschlagen hat – den Luxus, von mir Eifersucht zu spüren zu bekommen, gönne ich ihr nicht. «Die Haare kannst du dir auch noch am Abend waschen.» – «Hast du eine Ahnung, wie ich aussehe, ich hätte

waschen

mich fast schon nicht zur Arbeit getraut.» – «Du weißt, daß mich nichts von dir abhalten kann, außer deine Unschlüssigkeit. Und außerdem ist das Wetter wieder sehr schön geworden. Ich will mit dir rausfahren. An einen See, in die Berge, irgendwohin, in die Sonne.» – «Na, gut. Um wieviel Uhr?» – «Jetzt.» – «Ich muß mich noch umziehen.» – «Mach das, aber beeil dich, ich fahr jetzt los.»
«Sonst dauert es viel länger, bis wir es schaffen, uns zu verabreden», sagte sie, während sie sich einen Pulli über die Schultern legte und die Haustür hinter sich zuzog.
«Es hat ja wirklich noch ganz schön aufgerissen», sie sah in den Himmel, Hand an der Beifahrertür, und schob sich die Sonnenbrille vom Haaransatz auf die Nase. – «Findest du nicht, daß meine Haare entsetzlich aussehen?» Sie klappte den Sonnenschutz herunter, spähte in den Spiegel und strich mit Fingerspitzen einige Strähnen zurück in ihr dichtes, zu einem Pferdeschwanz zusammengebundenes Haar. Ihre kleinen Ohren waren zum Anbeißen.
Im Nu waren wir auf der Hauptstraße. «Wenn ich dich ansehe, dann fällt mir mehr auf als ungewaschene Haare, das kannst du mir schon glauben.» Auf der Autobahn wechselte ich auf

die Überholspur. Sie zuckte mit den Schultern. «Na ja, wenn's dich nicht stört, dann stört's mich auch nicht.» Sie lachte, als ob sie etwas verlegen wäre, zog den Aschenbecher heraus, zündete sich eine Zigarette an. Während sie rauchte, öffnete sie das Fenster und aschte hinaus. «Wohin fahren wir?» fragte sie. Ich wußte es selbst nicht genau. Was ist besser? Einer Frau zu sagen, man weiß genau, wohin die Reise geht, oder zu sagen, alles ist offen, ich weiß selbst nicht was kommen wird. Am liebsten, glaube ich, will sie etwas hören, was dazwischen liegt, oder am besten beides – wofür es aber keine Worte gibt: Sich aufgehoben und geführt fühlen und zugleich frei, spontan und selbstbestimmt. Wie heißt das?
«Ich will jetzt, daß du mir es sagst», verlangte sie und meinte wohl: ich will wissen, was du vorhast, aber verrate es mir ja nicht.

Nach einem Abendessen und einem Spaziergang am See saßen wir im Auto, vor ihrem Haus.
«Ich muß morgen früh raus, du mußt morgen früh raus.» – Sie nickte.
«Aber bis du dir die Haare gewaschen hast, solange bleib ich noch.»
«Wie du meinst.»
«Na gut, dann gehen wir jetzt rein.»
Ich saß in ihrem Wohnzimmer, sie ging zwischen Schlaf- und Badezimmer hin und her.
«Kann ich dir was helfen?» rief ich.
«Ich glaube nicht», antwortete sie.
In einem dünnen Hemdchen und in Jeans kam sie zur Tür und erklärte: «Ich wasche mir jetzt die Haare. Das dauert nicht lange, ich mache das kurz über dem Waschbecken.» Sie verschwand.

Kurz darauf folgte ich ihr. Über das Waschbecken gebeugt, hielt sie ihren Kopf unter den Wasserhahn. Ihre Jeans spannten über dem Po, locker fiel das Hemd vor ihren Brüsten.
«Darf ich reinkommen?»
«Viel gibt's hier nicht zu sehen.»
«Sag das nicht.»
Den Kopf unter Wasser, tastete sie mit beiden Händen den Waschbeckenrand ab.
«Das Shampoo muß doch hier irgendwo sein.»
Ich nahm es aus der Dusche, gab es ihr und blieb hinter ihr stehen.
Sie fingerte am Verschluß herum. Ich fragte sie: «Warum sehen wir uns so selten?»
«Ich weiß es auch nicht.»
«Ich würde dich gern öfter sehen.»
«Ehrlich?» tat sie erstaunt und verteilte Shampoo auf ihrem Kopf.
«Ja, natürlich», versicherte ich und streichelte ihren Po, sie zuckte leicht zusammen.
«Stört dich das?»
«Ich wollte mir eigentlich nur die Haare waschen.»
«Das ist keine Antwort.»
Ich zog ihr Hemdchen hoch und mal streichelte, mal massierte ich ihren Rücken.
«Was hast du vor?» Ihr Kopf war voller Shampoo. Ich nahm etwas davon, zog das Hemdchen ganz aus ihren Jeans und verteilte den cremigen Schaum über ihre Brüste.
Sie wich kaum merklich zurück und trat von einem Fuß auf den anderen, dann legte sie sich meinen offenen, haltenden Händen entgegen.
«Du hast einen sehr schönen Busen.»
«Du ... du siehst ihn doch gar nicht.»

«Meinst du, man muß etwas unbedingt gesehen haben, um es schön finden zu können?»
«Na, ja. Nicht unbedingt.»
«Die meisten schönen Dinge sind verborgen.»
«Ich seh im Moment auch gar nichts.»
«Das macht nichts.»
Ich griff um sie und öffnete ihren Gürtel, meinen Kopf an ihren Rücken gelegt. Sie blieb ruhig. Mit beiden Händen hielt sie ihren Kopf. Gleichmäßig floß das Wasser darüber.
Knopf für Knopf öffnete ich ihre Hose. Mit feuchten Fingern weitete und schloß ich ihre Schamlippen. Stoßweise atmete sie aus. Mit einer Hand streichelte ich sie weiter, mit der anderen verteilte ich Wasser auf ihrem Kopf, um das übrige Shampoo aus den Haaren zu waschen, dabei küßte und biß ich sanft ihren Hals.
Sie schwankte etwas, deshalb hielt sie sich am Wasserhahn fest. Nach und nach strich ich das nasse Haar aus ihrem Gesicht, um mit meinem Mund den ihren zu suchen, dessen Zunge zögernd zu meiner sich tastete.
Mit beiden Händen zog ich ihre Jeans samt Slip über ihren Po und kehrte zurück zu ihrem Schoß. Mit Fingerspitzen tippte ich um ihren Kitzler. – «Oh!» – Ihre Hände suchten neuen Halt. Die Shampooflasche kippte um, ihr Inhalt sickerte ins Becken. Ich suchte nach ihrem Gürtel, zerrte ihn aus den Schlaufen ihrer Jeans und legte ihn um ihren Bauch und zog sie damit an mich. Sie richtete sich auf und unsere Augen fanden sich wieder im Spiegel.
Ich wich zurück, aber unsere Blicke hielten einander fest, während unsere Hände meine Hose öffneten und langsam glitten wir ineinander. Zaghaft zunächst die Bewegungen, dann wurden sie schneller. Sie beugte sich wieder vornüber. Ich zog den Gürtel wieder straff um sie, und im Rhythmus

von Loslassen und Reißen peitschte sich unser Verlangen voran.
Sie hielt sich am Wasserhahn fest, rutschte ab, ein heftiger Strahl traf das Becken, das Shampoo darin schäumte auf und die Gischt wuchs unaufhörlich. Wild stieß sie gegen mich, so daß der Gürtel sich wieder löste, dessen Enden sie jetzt schnappte und ihren Körper herumwarf. Sofort griff ich unter ihren Po, sie stemmte sich auf den Waschbeckenrand, ihre Beine umklammerten mich. Den Riemen schlug sie um mich und zog mich heran – sie war es nun, die den Ritt bestimmte und herabglitt auf meine heißblütige Rute, auf der sie sich lustvoll hin- und herschob.
«Spritz mich voll», stöhnte sie laut und riß ein letztes Mal den Gürtel fest an sich – unsere Münder fielen übereinander her.
«Wie warm es die Beine herabläuft», stöhnte sie zitternd. Den Kopf zwischen Schulter und Hals gelegt, sah ich von der Seite ein stilles Lächeln, die Augen geschlossen. – Ein unsichtbares Glück, das ohne Wollen, ohne Ziel und Absicht war – unerwartet wie Glück nur sein kann.
«Ich glaub, ich bin morgen krank», sagte sie noch.
«Das bin ich jetzt schon.»

Andreas Belwe, Jahrgang 1962, Dr. phil.

Photo: Jutta Wolf

Köln, Hotel ... Suite

Heute teile ich Ihnen etwas mit, das noch nie jemand außer meinem Lebensgefährten erfahren hat.
Zwischendurch gelüstet es mich, meine tierischen Instinkte auszuleben, dies geschieht ein- bis zweimal im Jahr. Dann packen wir unsere Sachen und fahren ins benachbarte Ausland für 2–3 Tage. Logieren in einem großen, noblen Hotel, verfügen dort über eine der Suiten, so daß wir inkognito (wir steigen jeweils unter falschem Namen ab) besonderen Besuch erhalten können.
Am Abend begebe ich mich jeweils in ein nettes Tanzlokal, wo sich meist Schwarze einfinden. Dort verbringe ich mehrere Stunden, suche mir zwei heiße Typen aus, begebe mich mit ihnen ins Hotel. Über ein diskret verlegtes Mikrophon hört mein Freund mit, dies macht ihn an und gleichzeitig haben wir eine Kontrolle, damit keine Gewalttätigkeiten passieren können. Nun lasse ich mich von den beiden Schwarzen verwöhnen, ausziehen, duschen und mit guter Zungen- und Fingerakrobatik der Lust entgegenbringen. Sofern sie perfekte Arbeit leisten, sich gut ergänzen, bin ich sogar bereit, mich von ihnen einzeln (natürlich mit Doppelpräservativ) ficken zu lassen.
So verbringe ich meist den ersten Abend. Daß mein Begleiter sich auch eine entsprechende Freude verdient hat, versteht sich von selbst. Er ist ein Augenmensch, ein Voyeur

der ganz großen Klasse und versteht die richtige Kombination und Stimmung zu organisieren. Am zweiten Tag für den Nachmittag hat er jeweils eine sehr attraktive junge Frau mitgebracht. Sie verwöhnt mich mit allen Künsten der Weiblichkeit. Er schaut zu, amüsiert sich, sitzt am Tisch, ißt und trinkt vom Besten, was Küche und Keller zu bieten vermögen. Dann, wenn er zum Nachtisch kommt, geht er zum Telefon, und eine gute Viertelstunde später klopft es an die Tür und diverse Süßigkeiten werden hereingebracht von den beiden Schwarzen des Vorabends. Sie vergnügen sich nun erneut mit mir, während er sich am Tisch mit dem jungen Mädchen zu amüsieren pflegt, und dies ohne Tabu. Sie muß sich auf den Tisch legen, rücklings, er fesselt ihre Füße nach außen an die Tischbeine, rasiert sie zwischen den Schenkeln und fickt die stöhnende und schreiende Schönheit. Dies törnt meine zwei schwarzen Männer an, und sie tun das gleiche mit mir auf dem Bett. Sie lösen sich ab und machen es mir nacheinander viermal.
Das letzte Mal waren die beiden so ungestüm, daß sie die abgemachten Regeln verletzten und das gefesselte junge Mädchen ebenfalls mit ihren steifen Säbeln bearbeiteten. Sie fickten sie sogar gleichzeitig, rhythmisch von vorn und hinten im ablösenden Takt. Ich habe noch nie eine Frau so stöhnen und schreien gehört, vor Lust und Wonne, Schmerz und Scham, es war die pure Geilheit. Bis zum nächsten Mal in Köln, Hotel ... Suite ...

Tania Apollo, Alter: 39, Ärztin

In den Gärten ihrer Insel

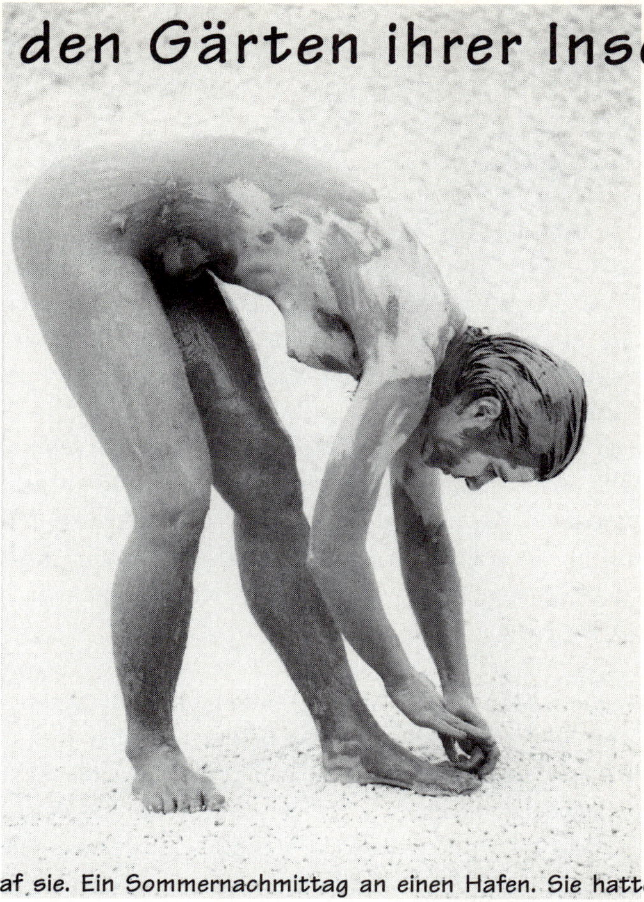

Photo:Jutta Wolf

Lu traf sie. Ein Sommernachmittag an einen Hafen. Sie hatte ihre Sachen an einen Baum gelehnt, in dessen Schatten sie auf einer kleinen Mauer saß, gegenüber dem Fähranleger. Er war auf der Flucht vor der Kälte gerade erst in der Stadt angekommen.

Mit etwas Abstand setzte er sich neben sie in den Schatten.

Es war sehr heiß. Er bot ihr von seinem frischen Trinkwasser an. Sie kamen ins Gespräch. «Wo willst du hin, drüben?» fragte sie ihn über den Lärm der warmlaufenden Dieselmotoren des Fährschiffs hinweg, als sie aufstanden. Er wies mit einer Geste auf die dunstverschleierten Gipfel der Insel am Horizont. «Ich weiß nicht, irgendwohin, an ein paar Strände, in die Berge …»

«Ich habe meine eigene Insel. Du darfst mit zu mir kommen, wenn du willst.»

Sie lächelten sich an. Lu nickte. «Nenn mich Maya», sagte sie.

Vom Inselhafen fuhren sie mit dem Bus bis zu einer entlegenen Ortschaft im Süden und wanderten einen gewundenen schmalen Pfad die Steilküste entlang, bis sie in der Dämmerung an eine kleine Bucht kamen, links und rechts eingerahmt von hohen Klippen. In einem Bambusgehölz lag ihr Boot versteckt, und draußen vor der Bucht lag ihre Insel. Von Brandung zerklüftete Felsen bildeten die Uferlinie. Es gab nur eine Stelle, wo es möglich war, anzulanden. Sie lag der offenen See zugewandt. Maya fand sich trotz der Dunkelheit mühelos zurecht. Sie zogen das Boot aus dem Wasser und kletterten durch Gestrüpp und über Geröll die Uferfeste hinauf bis ins Innere der Insel.

Durch sanft geschwungene Wiesen führte sie ihn zu einem Steinhaus, das vor den Eingang einer Höhle gebaut war.

Im Innenraum fand sich eine Bettstatt aus Bambus, darauf ein Leinentuch, gefüllt mit Heu und getrockneten Kräutern. An den weißgetünchten Wänden hingen einige Regale mit Gläsern und Dosen, in einer Ecke stand, neben dem Kamin, eine Art Kastenschrank. An der hinteren Wand gab es einen Durchlaß, der in die Höhle führte.

Lu setzte sich, begann sich die Stiefel aufzuschnüren, während er Maya beobachtete. Sie hatte ihr Hemd abgelegt, stand in der Tür und blickte hinaus, während sie aus ihren Sandalen schlüpfte, und kurz danach fiel ihr der Rock um die Knöchel.

Darunter trug sie einen Tanga, der aus zusammengebundenen Stoffbändern bestand.

Sie griff mit einer Hand hinten hinein und zog ihn sich aus

der Poritze hervor, während ihre andere Hand vorne zwischen ihren Beinen verschwand.

Dabei stellte sie sich kurz auf die Zehenspitzen.

Sie drehte sich um, unter ihrem weißen BH zeichneten sich ihre aufgerichteten Nippel ab. Ihre Konturen schimmerten im ersten Licht des Mondes. Ihr Tanga war vorne ausgebeult von ihrer Hand, die sie noch einen Moment an ihren Schamlippen kreisen ließ, bevor sie sie herauszog. Ihr Duft füllte den Raum.

Lu hatte sich aus seiner verstaubten, durchgeschwitzten Hose geschält. Sein Schwanz war hart geworden und spannte die Unterhose, so daß sie ein Stück von seinem Bauch abstand.

Sie standen einander gegenüber. Mit einer Fingerspitze berührte sie ihn unterhalb des Bauchnabels am Schamhaaransatz und glitt mit dem Finger hinunter bis zu seinem Schwanz, den sie links und rechts je einmal sanft entlangstreichelte. Sie legte ihre Handfläche auf, drückte ihn kurz nach unten zwischen seine Beine und ließ ihn danach wieder hochschnellen. Dann kniete sie vor ihm. Sie zog ihm behutsam die Unterhose runter. Ihr warmer Atem liebkoste seine Spitze. Sie nahm ihm das nasse Hemd von den Schultern und betrachtete ihn nackt. Ihre Hand umfaßte ihn und fuhr einige Male vor und zurück, mit der anderen drückte und massierte sie sich selbst zwischen den Schenkeln. Es kam ihnen fast, ihre Atmung beschleunigte, doch dann ließ sie von ihm ab.

«Komm», sagte sie, griff einen Stoffbeutel aus dem Regal, nahm ihn bei der Hand und zog ihn hinaus ins Freie.

«Es ist Vollmond.»

Die Bäume, Felsen, Gräser und das Meer glitzerten und leuchteten.

Maya legte sich bäuchlings auf einen Felsen, weit unter ihnen die Brandung. Der Stein war ebenmäßig gerundet und noch warm vom Tag. Maya fügte sich genau ein und lag dort in verführerischer Pose.

Sie griff in eine Nische und holte zwei längliche, glattgeschliffene Steine heraus.

«Steck sie mir rein», sagte sie. Ihre halb geöffneten Lippen glänzten, ihre Augen funkelten schwarz und strahlend.

«Gern», sagte er. Langsam und genüßlich streifte er ihr den Tanga bis in die Kniekehlen. Ihre Schenkel waren leicht geöffnet und ihr Po nach oben gewölbt. Lu kniete neben ihr und besah ihren Körper, er roch an ihren Öffnungen und berührte sie mit Nase und Zunge.

Sein Schwanz war dick und prall und zuckte, die Eichel hatte sich aus der Vorhaut geschoben, er konnte kaum an sich halten. Endlich nahm er den schmaleren der Steine, spielte damit an ihren nassen Schamlippen und schob ihn ihr mit leicht kreisenden Bewegungen Stück für Stück in den Po. Seine Hand zitterte ihm vor Erregung. Ganz vorsichtig machte er weiter und ließ den zweiten Stein in ihr vorderes Loch schlüpfen.

Er fühlte, wie eine Hand zu seinen Eiern wanderte und ihn kraulte.

«Jetzt gib ihn mir in den Mund», flüsterte sie.

Er hockte sich mit gespreizten Schenkeln vor sie hin. Sie nahm ihn ganz in sich. Er fühlte ihre Zunge an den Adern auf der Unterseite seines Schwengels entlanggleiten. Sie ließ ihn wieder herausfallen, spielte mit der Zunge um den Kranz seiner Eichel, und er spürte, wie auch sie ihm mit einem kleinen, länglichen Stein ins Rektum fuhr.

Sie drängelte mit ihrer Zungenspitze in seinen Schlitz. Es kam ihm. Wild zuckend und mit einem tiefen, leisen Stöhnen spritzte er ihr seinen Saft in den Mund.

Maya wartete, bis er still wurde, sah lächelnd zu ihm auf und ließ dann das Sperma aus ihrem Mund tropfen, spuckte geräuschlos, sammelte es in ihrer Hand und strich es sich auf ihren Pobacken ab.

Lu verteilte und massierte es ein. Sie bat ihn, ihr das Höschen ganz abzustreifen, sie erhob sich auf alle viere, und er beobachtete, wie sich die beiden Steine aus ihr lösten.

Sie nahm sie an sich, wickelte sie zusammen mit dem Stein, den sie Lu eingeführt hatte, in ihren Slip und legte sie in den Beutel, dem sie dafür einige Sachen entnahm.

Sie rauchten und blickten hinaus auf die See und in den sternenübersäten Himmel.

«Ich möchte frisch rasiert sein, heut nacht», sagte sie, nachdem sie sich eine Weile schweigend entspannt hatten.

Aus einem Fläschchen goß sie sich eine zähe, im Mondlicht fluoreszierende Flüssigkeit zwischen ihre Schenkel. Mit beiden Händen rieb sie sich ihr Schamhaar und ihren Unterleib ein, legte sich rücklings auf den Felsen und begann an ihrem Kitzler zu manipulieren. Lu erforschte ihre beiden Löcher.

Seine Finger strichen über die warmen, glatten Schleimhäute in ihr und rotierten sachte umeinander. Nach einer Weile zog er sie wieder raus und berührte ihre Finger, die sich zwischen ihren Schamlippen rhythmisch bewegten.

Er küßte ihr den Bauch, ihre Oberschenkel und liebkoste sie dabei zärtlich mit seinen schulterlangen, weichen Haaren, die er über ihren nackten Körper streichen ließ.

Maya vibrierte und wand sich, als sie in den Orgasmus überging.

Nun begann Lu, sie von ihrem kurzen, weichen Flaum zu befreien. Hin und wieder goß er etwas Wasser auf den Rasierer.

An einigen Stellen zog es Maya vor, sich selbst zu rasieren.

Schließlich war sie ganz nackt.

Lu hatte wieder einen Steifen und hätte ihn ihr gerne reingesteckt. Er drückte ihn zwischen ihre Schamlippen, lenkte ihn mit der Hand über ihre Landschaft, doch Maya hielt ihn sanft zurück. Sie rieb ihn mit der grünlichen Flüssigkeit ein, so daß auch sein Geschlecht zu schimmern begann.

«Möchtest du mich kennenlernen, möchtest du ganz bei mir sein?»

Lu nickte. Warme Schauer durchliefen ihn, als sie sich küßten. Sie streichelten sich, sogen den Geruch aus Salz und Sonne ein, der in ihren Haaren hing.

Sie teilten einen Schluck Kräuterwein.

Auch Maya wurde wieder scharf auf ihn.

«Jetzt zeige ich dir das Inselheiligtum. Es ist nur bei Vollmond da.»

Während sie barfuß einen kleinen Pinienhain durchquerten, schlang sie ihre Arme um ihn und legte ihren Kopf auf seine Schultern. Sie war einige Zentimeter größer als er.

«Ich hatte schon lange keinen Besuch mehr auf der Insel. Die meisten sind gierig und dumm.»

«Ich bin auch dumm», er zögerte, «ich weiß nicht, ob ich gierig bin.»

«Du bist nur auf der Suche nach dir selbst, süßer Kleiner. Alle Worte sind dir gestohlen und alles Wissen.» Sie hauchte warmen Atem in sein Ohr und schleckte ihm mit der Zunge drin rum.

Sie kamen zu einer Lichtung, einer in Silberschein getauchten Wiese. Zwischen dem Gras Blumen mit bläulichen und roten Blütenkelchen. Kleine leuchtende Wölkchen schwebten durch die würzige, liebliche Sommerluft um sie herum.

«Da sind Mondlichter», sagte Maya, «man kann sie nur bei Vollmond sehen. Sie sind sehr selten.»

Maya trat zu einer Statue in der Mitte der Wiese. Lu folgte ihr. Als er auf einige Schritte heran war, sagte sie: «Bleib da stehen.»

Die Statue war aus einem marmorähnlichen Gestein gefertigt. Eine liegende männliche Gestalt. Sie hatte einen steinernen Schwanz, einen Phallus, der steil nach oben ragte. Die Arme lagen am Körper an, Beine und Füße geschlossen. Bis auf das Geschlecht, das detailliert ausgeformt war, waren alle anderen Konturen, auch das Gesicht, nur angedeutet.

Maya öffnete ihren BH, zog ihn aus und warf ihn ins Gras.

Sie ging in die Hocke. Dann kroch sie über die Statue, spielte mit ihren Nippeln an der glattpolierten Schwanzspitze, streichelte mit ihren Brüsten über die ganze Gestalt, legte sich auf sie und rieb sich an dem zwischen ihren Pobacken aufragenden Schwanz.

Sie richtete sich wieder auf, nahm noch einmal etwas von der leuchtenden Essenz und strich den Phallus damit ein, sah dabei Lu in die Augen und bezog mit gespreizten Schenkeln Stellung über der steinernen Säule des Schwanzes.

Langsam ging sie runter und dirigierte ihn bis zum Ansatz in ihren Po, dann löste sie sich wieder, um ihn sich vorn reingleiten zu lassen.

Lu durchfuhren warme und kalte Schauer am ganzen Körper. Er blickte gespannt auf ihren kreisenden Unterleib und versank dann in ihren Augen. Plötzlich war es, als schössen ihm Tausende Lichtkügelchen entgegen, alles war hell und flimmerte, sein Körper wurde erst warm, dann heiß. Er glitt zu Boden, ganz leicht, als bestünde er nur noch aus Energie.

Sein Schwanz pulsierte und schien zu schmelzen. Er fühlte Berührungen an seiner Eichel. Erst war es, als würde ihre Zunge ihn ablecken, dann war es, als ob sein Glied von einer heißen, saftigen Vagina umhüllt wurde. Seine Lust steigerte sich bis in ein Glücksgefühl hinein und breitete sich vom Unterleib über seinen ganzen Körper aus.

Lu schien es, ins Bodenlose zu fallen, als es ihm kam.

Er stöhnte und löste sich auf und von weit her hörte er Mayas Lustschreie.

M. W., 29 Jahre, männlich

Wir sind ganz allein.

Um uns herum ist Stille, nur mein Herzklopfen ist zu hören. Mein Herz ist gebrochen und nicht mal Du kannst es heilen. Will ich es denn überhaupt? Ich weiß es nicht. Im Moment möchte ich nur eins, Dich!

Deine erotische Ausstrahlung zieht mich magisch an, ich denke daran, wie es ist, mit Dir Liebe zu machen, Deine Küsse zu schmecken, meine Lippen über Deinen Körper gleiten zu lassen. Ob Du das gleiche denkst? Ich glaube schon, denn Deine Augen sehen mich verführerisch an. Ein paar Minuten vergehen, in denen wir uns nur ansehen. Die sexuelle Anspannug in diesem Raum wird größer, als Du auf mich zukommst. Bis jetzt ist noch kein einziges Wort gefallen und wird es auch nicht bis alles vorbei ist. Deine Hände umfassen meine Schultern, und Du führst mich zu der Wand, die hinter mir in den Himmel ragt. Obwohl wir einander schon lange kennen, schaust Du mich an, als ob Du mich das erste Mal siehst. Langsam gleiten Deine Hände an meinen Armen herunter und hinterlassen eine Spur aus Feuer auf meiner Haut. Als sie bei meinen Händen ankommen, gleiten sie wieder hinauf zu meinen Schultern. Von da aus wandern Deine Hände weiter zu meinem Hals. Deine Daumen streicheln meine Haut. Ein leises Stöhnen drängt sich über meine Lippen und Du lächelst, weil Du jetzt mit Sicherheit weißt, daß es mir gefällt. Danach gleiten Deine Hände über mein Dékolleté und weiter zu meinen Brüsten, die Du sanft drückst. Vor Erregung lege ich den Kopf zurück an die Wand, und Du läßt diesen günstigen Moment nicht unnütz verstreichen. Schon spüre ich Deine Lippen auf meinem Hals und ein wohliger Schauer durchfährt meinen Körper. Meine Hände legen sich wie von selbst um Deinen Nacken. Langsam wandern Deine Lippen weiter zu den meinen, verführerisch streichelt Deine Zungenspitze meine Lippen. Ich öffne langsam meinen Mund, während ich Dein T-Shirt aus den immer enger werdenden Jeans ziehe. Unsere Zungen spielen erst verführerisch langsam miteinander und werden dann immer wilder. Dein Glied drückt heiß gegen meine Lenden, ich spüre meinen Saft fließen, spüre das animalische Verlangen nach Dir.

Photo: Jutta Wolf

Wir werden immer wilder, Du schiebst meinen Rock hoch und ziehst mir den Slip aus. Deine Zunge erforscht meine erogene Zone, schiebt sich langsam zwischen meine Schamlippen. Du machst so lange weiter, bis ich fast den Verstand verliere. Ich ziehe Dich zu mir hoch, öffne, während ich Dich küsse, Deine Hose, streichle Dein steifes, pulsierendes Glied. Ich ziehe Dir die Hose aus. Ohne länger abzuwarten hebst Du mich an den Hüften hoch, und ich schlinge meine Beine um Deine Hüften. Langsam dringst Du in mich ein, Stückchen für Stückchen. Ich nehme Dich in mir auf, bis ich Dich ganz verschlungen habe. Deine Bewegungen vereinigen sich mit meinen, wir werden eins. Immer höher schaukeln wir dem Höhepunkt der Lust entgegen, Deine Stöße werden schneller und wilder. Ich spüre, wie ich die Kontrolle über mich verliere, lasse mich fallen. Immer schneller, immer wilder, immer leidenschaftlicher. Ein plötzliches Aufbäumen von mir zeigt Dir, daß ich soweit bin, und auch Du läßt Dich gehen, spritzt den Samen in mich. Wir beide sind mit Schweiß bedeckt, klammern uns aneinander. Doch dann mußt Du gehen. Wir trennen uns, ziehen uns an, lächeln uns an. Wir wissen, wir sehen einander wieder, vielleicht schon morgen! Wir sind ja Freunde!

Nina S., 22 Jahre, Studentin

Im Kino

Es war dieser Sommer im vorletzten Jahr. Ich hatte genug von der Hitze und verabredete mich abends mit einem Freund fürs Kino.

Vom Film selber habe ich keine Erinnerung mehr. Dafür um so mehr von dem, was neben mir und später mit mir passierte.

Dirk und ich rutschten in die Sesselreihe. Nicht nur wir wußten mit der Sonne nichts mehr anzufangen. Das Kino war gut gefüllt. Direkt neben mir saß eine blonde Frau mit ihrem Freund. Vor mir ein paar alberne Tanten, vielleicht Erzieherinnen aus einem Kindergarten. Die Werbung lief schon. Zigaretten, Alkohol, Zigaretten, Eis. Das Licht wurde heller. Die Frau neben mir stand auf. Vielleicht 20, max. 25 Jahre, hübsches Gesicht mit einem leicht arroganten Lächeln, attraktive Figur. Sie kam zurück mit Eispralinen und 'ner Cola. Einen kurzen Augenblick dachte ich, die mustert mich etwas zu lange. Ich kannte sie nicht. Dann quatschte sie mit ihrem Lover. Die albernen Frauen vor uns tuschelten, eine drehte sich zu uns um, sie quarkten weiter. Dirk und ich guckten uns fragend an. Dirk kannte ich vom Sport. Einer, dem ich vertraute, seitdem ich wegen dem Job nach Berlin gezogen war. Ihn hatte seine langjährige Freundin verlassen, als ich mich mit Sonja ziemlich zerstritten hatte. Der Film begann. Lachende Menschen in Mexiko, soviel fällt mir jetzt wieder ein.

Mein rechter Arm liegt auf der Sessellehne. Irgendwann kommt die Hand meiner Nachbarin dazu. Die Arme berühren sich gerade eben. Die Frauen vor uns haben sich mittlerweile beruhigt und rascheln mit einer Chipstüte. Der Film läuft weiter. Meine Nachbarin stößt etwas stärker mit ihrem Arm an meinen. Ich überlege, ob sie sich die Lehne sichern will. Ich sitze bequem und habe keine Lust, «meine» Lehne aufzugeben. Ihrem Lover fällt die Cola-Flasche um. Die Frauen von vorn drehen sich um. Ich werfe kurz einen Blick nach rechts. Die Flasche ist wohl schon leer. Der Mann macht keine Anstalten, sie aufzuheben. Beide gucken zur Leinwand. Meine Nachbarin hat ein kurzes Kleid an. Komisch, das war mir vorhin nicht aufgefallen, als sie sich durch die Reihe mit dem Eis schob. Ich konzentriere mich wieder auf den Film. Doch nur kurz. Mir ist, als verstärkt meine Nachbarin den Druck auf meinen Arm. Blöde Kuh, die denkt wohl, sie könnte mich verdrängen. Allmählich berührt die Seite ihrer Hand meinen kleinen Finger. Eigentlich ganz angenehm. Im Kino war's inzwischen etwas kühler geworden. Meine Nachbarin legt sich ihre Jacke auf ihre Knie. Ihr Arm kommt wieder zurück. Jetzt haben wir Kontakt am Ellbogen. Ich halte alles noch für einen Zufall. Bis ihre Hand sich meiner wieder genähert hat. Ich meine, ihre Wärme zu spüren, als sie ihren kleinen Finger an meinen heranrückt. Mir wird plötzlich heiß.

Meine Phantasie läuft mir davon. Normalerweise nimmt man doch den Arm oder die Hand weg, sobald sich Körperkontakt mit einem Unbekannten ergibt. An diese Kennenlerngeschichten im Kino glaube ich nicht. Völliger Blödsinn, sie sitzt ja neben ihrem Freund. Während ich überlege, ob es denn neben ihr auch «ein» Freund statt «ihr» Freund sein könnte, merke ich, wie sich mein kleiner Finger auf ihren legt. Ich erschrecke. Wider aller Vernunft hab ich sie unzweifelhaft berührt. Ich erwarte eine heftige Reaktion der Hand neben mir, vielleicht einen bösen Blick von der Seite, ein Getuschel zwischen dem Paar.

Platzwechsel oder eine böse Verabredung mit dem Freund im Kinoflur. Dirk neben mir scheint nichts mitzubekommen. Die Sekunden dehnen sich unendlich aus. Es passiert nichts.

Mein kleiner Finger liegt warm und angenehm auf ihrem. Er berührt sogar ihren Ringfinger. Ich nehme jetzt etwas Kühles, Hartes an meiner Fingerkuppe wahr. Ich tippe auf einen Ring. Wahrscheinlich so 'n großer silberfarbener, der würde zu ihr passen. Ich bin erregt. Nichts passiert. Vielleicht eine allmähliche Blutverlagerung in meinem Bauch und Schwanz. Sie wird gleich ihre Hand empört wegziehen. NEIN! Sie streichelt fast unmerklich mit ihrem kleinen Finger unter meinem. Spinne ich? Ein Schweißschauer bricht in mir aus. Jetzt hier im Kino?

Neben ihrem Freund? Meine Hand greift wie ohne meine Kontrolle nach ihrer Hand. Schweißschauer und Erregung schießen jetzt abwechselnd durch meinen Körper. Ich bin bereit für die Ohrfeige von meiner Nachbarin, oder ihrem Freund. Bitte nicht so laut, daß sich die gackernden Hühner vor mir umdrehen. Bitte keine Gewalt, bitte nicht ins Gesicht. Das ist so demütigend. Ihre Hand greift nach meiner. Sanft, vorsichtig, wärmend. Ich kann meine Nackenmuskulatur leicht lockern. Noch kein Schlag. Noch nicht. Bloß, was passiert, wenn ihr Freund uns entdeckt? Im Kinosaal herrscht schwaches Licht. Bei sonnigen Szenen im Film erkennt man blitzartig unser Techtelmechtel. Die zärtlichen Berührungen machen mich sehnsüchtig.

Gedankenfetzen blitzen durch meinen Kopf. Szenen vergangener Begegnungen lenken mich ab. Einen klaren Gedanken zu fassen fällt mir schwer. Die Hose drückt meinen Schwanz gegen seinen Willen in eine enge Form. Meine Nachbarin streichelt nachdrücklicher meine Hand. Ich genieße und erwidere die Bewegungen. Ich traue mich nur nach rechts zu schielen. Ein offener Blick nach rechts? Zu heikel! Unsere Hände greifen mittlerweile schon fest ineinander. Sie streicht mir mit einem Finger in meiner Handfläche lang. Langsam gewöhne ich mich an die Bedrohung durch den Nebenbuhler. Sie faßt noch einmal stärker meine Hand und legt sie fort. Enttäuschung fegt meine Ideen weg.

Ich streiche mir durch mein Gesicht, als wenn ich mir die Gegenwart meiner rechten Hand vergewissern wollte. Ich träume nicht. Meine Nachbarin, ich finde der Name Tanja paßt zu ihr, wendet sich ihrem Freund oder Nichtfreund zu und flüstert. Wird es jetzt ernst? Sie nimmt ihre Jacke in ihre rechte Hand, steht auf und will gehen. Während sie sich vor mir durch die Reihe schieben will, riskiere ich einen Blick in ihr Gesicht. Ihr Haar wird durch den Filmprojektor angestrahlt. Ihr Gesicht scheint schwach beleuchtet. Ihre Augen strahlen mich an. Mir ist, als wenn sie mich nach draußen wünschen.

Ein Erlebnis als Jugendlicher fällt mir ein. Es wird wohl 15, 16 Jahre her sein. Ich war mit Freunden, wie ich sie damals nannte, in dem Freizeitheim des Nachbarortes. Wir guckten einen Film, ich glaube «Einer flog über das Kuckucksnest». Einer meiner Freunde hatte Besuch aus der Großstadt bekommen. Mitten im Film quatschte der Besuch ein Mädchen an. «Ich gehe jetzt raus und du kommst hinterher, okay!?» Anscheinend waren wir in unserer Kleinstadt hinter dem Mond. So machte man also Mädchen an! Er verließ den Filmraum. Und tatsächlich, das Mädchen kam hinterher. Der Freund gab später an, er und das Mädchen hätten rumgeknutscht.

Tanja hatte sich bereits an Dirk vorbeigekämpft. Der guckte etwas verärgert, da sein Blick auf die Leinwand unterbrochen wurde. Ich war irritiert. Während ich meine Gedanken sortierte, abwog, ob Tanja wirklich mich draußen erwartete oder einfach die letzte Cola wegbringen würde, schielte ich nach rechts. Mein Nebenbuhler saß ruhig und ungefährlich auf seinem Platz. Ich tippte eher auf Cola. Die hatte doch eben meine Hand genommen. Sie hat mir einen sympathischen Blick zugeworfen. Mir fiel die Szene mit 14 oder 15 Jahren in dem Jugendfreizeitheim wieder ein. Ich entschied mich, ihr hinterherzugehen. Meine Blase könnte sich zufällig gerade eben zu Wort gemeldet haben, als Tanja den Kinosaal verließ. Dirk guckte mich fragend an. Ich sagte nichts und bewegte mich Richtung Ausgang. Völlig aufgeregt schloß ich die Tür hinter mir. Halt, was sollte ich eigentlich sagen?

Ich ging durch den Kinoflur. Keine Tanja. Ich horchte bei den Frauenklos, nix zu hören. Die ist gegangen, hatte sich verabredet oder sonst was. Die hatte mir vielleicht entschuldigend zugelächelt, weil sie sich zwischen meinen Knien und den Sessellehnen durchschlängeln mußte. Im Foyer sah ich sie. Ich bekam Herzklopfen. Sie kaufte gerade Eispralinen. Sie hatte also zum Eisholen den Film verlassen. Ich kam mir plötzlich ziemlich dämlich vor. Aber sie hatte doch meine Hand genommen.

Sie blickte zur Seite und sah mich. Sie grinste. Okay, jetzt muß ich das wohl irgendwie ausbaden. Sie fragte mich wie selbstverständlich, ob ich Eispralinen mag. Die Kinokarteneisverkäuferin sortierte das Geld ein. Sie hielt mir die Schachtel hin. «Ich kenn dich nicht, aber ich hab mir gedacht, du heißt Tanja», erklärte ich ihr halbwegs originell und nahm eine Praline. Unser Blick traf sich. «Nee, falsch geraten, ich heiß Kati.» Ihre Augen flirteten. Ich sagte meinen Namen.

Ich gewann Sicherheit. «Das mit deiner Hand hat mir gefallen.» Sie grinste mir zu. «Schön.» Pause. Sie nahm meine Hand. Wir setzten uns auf zwei orangefarbene Polstersessel. Schweigend aßen wir das Eis. Die Schachtel hatte sie auf den kleinen Tisch vor uns gestellt. Ihre Jacke rutschte von ihrer Schulter. Sie trug ein enges weißes Rippenshirt. Ich konnte meine Augen nicht von ihrem Gesicht lassen. Es hatte irgend etwas Bekanntes. Trotzdem war ich mir sicher, daß ich Kati bisher nicht gesehen habe. Ihr Blick fesselte mich.

Die Eispralinen waren vertilgt. Wir beide redeten nicht mehr. Ich strich ihr durchs Gesicht. Sie strahlte mich an und beugte sich vor. Wir umarmten uns. Unsere Wangen steichelten aneinander. Durch meinen Körper lief ein Hitzeschauer. Unsere Lippen berührten sich. Gab es doch diese Kennenlerngeschichten in Kinos? Meine Gedanken stürzten durcheinander. Wir küßten uns, erst zärtlich, dann inniger, lustvoller. Ich war erregt. Nach einer Weile bemerkte ich, wie ich mich von meinem Sessel zu ihr verrenkt hatte. Ich veränderte meine Haltung. Kati stand auf. Wir küßten uns wieder. Ich schielte ein wenig, sah an Katis versunkenem Gesicht vorbei zur Eisverkäuferin. Die musterte uns. Ich schloß die Augen wieder. Meine Gedanken verließen mich, ich spürte ihre und meine Zunge, streichelte ihren Rücken. Ich spürte den BH-Verschluß unter dem T-Shirt, spürte den warmen, festen Rücken. Mit der anderen Hand hielt ich ihren Kopf, streichelte ihr den Nacken, so gut das über ihren langen Haaren ging. Sie küßte cool. Sie zog mich ein wenig näher an sich. Ihre Brüste berührten meinen Oberkörper. Eine Welle Erregung jagte durch mich. Wie lange hatte ich Sonja nicht mehr geküßt. Ich merkte, wie ich meine Hemmungen verlor.

Ich streichelte ihr den Rücken langsam Wirbel für Wirbel

entlang. Meine Hand war an ihrer Taille angekommen. Kati trat einen winzigen Schritt vor. Ihre Taille war schlank, fast muskulös. Sie drückte mich fester. Wir küßten uns inzwischen leidenschaftlich. Ich spürte, wie meine Erregung wuchs. Sie merkte das wahrscheinlich ebenso. Mein harter Schwanz berührte sie leicht durch meine dünne Hose, irgendwo zwischen Bauchnabel und Schambein. Ich tippte auf kurz oberhalb des Schambeins, wo ihr schätzungsweise kleiner Bauch sich leicht aufwölbte. Ich erschrak fast. Ihre Hand war an meinem Rücken langgewandert und hatte sehr sanft auf einer Pobacke haltgemacht. Die ist ja mutig. Mir entglitt allmählich die Realität. Wir standen im Foyer des Kinos, knutschten wild und erregt, während die Eisfrau allein vom Glotzen ohnmächtig wurde. Ich würde von meiner Erregung ebenfalls bald ohnmächtig. Meine Hand revanchierte sich auf Katis Po. Klein und hart. Ich spürte ihn so deutlich durch ihren Rock, ich tippte auf Seide oder Viskose. Der Stoff ließ mich die Rippen ihrer Unterhose deutlich spüren.

Kati löste sich abrupt. Vorbei das Abenteuer, wie damals, als der Vater meiner ersten Freundin plötzlich in ihr Zimmer stürzte, um sich «bekannt» zu machen. Kati schaute mich verschmitzt und verlockend an. «Komm», flüsterte sie. Sie nahm meine Hand und zog mich in Richtung Kinosaal. Etwas benommen vom Küssen folgte ich ihr fragend. Sie blickte sich um, ich drehte meinen Kopf ebenfalls nach hinten. Die Kinokarteneisverkäuferglotzerin war nirgends zu sehen. Kati zog mich plötzlich zu der Behindertentoilette. Die war verschlossen. Machte sie das öfter? Sie drückte die Tür der Frauenklos auf. Ein großer Vorraum wartete auf den Ansturm. Wenigstens strahlte der Vorraum dieses vor kurzem eröffneten Kinocenters eher eine Atmosphäre einer Ausstellung für Sanitärobjekte aus. Mich erregte dieser für Männer verbotene Raum. Die Aktion traf mein Faible für großzügige Bäder. Fast liebte ich Toiletten von neuen Museen, in denen die Städte ihr Geld verschwendeten. Kati steuerte mit ihrem verschmitzten Lächeln zu einer Zwischentür, die die Waschbeckenausstellung von der WC-Ausstellung trennte. Ich flehte, daß sich nicht irgendeine Frau hier verirrt hatte.

Kati hatte mich in ein Klo gezogen, das aus dem gleichmäßigen Rhythmus der Türen auffiel. Mit einer längeren Front füllte es den Restplatz aus. Der Architekt hatte sich wohl beim Verteilen des Platzes verrechnet. Ich schloß die Tür. Um uns herum zwei weiß gekachelte Wände mit einem gelben Streifen, wie's überall modern ist. Die Wand zum Nachbarklo aus weißen Spanplatten. Das Klo hatte wohl noch keinen großen Ansturm hinter sich gehabt. Es sah aus wie neu. Wir grinsten uns an. Es roch nach einer Mischung aus Zitronenreiniger und Deo. Ganz angenehm. Es war Katis Deo, das ich jetzt zum erstenmal roch, als sie mir ihre Arme um meinen Hals legte. Wir küßten uns. Wir zogen uns lustvoll aneinander. Ich streichelte ihren Kopf, ließ ihre langen Haare durch eine Hand gleiten. Ich hatte noch keine Freundin mit langen blonden Haaren. Meine andere Hand strich an ihrer Seite entlang. Kati drückte sich enger an mich. Sie spürte meine Erregung. Ich spürte ihre an ihrem wilden Kuß, daran, wie sie ihren Körper eng an meinen drückte. Durch meine dünne Hose und ihrem leichten Minirock mußte sie Zentimeter für Zentimeter meines harten Schwanzes spüren. Ich wollte mehr. Meine eine Hand entdeckte den Übergang ihrer Seite zu ihrer Brust. Sie schnappte leicht nach Luft und wandte die Seite etwas von meiner Brust. Sie wollte auch mehr. Langsam, ganz langsam glitt meine Hand weiter zu der Wölbung. Sie drückte mir ihren Schoß mehr entgegen. Meine Finger zeichneten die Wölbung weiter nach, bis sie an der

Brustwarze angekommen waren. Wir küssen uns wilder. Meine Finger umkreisen die Brustwarze. Ich spüre sie immer deutlicher, sie wird hart und größer. Meine Hand umschließt ihren Busen. Ich muß Luft holen. Kati hat mit ihren Händen meinen Po erreicht und drückt ihn fest mit ihren Fingern. Ich strecke ihr meine Hüfte weiter entgegen, um meinen Schwanz stärker an ihr zu spüren. Sie zieht mich an sich. Wir küssen uns fast gierig. Meine eine Hand löst sich von ihrer Brust, streicht an ihrem Rücken langsam zu ihrem Po. Ich bin ziemlich erregt und gespannt, wie sich ihr Po anfühlt. Meine Hand umkreist die eine Pobacke. Sie ist cool, ich ringe wieder nach Luft, unser Küssen wird sinnlicher, erwartender. Ich will es wissen und streiche mit der Hand den Rock entlang zu ihrem Bein. Ihre Haut ist warm und weich. Langsam, ihre Reaktionen beobachtend, tasten sich meine Finger unter dem Stoff vor. Sie bewegt ihre Hände auf meinem Hintern nicht mehr. Sie wartet ab. Ich habe die süße Falte zwischen Bein und Po erreicht und spüre ihren Slip. Meine Hand umgreift den Po und schiebt sich unter die Hose. Sie wendet ihren Unterkörper etwas ab und bewegt eine Hand von meinem Po in Richtung Vorderseite. Ich kann es kaum erwarten. Sie soll ihn nehmen. In dem Augenblick rutscht ihre Jacke vom Klodeckel, wo sie sie beim Eintreten mit einem Schwung hingeworfen hat. Wir sehen etwas erschrocken zu ihr hin. Sie schaut mich an. Da spüre ich, wie sie mit ihrer Hand auf meinem Schwanz angekommen ist. Ich schließe lustvoll meine Augen, während sie ihn über dem Stoff leicht und immer drängender massiert. Meine Hand wandert auf ihrer Unterhose zu ihrem Bauch. Ich höre, wie sie nach Luft schnappt. Ich schaue sie an, sie hat ihre Augen geschlossen und legt ihren Kopf leicht in ihren Nacken. Meine Hand streicht von ihrem Bauch Millimeter für Millimeter nach unten. Ich spüre die Schamhaare unter ihrem Slip. Meine Hand dreht etwas ab zu ihrem Bein, wendet sich in Richtung Knie, folgt der Rundung des Beines zur Innenseite, wo sie langsam zur Scham entlang fährt. Kati nimmt ein Bein ein wenig zur Seite. Meine Finger erreichen den Slip an ihrem Bein und umstreichen die Wölbung ihrer Schamlippen. Noch spüre ich den Stoff darüber. Kati öffnet mit einer Hand meinen Gürtel, zieht den Reißverschluß herunter, berührt meinen Schwanz, der unter meiner Unterhose sich nach oben drängt. Meine Finger heben die Stoffkante ihres Slips ab und schieben sich darunter. Sie fährt mit ihren Fingern an meinem Schwanz entlang. Meine Hand umhüllt ihre feuchtwarmen Schamlippen – sie stöhnt auf. Zwei Finger streichen auf den Lippen entlang, spüren wie sie sich füllen. Kati küßt mich, sie umschließt ganz fest mein Glied. Meine Finger reiben sanft ihre Schamlippen. Sie richten sich auf und teilen sich. Kati löst sich von meinen Lippen und sagt verführerisch: «Küß sie.» Ich gehe in die Hocke, während Kati sich an die Wand lehnt und aus dem Rock aussteigt. Langsam ziehe ich ihren Slip herunter. Millimeter für Millimeter entblößt er ihren Schamhügel. Sie hat hellblonde, dichte Locken. Jetzt kann ich ihre Schamlippen sehen. Für einen kurzen Augenblick frag ich mich, ob nicht auch Aids durchs Küssen der Scheide übertragen werden kann. Meine Lust hält das Risiko für gering. Kati schüttelt ihren Slip mit ihren Knien zu ihren Füßen. Ich schiebe ihr mit meinen Händen das T-Shirt leicht hoch. Sie hat ein süßes kleines Bäuchlein. Ich küsse sie dort. Meine Lippen wandern tiefer, streicheln sanft ihre Haut, ihre Schamhaare, den Übergang zwischen Körper und Bein und ziehen diese Falte entlang zu ihrem Schoß. Es riecht ein wenig nach Duschgel und Lust. Meine Lippen finden ihre Schamlippen, meine Zunge streicht an ihnen entlang. Es fühlt sich heiß und feucht an, ich schmecke unbekannte Lust. Die Zunge drückt sich zwischen die prallen Lippen. Der Geschmack steigert meine Lust. Meine Zunge sucht den Eingang, den Kitzler, Kati schüttelt sich ein wenig und stöhnt leise. Meine Zunge spielt mit ihren Lippen, leckt ihren Kitzler. Sie beginnt ihren Unterleib mir mal entgegen zu strecken, mal leicht zu entziehen, immer so weit, daß ich gerade ihren Kitzler umfahre. Sie stöhnt. Sie atmet lauter und regelmäßiger. Sie zieht mich nach oben, küßt mich heftig, langt mir an den Schwanz und zieht mir meine Hose aus. Ich entledige mich meines Hemds. Sie kniet sich hin. Ich muß aufpassen, daß sie meinen Schwanz nicht zu doll umschließt und küßt. Sie leckt behutsam an ihm entlang, nimmt ihn in ihren Mund und drückt ihre Zunge an ihn. Ich bin so erregt, daß es bald passiert. Fast ist es mir egal. Sie läßt ihn los, stellt sich hin, hält meine Hände und sagt mit ihrem verschmitzten Lächeln, daß sie ihn vielleicht ganz haben will.

Ich überlege, ob ich den Pariser aus dem Portemonnaie genommen habe. Ich bin mir sicher, daß ich ihn nicht mehr habe. Sie fischt ihre Jacke vom Boden, ich kann ein paar Sekunden ihren klasse Po ansehen. Weiter noch. Als sie sich bückt, sehe ich ihre Schamlippen durch die Beine durch. Zum Verrücktwerden. Ich könnte mir in den Arsch beißen, daß ich nichts dabei habe. Kati knöpft eine Jackentasche auf, sie öffnet eine Halsbonbondose, drei Tampons und …? Unter ihnen liegt platt und etwas verknittert ein eingeschweißter Pariser. Sie geht in die Hocke, öffnet etwas ungeduldig die Packung, nimmt ihren Slip und trocknet liebevoll meinen Schwanz ab. Dann prüft sie etwas langsam die richtige Seite des Kondoms und rollt es auf meinen Schwanz. Ich bin erleichtert. Offensichtlich eine liebevolle und vorsichtige Frau. (Oder eine, die sich keine Chance entgehen läßt?) Während es mir überhaupt nicht peinlich war, mich vor ihr nackt zu zeigen, find ich's schon blöd, daß sie als Frau das Verhüterli dabei hat. Sie steht auf. Ich will sie ganz nackt sehen. Ich ziehe ihr das Shirt über den Kopf. Ihre Haare fallen ihr übers ganze Gesicht. Sie trägt einen weißen BH ohne Rüschenkram. Sie streckt ihre Hände nach hinten und öffnet ihn. Bevor er ihren Busen enthüllt, fällt mir für Sekundenbruchteile die Umgebung ein. Der Film müßte bald zu Ende sein und mit ihm die anderen in den 10–13 anderen Kinosälen. Ihre Brüste sind fest und jugendlich. Sie könnte wahrscheinlich als Mannequin auftreten. Vielleicht ist sie dafür etwas zu klein. Sie legt mir meine Hände auf ihre Brüste. Sie umschließt mit ihren meinen Po und zieht mich an sich. Wir küssen uns. Eine Hand löst sich von ihrem Busen und streichelt ihren Rücken. Meine Hand massiert ihre Brust, wandert zu ihrem Bauch. Ich merke auf meinem Po nur noch eine ihrer Hände. Als ich mit meiner Hand auf ihrem Schambein ankomme, fühle ich, wo sich ihre zweite Hand aufhält. Sie massiert ihren Kitzler. Das macht mich fürchterlich an. Wir gucken beide nach unten. Ich nehme meinen Schwanz in die Hand und reibe ihn. Wir schauen uns an. Ich sehe und höre, wie es ihr Spaß macht. Ich lege meine zweite Hand auf ihre und fühle ihren Rhythmus. Sie nimmt meine Hand und drückt sie in ihren Schoß. Sie greift meinen Schwanz und fährt an ihm entlang. Wir legen unsere Köpfe aneinander und sehen unseren Händen zu. Meine zweite Hand umschließt ihre linke Brust. Ich höre wie ihr Atem schneller wird, sehe unsere Hände unsere Geschlechter massieren. Dann führt sie meinen Schwanz zu ihrer Möse. Sie stellt sich auf die Zehenspitzen, wir umarmen uns, wir drücken uns. Ich gehe ein bißchen in die Knie. Wir drücken unsere Becken aneinander. Mein Schwanz streicht an ihren Lippen entlang. Wir stöhnen. Dann spüre ich ihre Hand. Sie führt meinen Schwanz, drückt ihn sich zwischen ihre Beine. Sie soll mich reinlassen. Wir werden immer schneller. Jetzt massiert sie sich ihren Kitzler. Sie reckt sich immer weiter. Gleich kommt es mir. Ich dränge mich an sie, wir stöhnen. Mein Schwanz sucht die Öffnung. Ich umgreife ihre Brüste. Sie stöhnt immer lauter. Es törnt mich an. Ich spüre, wie mein Schwanz umschlossen wird. Langsam gleitet er in ihre Möse, anfangs spielt er noch mit ihrer Öffnung, dann stemmen wir uns immer stärker entgegen. Ich spüre die rotierenden Bewegungen ihrer Hand. Sie nimmt sie weg. Ich beiße ihr in den Hals, es kommt mir, ich höre sie stöhnen, sie preßt sich mir entgegen. Sie schreit, dann drückt sie ihren Mund auf meine Schulter. Wir werden langsamer. Ich spüre Schweiß zwischen uns. Die Schweißperlen laufen an uns herunter.

Sag mal, die Frau und der Mann hinter uns kannten sich wohl gar nicht.» Der Film war offensichtlich zu Ende. Unsere Kleidung lag wild verstreut um uns herum. Wir nahmen sie hastig auf, um nicht entdeckt zu werden. «Die sind kurz nacheinander gegangen, mitten im Film» – «Woher weißt du denn, daß die nicht zusammen gehörten?» – «Na, die übriggebliebenen Männer kannten sich nicht. Außerdem gingen die beiden Männer suchend aus dem Kino.» – «Vielleicht machen die sich einen netten Abend zu zweit.» Türen gingen auf und zu. Es wurden mehr Schritte. «Na klar, die haben sich auf die Klos verdrückt und sind hier irgendwo und vögeln.» – «Die sind in einer dieser Kabinen und stöhnen. Wenn wir leise sind, hören wir sie, Anne.» Eine Spülung wurde betätigt. «Du spinnst, hättest du Lust, hier zu vögeln?» – «Es käme auf den Mann an.»

Wir schauten uns an.

anonym, männlich, Kaufmann, 29 Jahre

Hi Andrea und Stefan,
ich habe Euch im Radio gehört und möchte Euch meine Geschichte erzählen.
Ich heiße Denise, bin 29 Jahre und alleinerziehende Mutter. Manchmal fühle ich mich sehr allein und denke mir kleine Erotik-Geschichten aus.
Die Geschichte, die ich Euch schreiben werde, ist jedoch in Wirklichkeit letztes Jahr zu Ostern passiert ...

Es ist soweit, noch ein paar Stunden, dann treffe ich das erste Mal mein Sternchen. Wir hatten uns vor einigen Monaten am Telefon kennengelernt. Unsere Gespräche wurden immer intensiver und unsere Lust aufeinander immer unerträglicher. Besonders schlimm ist, daß wir so weit auseinander wohnen.

Gründonnerstag bin mit meinem dreijährigen Sohn auf der Geburtstagsfeier meines Bruders, mit den Gedanken aber schon lange woanders. Es ist jetzt 20.30 h, wir sind gerade nach Hause gekommen. Bringe meinen Sohn ins Bett und rufe sofort mein Sternchen an, mal hören, wo er auf der Autobahn steckt. Grad erst Frankfurt durch, noch ca. 500 km, bis er bei mir ist. Sehne mich so sehr danach, mal wieder berührt zu werden. Einen geilen, prallen Schwanz in meinen Mund nehmen zu können und ihn in mir zu spüren.

Habe diesen Abend noch zweimal bei ihm angerufen, er kommt immer näher und ich werde immer unruhiger. Mittlerweile ist es schon 00.45 h, ein letzter Anruf. Mein Sternchen ist jetzt ganz in meiner Nähe. Hat sich leider etwas verfahren, ich beschreibe ihm am Telefon den Weg zu mir. Noch ein paar Minuten, dann ist er hier. Da ... ich sehe sein Auto, ein komisches Gefühl, ihn am Telefon zu haben und gleichzeitig zu sehen. Er bleibt auf

Ostern mit Sternchen

der Straße stehen und leuchtet mit dem Fernlicht auf. Ich muß lächeln.

Bevor er zu mir in die Wohnung kommt, frage ich ihn: «Möchtest du den Abend lieber sinnig oder mit Aktion?» Da er genau wußte, was für ein Verlangen ich nach ihm habe und er doch eine lange Fahrt hinter sich hatte, antwortete er: «Sinnig.»

Die Uhr zeigt 1.05 h an, es klingelt, ich drücke den Summer. Öffne die Tür und warte dort ... kann seine Schritte im Treppenhaus hören. Was wohl jetzt in seinem Kopf vorgeht, ich werde zum Glück immer ruhiger. Er öffnet die Flurtür, schaut um die Ecke, seine ersten Worte: «Du schaust ja genauso aus wie auf den Fotos.» Was hat er gedacht, daß ich ihm irgendwelche Fotos schicke und ihn dann hierher lasse?! Wir begrüßen uns nett mit Küßchen links und rechts. Er drückt mir eine Flasche Sekt in die Hand, ich stelle sie in den Kühlschrank. Sage zu meinem Sternchen: «Gehe schon mal ins Wohnzimmer und mach es dir dort gemütlich.»

Als ich in der Küche war, dachte ich ... schon ein witziges Gefühl, jemanden vom Telefon so gut zu kennen und doch wirkt er so fremd. Komme ins Wohnzimmer zurück, er liegt schon auf dem Bett. Wir trinken erst einmal etwas Erdbeerbowle, die ich zuvor gemacht hatte, und unterhalten uns. Er meint, er wäre total verspannt. Ich mache ihm den Vorschlag, daß er in die Wanne gehen soll. Habe das Wasser schon fertig, er fragt: «Kommst du mit?» Wie gern würde ich. Aber da ist noch mein Sohn, habe Angst, ihn nicht zu hören und ihn nach langem Schreien nicht mehr ruhig zu bekommen.

Mein Sternchen sitzt jetzt im Wasser, ich setze mich neben der Wanne auf den Fußboden. Wir stoßen mit Sekt an und reden über belanglose Sachen. Denke bei mir ... wenn er nicht bald aus der Wanne kommt, drehe ich ab. Erste Flasche Sekt ist alle, hole aus der Küche eine Flasche Rotwein und bringe sie ins Wohnzimmer. Endlich kommt er aus dem Bad und legt sich genüßlich ins Bett. Ich setze mich auf die Bettkante, er liegt auf dem Bauch. Ich reiche ihm ein vollgefülltes Glas.

Halte es gleich nicht mehr aus, wie er da mit freiem Oberkörper und nur ein Handtuch um seine Hüfte liegt. Da soll sich mal jemand zurückhalten ... nee, das gelingt keiner Frau. Nehme mein Glas Wein, streiche mit ihm über seinen Rücken. Er zuckt leicht zusammen, ich lasse etwas Rotwein über seinen Rücken laufen. Lecke sanft den Wein ab, er stöhnt auf. Meine Zunge wandert vom Nacken runter bis zum Po, wir stellen unsere Gläser zur Seite. Nehme ein Tuch, verbinde ihm die Augen, sage zu ihm. «Drehe dich bitte um», dann fessel ich ihn an beiden Armen. Seine Hände sind über seinem Kopf festgebunden. Ein irres Gefühl, über jemanden etwas Macht zu haben. Ich hole eine Feder, streiche zärtlich mit ihr über seinen Körper. Angefangen am Hals über die Brustwarzen, vom Bauchnabel über seine Schenkel bis hin zu seinem besten Stück. Sein Körper ist angespannt, er stöhnt zufrieden. Knie mich zwischen seine Beine und streife mein Oberteil ab, beuge mich über seinen Körper. Stütze mich mit den Händen ab, küsse ihn am Hals und an seinen Schultern. Meine Zunge gleitet über seine Brustwarzen, sauge sanft an ihnen. Wandere weiter nach unten über seinen Bauch, während ich nach unten gleite streichen meine Haare über seinen Körper. Sein

Kopf preßt sich ins Kissen, ich spüre seine Erregung. Winkel seine Beine an und lecke von seinem Knie über seine Oberschenkel bis hin zu seinem harten Schwanz. Nehme vorsichtig einen Hoden in meinen Mund, massiere ihn sanft mit meiner Zunge. Er stöhnt vor Geilheit laut auf, gleite mit der Zunge zärtlich an seinem Schaft entlang. Hin zur Eichel, stülpe meine Lippen über sie und fange an zu saugen. Meine Zungenspitze massiert ihn dabei, gleichzeitig nehme ich seinen geilen Schwanz in meine linke Hand und massiere ihn. Schlecke mit meiner Zunge an ihm wie an einem Eis, wenn ich sein Bändchen berühre spannt er seine Glieder an und stöhnt auf. Das macht mich total an, wenn ich so sehe wie er da liegt und sich nicht bewegen kann. Wie gern möchte er mich jetzt berühren, aber jetzt noch nicht – vielleicht später. Dieses Stöhnen von ihm ist einfach geil. Setze mich jetzt auf ihn und führe seinen Schwanz in meine schon sehr feuchte Pussy ein. Mein Unterleib bewegt sich auf und nieder, meine Brüste sind über seinem Gesicht. Er nimmt meine Brustwarzen in den Mund und saugt an ihnen. Es dauerte nicht lange, bis ich zum Höhepunkt kam. Ging dann von ihm runter, wir küßten uns intensiv. Gleite mit meiner Zunge noch einmal über seinen Körper bis hin zu seinem Schwanz, nehme ihn wieder in den Mund. Lasse mich so richtig an ihm aus, ich merke, wie es in ihm brodelt. Möchte ihn aussaugen, dann ist es soweit. Er spritzt seinen geilen Saft in meinen Mund. Verwöhne ihn noch sanft mit meiner Zunge, er zuckt heftig. Schaue ihm ins Gesicht – ein zufriedenes Lächeln ist zu sehen. Ich binde ihn los, wir trinken etwas, kuscheln und ruhen aus. Nach einer Weile reizte es uns wieder. Es war nicht nur diese Nacht, mit kleinen Pausen hatten wir ein wunderschönes Sex-Osterwochenende. Mit fast allen Sexstellungen und viel Spaß an neuen Liebesspielen. Für uns beide drei unvergeßliche Tage.

Denise R., 29 Jahre

Photo:Gaby Tipper

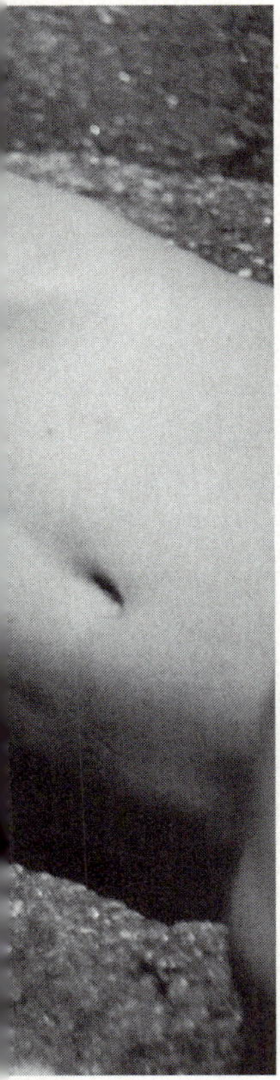

ZEITZEUGNIS:

Wenn ich geil bin und wichsen will, ruf ich Maya an, sie soll mal kurz vorbeischauen und sich auf meinen Schwanz setzen. Wir vögeln dann mal gut, mal schlecht. Manchmal wird sie auch feucht.
Danach liest sie sich die Kontaktanzeigen durch, schickt mich zum Kochen und fängt an zu wichsen. Sie fragt mich, ob ich ihr den Tampon wieder reinstecken will. Ich koche. Nach dem Essen reden wir über damals. Sie schüttet mir ein Glas Wasser ins Gesicht. Sie hatte Lust. Ich auch.

Frank Schock, 30 Jahre, Chemiker, Photograph

Saynète

Die U-Bahn war um diese Zeit wie immer voll. Und wie jeden Tag überlegte ich im stillen, warum ich es nicht schaffte, nur einige Minuten früher auf dem Bahnsteig zu sein, um die erste noch leere Bahn zu erwischen. –

Ich quetschte mich zwischen die dicht gedrängten Körper an einem dicken, schwitzigen Bauch vorbei Richtung Mittelgang, um wenigstens ein bißchen Luft zu bekommen. Kaum zu glauben, mit welchen Gerüchen einige Menschen ihre Mitmenschen malträtieren. Eine Duftwolke aus After-shave, Knoblauch und kaltem Rauch stieg mir in die Nase. Hinter mir hustete jemand direkt über meine Schulter seinen Kaffeeatem durch das Abteil. –

In Gedanken versunken spürte ich die Blicke der anderen, wie diese auch meine Blicke spüren konnten. Immer wieder das gleiche Spiel, sehen, wegsehen, anblicken, wegschauen … langweilen und meinen Gedanken und Beobachtungen nachhängen.

Irgend etwas war heute anders. Der Blick in meinem Rücken war so intensiv, daß ich mich umwandte und in den Gläsern einer Sonnenbrille spiegelte, die mich anblickten. Ich versuchte durch die dunklen Gläser hindurch die Augen auszumachen, blickte fragend auf die Frau, die auf dem Sitz schräg gegenüber saß.

Langsam nahm diese die Brille aus dem Gesicht, und für

einen Moment schien die Welt stehenzubleiben und mit ihr die U-Bahn.

Grün, tief – dunkelgrün, lange schwarze Wimpern und viele kleine Lachfältchen, die mich jetzt frech angrinsten.

Im Moment, da die Türen der Bahn sich öffneten, sprang die Unbekannte auch schon auf und war entschwunden. Ohne lange nachzudenken, oder einen Moment auch nur zu zögern, stand ich selber plötzlich auf dem Bahnsteig, bahnte mir einen Weg durch die drängelnden Menschen, um noch einmal einen Blick auf die schöne Unbekannte zu erhaschen, als diese plötzlich vor mir stand.

Schweigend sahen wir uns an, ruhig und ernst. Keine von uns beiden sprach ein Wort. Es schien, als wollten wir den Moment nicht zerstören durch ein nichtssagendes Wort. Es war unnötig zu reden. Die Geräusche der abfahrenden Bahn klangen dumpf und weit entfernt an mein Ohr. Wie selbstverständlich streckte die Frau den Arm aus und nahm mich bei der Hand.

«Laß uns schwimmen gehen.»

Laß uns schwimmen gehen, schwimmen gehen. Sonst nichts. Stumm nickte ich, und immer noch meine Hand in der ihren liefen wir zur Rolltreppe und fuhren ans Licht.

Die milchigen Türen quietschten leise in ihren Angeln, als sie sie aufstieß. Staunend blieb ich einen Moment stehen, der Raum war über und über gekachelt. Selbst die Decke hatte ein Muster aus verschiedenen Formen und Farben. Noch nie war ich in einem solchen Bad gewesen, ich sog die feuchte Luft ein und atmete tief und langsam aus. Kein Chlorgestank, kein Desinfektionsgeruch, nur Frische und Salz lagen in der Luft. Die grünlich-blauen Kacheln glänzten naß unter ihren Füßen. Wie unpassend, dachte ich, als ich auf meine Straßenschuhe blickte.

Im gleichen Augenblick hatte sich die Frau mit den grünen Augen auch schon gebückt und zog mir sanft, aber bestimmt die Schuhe von den Füßen. Wie in Trance ließ ich es geschehen. Barfuß spürte ich nun die Kühle der Kacheln an meinen Fußsohlen und atmete mit geschlossenen Augen einige Atemzüge lang leise vor mich hin. Als ich meine Augen wieder öffnete, blickte ich in das Gesicht der Fremden. Dieses freche Grinsen lag wieder auf ihrem Gesicht, und eine kleine Bewegung des Kopfes forderte mich auf zu folgen.

Wir waren ungefähr gleich groß. Im Gegensatz zu meinen langen dunkelblonden Haaren hatte die Frau, die nun ebenfalls barfuß vor mir her ging, kurze, gelockte Haare, von einem sehr tiefen, dunklen Rot.

Eine Locke hatte sich aus dem Gewirr befreit und tanzte nun lustig vor meinen Augen bei jedem Schritt auf und ab.

Der unbändige Wunsch, diese Locke zu berühren, ließ mich die Hand ausstrecken und – im gleichen Moment blieben wir beide stehen. Die Frau mit den grünen Augen blickte immer noch nach vorne, während ich selbst meine Hand durch die Locken der Fremden bewegte. Langsam zeichnete ich die Linie am Nacken entlang, spürte den Ansatz des Schlüsselbeins.

Warm und weich, wie weich doch die Haut war.

Meine Hand blieb ruhig auf der Schulter liegen, gleich wohl, als wolle sie sich ein wenig ausruhen.

«Komm.»

Erneut wurde ich bei der Hand genommen und in die Richtung gezogen, aus der das Wasserrauschen zu uns herüber klang. Hinter einem Bogen aus dunklem, fast schwarzem Marmor erstreckte sich ein zehn mal zehn Meter großes Becken, an dessen Kopfseite ein hoher Wasserfall in die Wand eingelassen war. Überall standen Pflanzen. Wucherten urwaldmäßig am

Becken entlang, standen im Raum und rankten unter der Glaskuppel, die sich über dem Becken erhob. Draußen fing es bereits an zu dämmern. Der Raum war erhellt durch das Licht, das aus dem Becken zu ihnen hoch schimmerte und mehrere kleine Lampen, die durch die Blätter der Pflanzen leuchteten.

Kleine Wellen schlugen an den Rand, brachen sich und flossen in die sich erneut nähernden Wellen zurück.

Vor meinem inneren Auge sah ich, wie ich mich langsam ins warme Wasser gleiten ließ, und genoß den Moment der Vorfreude. Die Frau mir gegenüber empfand offensichtlich genauso. Sie stand da, mit geschlossenen Augen, atmete tief und in gleichmäßigen Zügen ein und aus.

Wie wunderschön sie war, wie sie so da stand. Der Mund geschlossen, die Nasenflügel bebten leicht bei jedem Atemzug. Am Kinn hatte sie eine kleine Narbe, kaum sichtbar, nur durch den Leberfleck direkt daneben auszumachen. Sie wirkte energisch, kraftvoll, die vollen Lippen hatten einen leichten Schwung nach oben. Während die Mundwinkel ein Lächeln andeuteten. Sie wußte, daß sie beobachtet wurde und genoß es.

Langsam öffnete sie ihre Augen und kam mir die wenigen Schritte, die uns noch trennten, entgegen. Ohne zu zögern begann sie den Reißverschluß meiner Lederjacke zu öffnen. Zog ihre eigene Jacke fast gleichzeitig aus. Mit einem Klatschen fielen beide Kleidungsstücke auf den Boden.

Darunter trug sie einen grünen Body. An Stelle eines Gürtels hatte sie ein schmales, buntes Tuch durch die Schlaufen der schwarzen Lederhose gezogen.

Grün wie ihre Augen.

Ich versuchte, den Knoten zu lösen, um das Tuch zu entfernen. Er war sehr fest gezogen, und mit einem leisen, tiefen Lachen half sie mir.

Mit einem Ruck zog sie das Tuch durch die Schlaufen und schwenkte es einige Male wie eine Trophäe in der Luft.

Sie ließ mich dabei nicht eine Sekunde aus den Augen, und ich wußte, was nun geschehen würde, und ich wußte auch, ich würde es geschehen lassen.

Klopfenden Herzens stand ich da und schloß die Augen, als sie hinter mich trat und mir den Schal um die Augen band. Mit einem Ruck zog sie ihn fest.

Dunkelheit.

Ich hörte das Wasser und ich spürte ihren Atem dicht neben meinem Ohr. Sie pustete vorsichtig in meine Halsbeuge und ein Schauer überzog meinen ganzen Körper. Ich verspürte den dringenden Wunsch, mich hinzusetzen, wollte mich hinlegen. Meine Beine wurden schwach.

Sie stand hinter mir, ich konnte sie spüren, ohne daß sie mich berührte.

Langsam begann sie meine Bluse aufzuknöpfen, ungewöhnlich von unten nach oben. Beim letzten Knopf verharrte sie einen Moment, als wolle sie diesen Augenblick noch etwas hinauszögern, auskosten. Mit einer einzigen Bewegung streifte sie sie mir vom Körper. Sofort danach öffnete sie den Verschluß des grünen Seiden-BHs, den ich darunter trug, und ließ ihn zu Boden fallen.

Ich stand, nur noch mit meiner Hose bekleidet da, abwartend, horchend. Hatte, obwohl ich mich doch nicht bewegt hatte, inzwischen die Orientierung verloren. Als ich den Kopf nach links wendete, berührte sie meine Wange mit der Innenfläche ihrer Hand.

Ich schmiegte mein Gesicht in ihre Hand, wiegte mich einen Moment, griff mit beiden Hände die ihre und liebkoste die Finger mit meinen Lippen.

Sie entzog sich mir. Griff meine Handgelenke und drehte sie mir auf den Rücken. Und ich war ihre Gefangene …

Sie stand direkt vor mir.

Nah, ich konnte ihre Brüste spüren, ihren Atem, ihren Bauch, der sich bei jedem Atemzug auf mich zu bewegte. Mit einer Hand hielt sie mir die Arme auf dem Rücken fest zusammen, mit der anderen öffnete sie den Reißverschluß meiner Hose. Zog sie über die Hüften und ließ sie zu Boden gleiten. Ich hörte, wie sie auf die Fliesen fiel und mit den Füßen, ihren Füßen beiseite geschoben wurde. Ehe ich noch einen Atemzug gemacht hatte, war mein Slip der Hose gefolgt und lag nun irgendwo auf den Kacheln, zwischen den Pflanzen.

Kurz darauf ließ sie meine Arme los, einen kurzen Augenblick. Den Geräuschen nach zog sie ihren Pullover über den Kopf, das Knistern ihrer Haare klang wie ein Feuer. Ihre Hose fiel klatschend ins Naß.

Sie ebenfalls nackt zu wissen und doch nicht betrachten zu können, machte mich unruhig.

Ich stand da, blind durch den Schal, nackt. Aufgeregt, erregt, voller Spannung was als Nächstes passieren würde, als sie erneut meinen Arm ergriff und mich, ihre Hand auf meinem Rücken, durch den Raum dirigierte.

Wir gingen zum Beckenrand.

Noch immer hatten wir kein Wort miteinander gewechselt.

Vorsichtig setzte ich einen Fuß vor den anderen, spürte das Wasser warm und weich meine Füße, meine Knöchel umspülen. Sie bedeutete mir mich zu setzen.

Das Wasser war am Rand nicht tief, vielleicht dreißig, vierzig Zentimeter.

Ich spürte die Wärme an meinen Schenkeln. Es spülte zwischen ihnen hindurch, bahnte sich einen Weg zum Gesäß, und ich ließ mich langsam auf den Boden des Beckens nieder.

Meine Sinne waren aufs Äußerste angespannt. Mein Körper durch die Wärme des Wassers erhitzt. Meine Erregung –

Sie setzte sich direkt vor mich hin, ich konnte es spüren, wie sich das Wasser vor mir bewegte.

Langsam bog sie meine Schenkel auseinander, drückte ihre Knie gegen meine und begann mich mit einem weichen Schwamm zu waschen.

Sie mußte jetzt zwischen meinen geöffneten Schenkeln vor mir knien, während ich mich mit meinen Händen nach hinten abstützte.

Das Wasser floß aus dem Schwamm über meine Schultern, benäßte meine Brüste, in einem Rinnsal über meinen bebenden Bauch und vereinigte sich wieder mit dem Wasser des Beckens.

Ich wollte das Tuch entfernen, doch sie hielt mich zurück.

Beugte sich vor und küßte unvorbereitet meinen Bauch, ließ ihre Lippen über meinen Körper gleiten, während Schauer durch meinen Körper liefen und meine Brüste sich aufrichteten, unter der Liebkosung hart wurden.

Fast gleichzeitig stöhnten wir auf. Ich griff nach ihr, doch sie war schneller und entzog sich mir wieder. Beugte sich im gleichen Moment nach vorne und löste den Knoten des Schals. Er schwamm auf der Wasseroberfläche, sich windend wie eine bunt-schillernde Wasserschlange.

Ich mußte blinzeln, der Dunkelheit so plötzlich entflohen rieb ich mir die Augen und blickte in ihre grünen.

Ich beugte mich vor, nahm sie in meine Arme und glitt mit ihr in tieferes Wasser. Sie fühlte sich gut an, so gut.

Ich wollte sie spüren, ihren Körper um meinen gewunden, sie mit meinen Schenkeln umschlingen, mich in ihren Küssen verlieren.

Und dann, endlich küßten wir uns. Sie hatte feste, volle Lippen. Warm, feucht.

Der Kuß, ein bißchen nach Pfefferminze. Ihre Zunge fordernd, und ich ließ sie hinein. – Atemlos schwammen wir nebeneinander her.

Ich holte tief Luft und tauchte kurz vor ihr ins Wasser. Schmiegte mich an ihren Brüsten vorbei, an ihrem Bauch, der sich mir entgegenwölbte, und verharrte zwischen ihren Schenkeln, die sich mir einladend öffneten. Langsam fuhren meine Finger durch ihren Spalt, der feucht und heiß dalag.

Langsam ließ ich die Atemluft zwischen meinen Lippen hinausgleiten.

Sie perlte zwischen ihren Schenkeln und suchte sich den Weg an die Oberfläche. Ich konnte, gedämpft durch das Wasser, ihr Aufstöhnen hören und vergrub mein Gesicht zwischen ihren Beinen.

Küßte sie.

Liebkoste sie mit meinen Lippen, meiner Zunge. Schmeckte das Salz ihrer Haut, während sie begann sich gleichmäßig, langsam auf meine Küsse zuzubewegen. Ich mußte auftauchen, um Luft zu holen. Gleichzeitig tauchte sie ab, glitt mit ihrer Zunge in mich hinein, schnell, direkt ohne Zögern, ich schnappte nach Luft.

Und verlor den Halt und tauchte erneut unter Wasser.

Wir küßten uns, unsere Körper umschlängelten sich, fester. –

Immer fordernder, ich wollte sie.

Wollte sie so sehr.

Ganz.

Noch während wir uns küßten, suchten sich unsere Finger einen Weg, verharrten in der feuchten Hitze zwischen unseren Schenkeln.

Ich spürte ihr pulsierendes Inneres, wie sie sich sanft um meinen Finger schloß und wieder öffnete.

Kraftvoll und magisch.

Eng umschlungen tanzten wir dem Ufer entgegen.

Susanne Brofazy, 33 Jahre, Theater-, Film- und Fernsehwissenschaftlerin

DIE UNVOLLENDETE

Sie war sich sicher, daß sie ihn nicht kannte. Und doch waren seine Augen, sein Lächeln ihr seltsam vertraut. Wie ein Gegenstand, den man ständig vor Augen hat und den man nicht mehr wahrnimmt.

Er stand auf der Beifahrerseite und hatte eine Hand auf das Dach ihres Wagens gelegt.

«Was machen Sie da?»

«Ich berühre Ihren Wagen», antwortete er. Wie um seine Aussage zu beweisen, ließ er seine Fingerspitzen langsam über das Blech streichen. Irritiert bemerkte sie, daß er schöne Hände hatte, Hände mit schlanken Fingern, die unverbrauchten Hände eines Kindes.

«Also gut, auf welcher Seite ist die Schramme?» fragte sie, leicht gereizt, weil seine Hände sie abzulenken vermochten.

«Keine Schramme!» sagte er lachend und dabei tätschelte er das Wagendach.

«Dann lassen Sie mich meinen wohlverdienten Feierabend beginnen.»

Sie steckte den Schlüssel in das Türschloß und hielt, da er nicht reagierte, in der Bewegung inne.

«Oder kennen wir uns?» fragte sie.

«Die Bekanntschaft dürfte sehr einseitig sein», sagte er.

Sie zog die Augenbrauen hoch, fragend, leicht verständnislos und auch etwas verärgert.

«Und woher wollen Sie mich kennen?» fragte sie.

Er deutete mit der Hand auf das Bürohaus an der gegenüberliegenden Straßenseite.

«Von da oben. Mein Büro ist in der zweiten Etage, und ich sehe Sie beinahe täglich. Immer wenn Sie kommen und manchmal auch wenn Sie gehen.»

Spöttisch sagte sie: «Dann kennen Sie mich ja tatsächlich sehr gut.» Sie öffnete die Wagentür, um ihm zu signalisieren, daß das Gespräch für sie beendet war.

«Warten Sie», sagte er leise und durchbrach damit ihre Gleichgültigkeit. Erneut hielt sie inne. «Sie haben eine erwachsene Tochter. Sie holt Sie manchmal ab, wenn Sie ihr das Auto geliehen haben. Sie machen immer im September Urlaub, und ich vermute, daß Sie dann nach Frankreich fahren. Dort sind um diese Zeit die Schulferien zu Ende und die Sommerhitze läßt nach.»

Wieder vermeinte sie in seinen Gesichtszügen etwas Vertrautes zu erkennen. Sie mußte sich von seinem Gesicht losreißen, um zu antworten.

«Soso, die Sommerhitze läßt nach. Das ist ja wirklich aufregend.» Sie lachte gespielt.

«Das ist es wirklich», sagte er, und sein Blick hielt sie dabei fest.

«Nur in einer Sache bin ich mir nicht sicher. So oft ich am Fenster stand, um Sie zu sehen, konnte ich nie beobachten, daß Sie von einem Mann abgeholt wurden. Ich kann also nicht sagen, ob Sie gebunden sind.»

«Wäre das wichtig? Lassen Sie mir noch ein kleines Geheimnis», sagte sie belustigt, aber dennoch verunsichert.

Er beugte sich leicht vor, während er sich an die Brust griff und theatralisch rief:

«Gnade! Erlösen Sie mich!»

Lachend stieg sie in den Wagen und fuhr davon. Ein Spinner, dachte sie.

Am nächsten Morgen stieg sie aus ihrem Auto und ertappte sich dabei, wie sie aus den Augenwinkeln zu seinem Bürofenster hoch sah. Und tatsächlich stand er da. Eine Silhouette nur hinter der Scheibe, aber er war da.

Etwas verunsichert durch das Wissen, beobachtet zu werden, betrat sie ihr Firmengebäude. Der Tag verging, und sie mußte immer wieder verärgert feststellen, daß ihre Gedanken eigene Wege gingen, um die Vertrautheit, die ihnen seine Person signalisiert hatte, zu lokalisieren. Er war vielleicht so alt wie sie, etwa 50. Welches Interesse konnte eine Frau in ihrem Alter bei Männern erwecken, die ihres Erachtens nach alle auf der nie enden wollenden Jagd nach faltenloser Makellosigkeit waren? Ein Scherz vielleicht. Vielleicht nur ein Scherz.

Sie verließ das Büro pünktlich und erwartete fast, ihn wieder an ihrem Wagen zu sehen. Aber er war nicht da. Er stand hinter seinem Bürofenster, ein stiller Schatten in der Anonymität. Erleichtert fuhr sie nach Hause.

So vergingen Tage und Wochen.

Sie kam zur Arbeit, sah zu seinem Fenster hoch, und immer meinte sie, seine Gestalt zu ahnen. Schließlich schaute sie nicht mehr. Ein Scherz, dachte sie und begann zu vergessen.

Bis sie eines Tags die roten Blütenblätter neben ihrer Fahrertür fand. Sie wollte den Schlüssel in das Schloß stecken, als sie zu ihren Füßen eine Handvoll loser Blütenblätter entdeckte, tiefrot, mit feinen Wassertropfen benetzt.

Sie beugte sich hinunter, schöpfte mit beiden Händen die feuchten Blüten und legte sie vorsichtig auf den Beifahrersitz.

Dem Bürofenster hatte sie keinen Blick geschenkt, aber sie wußte, er war da.

Wieder vergingen Wochen.

Der Sommer hatte seinen Höhepunkt erreicht und sandte nun seine erbarmungslose Hitze in die Straßen. Die Menschen wurden träge, schwitzten ihren Alltag aus den Poren und mieden Berührungen, um sich ihrer Körperflüssigkeit nicht schämen zu müssen.

Da sah sie ihn eines Tages im Eingang seines Bürogebäudes. Er stand in der Tür, die Arme vor der Brust verschränkt und sah zu ihr herüber. Als er sich sicher war, daß sie ihn bemerkt hatte, winkte er lässig und verschwand im Gebäude. Und sie war verärgert, daß sie länger als beabsichtigt zu ihm hingesehen hatte.

Auf dem Heimweg versuchte sie, sich seine Hände in Erinnerung zu rufen, seine Augen, Gesten. Doch das Bild blieb nur eine vage Andeutung.

Eine rote Ampel zwang sie anzuhalten. Ihr Blick wanderte zu den anderen Verkehrsteilnehmern und blieb schließlich an seinen Augen hängen. Überrascht starrte sie ihn an. Er stand rechts neben ihr mit seinem Wagen, hatte die Scheibe heruntergelassen und schaute sie an, während der Mittelfinger seiner linken Hand das Lenkrad streichelte. Sie war so verblüfft, daß sie die Grünphase verpaßte und durch ein ärgerliches Hupen von hinten aufgeschreckt wurde. Ihr Fuß traf hart das Gaspedal, und sie jagte über die Kreuzung.

Da sie seinen Wagen nicht mehr im Seitenspiegel sah, entspannte sie sich.

Der nächste Morgen brachte eine dichte Schwüle mit sich, Vorbote eines Gewitters. Doch der Tag gönnte der Stadt die ersehnte Erleichterung noch nicht.

Als sie nach Büroschluß auf die Straße trat, erwartete sie ein Treibhaus. Das geballte, schweflige Licht, unwirklich fast, brachte ihr Puzzleteilchen eines weit zurückliegenden Traumes in Erinnerung. Kleine Schweißbäche liefen ihr langsam den Hals hinunter, trafen in der Kehlgrube aufeinander und sammelten sich schließlich zwischen ihren Brüsten. Und sie wünschte sich nur noch, nackt auf ihrem Laken zu liegen, bei weit geöffneten Fenstern auf das Gewitter zu warten. Träge nahm sie den Autoschlüssel aus der Handtasche und streckte die Hand aus, um die Tür zu öffnen.

«Erlöse mich.»

Geflüsterte Worte, erschreckend, flehend.

Sie fuhr zusammen, Adrenalin schoß durch ihren Körper, doch sie drehte sich nicht um.

«Es ist zu heiß für Scherze», sagte sie.

«Ich scherze nicht», hörte sie ihn flüstern.

Dann spürte sie, wie er den Bannkreis der persönlichen Intimsphäre durchbrach und dicht an ihrem Körper stand, ohne sie jedoch dabei zu berühren. Und immer noch drehte sie sich nicht um, genoß überraschenderweise diese intensive Annäherung. Er hatte die Rolle der drückenden Hitze an sich gerissen und war mit einer Selbstverständlichkeit in sie hineingeschlüpft, die ihren Atem unwillkürlich flacher werden ließ.

«Entscheiden Sie, ob das Gewitter uns überraschen soll. Aber entscheiden Sie rasch, bevor es uns zuvorkommen kann.»

Seine leise Stimme war so nah an ihrem Ohr, daß sie trotz der Hitze seinen warmen Atem auf ihrer Haut fühlte.

Tief holte sie Luft, um zu antworten. Doch er kam ihr zuvor, leise, eindringlich:

«Nein. Entscheiden Sie jetzt. Genau in diesem Moment, denn er wird sich nicht wiederholen.» Da sie lange Zeit nicht antwortete, nahm er ihr schließlich sanft die Autoschlüssel aus der Hand und führte sie um den Wagen herum zur Beifahrertür. Immer noch wortlos ließ sie sich auf den Sitz sinken.

Während er durch Straßen fuhr, die sie kaum wahrnahm, zweifelte sie an ihrem Verstand, der sonst so scharf und analytisch arbeitete.

Er hielt vor einem anonymen Mietshaus und führte sie, die immer noch schwieg, hinauf in die oberste Etage. Während er die Wohnungstür aufschloß, suchte sie das Vertraute an ihm, aber sie stellte fest, daß sie es nur in seinem Gesicht wiederfand.

Die Wohnung war leer. Nur zwei Umzugskartons befanden sich in dem großen Wohnraum, dessen Fußboden mit alten Teppichen bedeckt war.

Sie trat an das Fenster, um die Unsicherheit, die sich ihrer bemächtigt hatte, zu verbergen. Das unwirkliche Licht des Tages hatte sich noch mehr verdichtet.

«Was soll das werden?» fragte sie nach einer Weile in die Stille, ohne sich dabei umzudrehen. «Der letzte Tango?»

Sein leises Lachen jagte einen Schauer durch ihren Körper.

Gedämpfte Schritte sagten ihr, daß er auf sie zukam. Er schob sich zwischen sie und das Fensterbrett, so daß sich ihre Körper fast berührten.

«Kein Tango», sagte er. «Ein Konzert.»

Langsam hob er eine Hand und strich leicht mit der Kuppe seines Zeigefingers über die Innenseite ihres rechten Unterarms. Die Berührung eines Falters, der sofort wieder davonflog. «Sie werden die Amati des Solisten sein.» Seine Stimme wurde leiser, verträumter. «Ein schwingender Resonanzkörper, mit seinem Musiker im Einklang.»

Sie merkte, daß sie die Kontrolle über ihren Atem verlor und drehte sich abrupt um.

«Und wenn ich nicht mitspiele?» fragte sie.

«Wenn Sie das nicht wollen, wären Sie nicht hier. Sie haben diese Schwelle bereits vor Tagen überschritten.»

Sie wußte, daß er recht hatte. Das Spiel hatte sie in dem Augenblick gefangen, als sie die Blütenblätter aufhob.

Um Zeit zu gewinnen, sagte sie: «Es ist stickig hier drinnen.»

«Ich kann das Fenster öffnen», sagte er. Doch statt dessen ging er auf sie zu, legte seine Hände schwerelos auf ihre Schultern und ließ seine heißen Handflächen wie ein Hauch über ihre nackten Arme gleiten. Sein Mund fand ihre Halsbeuge, und er flüsterte flehend: «Erlöse mich!»

Sie wollte sprechen, doch ein Finger legte sich auf ihre trockenen Lippen.

«Nicht. Nicht jetzt», sagte er und sein Mund berührte ihren Nacken.

Sie war wehrlos ihrem eigenen Körper ausgeliefert, durch den das Blut wie ein glühender Lavastrom zu ihrem Unterleib floß.

Im selben Augenblick, als sie sich zu ihm herumwerfen wollte, ließ er sie los und trat zurück.

«Wir wollen etwas trinken», sagte er. Und sie:

«Das gehört wohl zu einem Konzert.»

«Zwischen den Sätzen», sagte er.

Für einen Moment lächelte er in sich hinein und ging dann in das Nebenzimmer.

Ihr Atem flog noch immer und Hitzewellen jagten über ihre Haut. Sie ging zum Fenster und öffnete es. Doch der hereingebrochene Abend brachte immer noch keine Abkühlung.

«Komm.»

Sie drehte sich um und sah ihn mit einem vollen Weinglas in der Zimmertür stehen. Wieder war sie befangen, als er sie bei ihrem Gang durch das große Zimmer beobachtete. Auch trat er nicht zur Seite, als sie durch die Tür an ihm vorbei ins Nebenzimmer ging. Ihre Brust streifte leicht seinen Handrücken, der das Glas umspannte. Als sie das Zimmer betrat, zog sie scharf die Luft ein. Ein Meer von Kerzen tauchte den Raum in ein warmes, natürliches Licht. Es gab nur diese Kerzen und die Weinflasche, die mit einem weiteren Glas neben zwei Kissen in der Mitte auf dem Boden stand. Das Fenster war weit geöffnet, doch kein Laut drang herein.

Er war ihr gefolgt, und mit einer einladenden Geste zu den Kissen forderte er sie auf, sich niederzulassen. Dann reichte er ihr das Glas, dessen Inhalt ein schweres, erdfeuchtes Aroma verströmte. Da sie nichts zu sagen wußte, trank sie gleich, während seine Augen sie nicht losließen. Dann trank auch er. Minutenlang schwiegen sie, einer den anderen beobachtend. Als ihr Glas leer war, stand er auf und schenkte nach. Die Hand, die ihm das Glas hinhielt, zitterte und er umfaßte sie mit seiner freien Hand, während er den Wein eingoß. Danach ließ er sich neben ihr auf dem Boden nieder und sagte:

«Ich möchte dich berühren. Beim ersten Donnerschlag. Hältst du das aus?»

«Hältst du das aus?» fragte sie. Und er sagte lächelnd:

«Oh, ich habe so lange gewartet. Zeit spielt hierbei keine Rolle.»

Wieder nippte sie an ihrem Glas. Sie spürte jedes einzelne Nervenende ihres Körpers, die Hitze des Weines, die sich in ihrem Magen ausbreitete, die von Gewitterluft geladene Atmosphäre. Sie wußte nicht, ob sie das aushalten konnte.

Plötzlich stand er auf und verließ den Raum.

Als er zurückkam, war er nackt. Er blieb für einen Moment in der Tür stehen, sah sie an, und auf einmal hatte sie wieder das Gefühl, etwas Vertrautem zu begegnen.

Es ließ sich nicht fassen.

Völlig ohne Scham kam er zu ihr, legte sich auf den Rücken und im selben Augenblick hörte man das erste entfernte Donnergrollen.

«Der Auftakt», sagte er leise und sah sie dabei an. Seine Hand legte sich vorsichtig auf ihren Unterarm.

Unwillkürlich hielt sie den Atem an. Als seine Fingerspitzen ihr Spiel begannen, ließ sie sich zurücksinken. Er rollte dicht an sie heran, und sie wollte nach ihm greifen.

«Nicht», flüsterte er und hielt ihre Hände fest.

«Du bist die Violine.»

Sie schloß die Augen. Seine schönen Hände verwandelten sich in Federn, die leicht auf ihrer Haut entlangstrichen und sie dabei Stück für Stück, ohne jede Hast entkleideten. Seine Fingerspitzen wanderten zärtlich über ihre angespannte Bauchmuskulatur, verharrten, wenn ihr Atem zu schnell wurde, und ruhten aus.

Als auch sie nackt war, wollte sie ihn erneut an sich ziehen, und wieder entzog er sich.

Er beugte seinen Kopf und ließ seine Lippen so zart über ihren Körper wandern, daß sie wieder das Gefühl hatte, ein Falter streife sie. Als er ihre Brustwarzen erreichte, hielt er einen Augenblick inne und lauschte ihrem harten, schnellen Herzschlag. Dicht vor seinen Augen sah er die winzigen Erhebungen ihrer von Schauern zusammengezogenen Haut, in deren Fältchen und Mulden sich ihr Schweiß sammelte.

Er ließ nichts aus. Seine Lippen suchten, fanden; seine Fingerspitzen lasen ihren Körper, während sein eigener Atem heftiger wurde. Er hauchte über den Hügel ihrer Scham, und ihr Verlangen äußerte sich mit dem Aufbäumen ihres Unterleibes. Ihre Hände suchten nach ihm und griffen doch ins Leere.

Irgendwann vernahm er undeutlich zwischen ihren und seinen eigenen Atemstößen ein leises «Bitte». Sein schweißgebadeter Körper glitt an ihrem hinauf, wieder nur Hauch einer Berührung. Während er sie küßte, wanderte seine Hand zu ihrer weichen Höhle hinunter und fühlte die warme Feuchtigkeit, deren Strom er ausgelöst hatte und die auf ihn wartete. Sie warf ihren Kopf zur Seite, um Atem zu holen, und im selben Augenblick drangen seine Finger tief in sie ein, spielten sanft die letzten Takte ihres Finales.

Ihr Körper spannte sich sekundenlang in scheinbarem Schmerz, bis er sich endlich mit einem langen Ausatmer löste. Ihre Brust hob und senkte sich erschöpft unter ihren sich langsam beruhigenden Atemzügen. Dann schlug sie die Augen auf, sah lange in die seinen und fragte schließlich:

«Warum nicht?»

«Welcher Genuß ist größer, als der, den man sich versagen kann?» sagte er lächelnd.

«Aber so ist es nicht vollkommen», sagte sie.

Und er antwortete: «Das ist es nie. Wäre die ‹Unvollendete› schöner, wenn sie je fertiggestellt worden wäre?»

Als sie nach Hause fuhr, goß es endlich in Strömen.

Sie rief sich das Bild seiner nackten Gestalt, im Türrahmen stehend, ab und langsam schob sich ein anderes Bild davor: Sie sah einen dicklichen Jungen in der Blüte seiner Pubertät auf ihrem alten Schulhof. Er stand am Rande und beobachtete sie unablässig, schweigsam, unaufdringlich und doch mit flehendem Blick.

Am nächsten Morgen schaute sie nicht mehr zu seinem Fenster hoch.

Sie wußte, daß er nicht mehr da war.

Barbara Kiray-Hüholt, 42 Jahre

Nur für eine Nacht

Das erste Mal trafen wir uns bei einer gemeinsamen Nachtschicht. Ich fand sie auf Anhieb sympathisch. Wochen später trafen wir uns abends auf ein Bier. Aber es wurde ein Abend mit belangloser, oberflächlicher Unterhaltung. Wir verabredeten uns einige Tag später zu einem Abend «auf der Piste». Der Abend begann in einer Szene-Kneipe. Die Begrüßung war freundlich distanziert. Nachdem wir einige Stunden mit netter Unterhaltung verbracht hatten, ging der Abend in einer House-Disco weiter. Wir tanzten bis morgens um halb fünf und hatten unseren Spaß, der Abend endete mit einem Wangenkuß vor ihrer Haustür.

Normalerweise war ich wegen der Berufsschule die Woche über in einer anderen Stadt, da aber an einem der folgenden Tage mein Chef seinen Abschied feierte, war ich zufällig zu Hause. Der letzte Zug zurück sollte um 23.01 Uhr fahren. Um 18.00 Uhr war die Feier in der Firma zu Ende, da noch ein paar Stunden Zeit war, rief ich sie an. Eine Stunde später trafen wir uns bei ihr.

Wir unterhielten uns sehr nett, tranken Tee und Cappuccino, schauten uns Fotos an. Gegen halb elf hätte ich eigentlich zum Bahnhof gemußt, und sie fragte: «Morgen früh fährt doch bestimmt auch noch ein Zug. - Wenn du möchtest, kannst du auch hier schlafen!?» «Okay. Gerne, aber mein Zug fährt dann um 6.01 Uhr, das heißt um 5.00 Uhr aufstehen.» Das war kein Problem, sie hatte Frühdienst und mußte um 5.30 Uhr aufstehen.

Später erzählte sie mir, daß sie gedacht hätte, ich würde antworten: «Gerne ein anderes Mal, aber ich muß los.» So unterhielten wir uns noch eine ganze Weile, bis wir schlafen gehen wollten. «Schläfst du auf dem

Sofa?» - «Nichts gegen das Sofa, es ist wirklich bequem, aber ich habe dann morgens immer so fiese Rückenschmerzen. Das Bett wäre mir lieber ...» - «Okay.»

Noch heute fängt sie an zu lachen, wenn sie sich an den Spruch zurückerinnert.

Ihr Bett war sehr bequem. «Deine Matratze ist wirklich gut.» - «Du hast sie doch noch gar nicht getestet ...»

Nachdem wir irgendwann das Licht ausgeknipst hatten, betrachteten wir die Leuchtsterne, -monde und eine Sternschnuppe an ihrer Decke. Dabei wühlten wir so lange im Bett herum, bis sie irgendwann an mich gekuschelt mit ihrem Kopf in meinem Arm lag.

«Ich möchte dir was sagen, was aber vielleicht nicht ganz so nett ist. Also, ich finde dich ziemlich nett und knuddelig, aber es fehlt der große Knall. - Bitte habe keine Hoffnungen und Erwartungen in das hier und mich. Eigentlich bist du zu schade für eine Nacht. - Aber wenn es für dich okay ist, würde ich dich trotzdem gerne küssen.»

«Ich habe keine Erwartungen und Hoffnungen. Ich genieße einfach das Hier und Jetzt. An Liebe auf den ersten Blick glaube ich sowieso nicht. Liebe ist für mich etwas, was man zu zweit ‹generieren› muß und nicht etwas, was sofort da ist. - Aber laß es uns versuchen.»

Es war ein sehr zärtlicher, langer, genießerischer, fast vorsichtiger Kuß. Ich nahm ihren Kopf in meine Hände und begann sie von neuem zu küssen, unsere Zungenspitzen spielten miteinander. Wir griffen uns zärtlich in das Haar. Sie fuhr mir mit dem Zeigefinger ganz langsam und vorsichtig um den Mund. Es begann ein Abend mit nicht enden wollendem Verwöhnen und Genießen.

Bis dahin sprach ich im Zusammenhang mit solchen Erlebnissen von «Sex haben» und fand den Begriff «Liebe machen» eher lächerlich. Aber nach diesem Abend sprach ich auch von «Liebe machen». Sex ist einfach nicht das passende Wort, es hört sich so hart und abgenutzt an. Aber das, was ich erlebte, war anders. Wir schmissen uns nicht einfach aufeinander und hatten Sex, sondern erkundeten sanft und geradezu respektvoll den Körper des anderen.

Meine Finger suchten ihre Brüste unter ihrem T-Shirt. Sie waren einfach schön - rund, weich und weiblich. Auch sie fing an, meinen Körper zu ertasten. Von ihr angefaßt und geliebkost zu werden, fühlte sich sehr gut an. Unsere Zungen umkreisten unsere Brustwarzen. Hände und Küsse wanderten langsam tiefer. Meine Zunge fuhr um ihren Bauchnabel. Kuß für Kuß wanderten wir noch tiefer. Ich fuhr die Innenseite der Oberschenkel hinunter bis zu den Knien und wieder hinauf, umspielte mit der Zunge den Rand ihres Slips, bis wir irgendwann nackt und angeheizt im Bett lagen.

Zeit für Verhütung? Irgendwie schafften wir es doch noch daran zu denken und ein Kondom herbeizuzaubern, das am Ende des Spaßes ziemlich gelitten hatte. Aber so wie das Bett gequietscht hat, wurde es scheinbar auch ein wenig überbeansprucht. Aber nichtsdestotrotz haben wir wirklich Spaß dabei gehabt. Wir haben gelacht und uns angelacht. Kann es noch besser sein?

Am nächsten Morgen konnten wir uns nur schwer voneinander trennen. Erst nach minutenlangem Küssen und Knuddeln fuhr ich mit dem Fahrrad Richtung Bahnhof; mit einem Lächeln auf den Lippen.

Nur für eine Nacht?

Vielleicht. Aber ich werde diesen Abend - so oder so - als eine Art Geschenk betrachten. Auf jeden Fall wird er für eine lange Zeit in einer kleinen Ecke meines Herzens wohnen.

V. S., 24 Jahre, männlich, Azubi Schiffahrtskaufmann

Die Strohwitwe

Immer, wenn mein Schatz auf Dienstreise ist und ich sturmfreie Bude habe, hole ich mir Studenten nach Hause. Besonders mag ich die schwarzgekleideten Philosophen und die kleinen, drahtigen Araber aus der Elektrotechnik. Ich bin noch nicht so alt, als daß sie mich unattraktiv fänden – ich gebe mir noch fünf bis acht Jahre, danach muß ich wahrscheinlich auf die Professoren zurückgreifen. Ich bin aber schon alt genug, daß die Studis meine Erfahrungen schätzen, sie, die gerade die Pubertät hinter sich haben. Sie verdienen sich in ihren ersten Semestern meist auch die ersten Sporen als Mann. Und warum soll ich nicht davon profitieren.

Bei gutem Wetter ziehe ich mich lässig-chic an, fahre mit meiner Kawasaki ins Univiertel und setze mich ins Café. Meine Kinder sind von acht bis vier im Hort, so bleibt mir genügend Zeit für einen Beutezug. Wenn vormittags noch nicht viel los ist, besuche ich manchmal auch die Mensa und spiele Alt-Studentin. Im Café lege ich Fallen mittels Augenflirt, in der Mensa gehe ich direkter zur Sache. Ich mag es, wenn die Jungs ein wenig schüchtern sind. Ich verwickele den Auserwählten in ein Gespräch über die Semestergebühren, den neuen AStA, das Frauenreferat, den Dekan, die nächsten Semesterferien, eine komplizierte Hausarbeit oder mein Motorrad. Ich lasse mich ein bißchen ausfragen nach meinem Studienfach und kokettiere mit meinem Alter. Irgendwann gestehe ich dann meinen Doktortitel – aber erst, nachdem wir uns gegenseitig die Vornamen genannt haben.

Photo: Margrit Müller

Ich merke schnell, ob mein Fisch anbeißen will oder nicht. Wenn sich eine Niete abzeichnet, gehe ich lieber noch ein bißchen in der Stadt bummeln, bevor ich mich umziehen und die Kinder abholen muß. Wenn es aber knistert und der holde Knabe rote Öhrchen bekommt, dann senke ich die Stimmlage um eine Oktave und rücke etwas näher ran. Ich halte seine Augen mit meinem Blick fest, berühre wie zufällig seinen Unterarm, lasse meine Knie sich verirren. Dann ziehe ich mit einem Ruck die Angel ein und überreiche dem jungen Mann mit einer huldvollen Geste meine Visitenkarte. Heute abend um neun, und parke bitte in einer Nebenstraße.

Zu Hause ziehe ich alle Kitsch-Register: Kerzenschein, gutes Essen, leise Musik, Wein. Die Jungs kennen das aus dem Fernsehen, da wissen sie durchaus, wie man sich zu benehmen hat. Ich gebe die Führung jedoch nie aus der Hand, ich bestimme das Tempo, und ich habe auch so manchen faulen Fisch wieder aus dem Haus geworfen. Meine Nase trügt mich bei der Erstauswahl gelegentlich leider schon einmal. Aber ganz daneben habe ich noch nie gelegen; wem ich die Tür gewiesen habe, der ist stets ohne Murren – manchmal sogar ganz freiwillig – wieder gegangen.

Ich hatte aber auch schon wirklich lohnende Beute im Netz: Da war Samir, ein begnadeter Techniker. Gerne erinnere ich mich an Timo, einen hochmusikalischen Hobby-Tenor. Wir sangen gemeinsam. Oder der kreative Carlo, ein angehender Gynäkologe – aus dem Mann wird mal was. Ach ja, das Leben als Strohwitwe hat wirklich schöne Seiten. Ich bin immer ganz entzückt, wenn Tina, mein Schätzchen, wieder eine Dienstreise ankündigt. Sie läßt dann immer ihre schönsten Kleidungsstücke zu Hause, und gerade ihr kleines Schwarzes steht mir ganz hervorragend.

Eva M. Kalbheim-Gapp, Jahrgang 1964, Ärztin

MIMI

Perlen sind rar– auch früher waren sie selten. Aber meine Eltern besaßen eine solche «Perle» – unsere Mimi. Eigentlich hieß sie, Tochter eines stramm kaisertreuen Ruhrbergmanns, *Wilhelmine*; aber dieses Namen schämte sie sich.

Mimi kam zu uns, als ich fast fünf Jahre alt war. Sie war ein bildhübsches Mädchen und 21 Jahre jung. Sie hatte gerade eine zerbrochene Verlobung zu verschmerzen, war, wir schreiben das Jahr 1932, arbeitslos und somit froh, in unserer Familie mit drei Kindern, von denen ich das älteste war, aufgenommen zu werden. Sie wurde ein Teil dieser Gemeinschaft, gleichbehandelt. Ein «Dienstmädchen» war sie nie – auch wenn sie, wie man heute sagen würde, perfekten Service leistete. Sie arbeitete für einen Lohn, der meinen Vater als Ausbeuter entlarvte, täglich zwölf Stunden einschließlich sams- und sonntags, erhielt pro Woche nur einen Nachmittag frei, den sie zumeist zusammen mit meiner Mutter zum Ausgang ins Kino benutzte – völlig unabhängig davon, welcher Streifen gerade gezeigt wurde, denn sie ging nicht in einen bestimmten Film, sondern ins Kino. – Mimi hatte beschlossen, wiewohl das biologisch nicht mehr möglich war, eine Jungfrau zu bleiben, und wies alle, reichlich eintreffenden Avancen ab.

Und diese Mimi wurde die erste Frau meines Lebens.

Erste pubertierende Annäherungsversuche hatte ich schon mit vierzehn Jahren unternommen. Im Winter bewarf ich sie mit Schneebällen, im Sommer lugte ich, versuchte es wenigstens, in ihre Bluse, die leider nie sehr offen getragen wurde. Besonders gern, erste Entkleidungsbemühungen, zupfte ich an der Schleife ihrer Schürze, so daß diese sich löste und zu Boden fiel. Bei meinem letzten Urlaub im Herbst 1944, ich war inzwischen sechzehnjähriger Luftwaffenhelfer der Flak, wurden meine Annäherungsversuche drängender, besonders wenn wir morgens allein waren und meine Mutter im Büro saß, meine Brüder in der Schule waren und mein Vater «im Felde» stand. Ich neckte sie, wir kabbelten miteinander und spielten Ringkampf. Einmal fielen wir dabei (versehentlich?) gemeinsam zu Boden, ich lag auf ihr, und sie spürte trotz ihrer Kleider mein stark erigiertes Glied. Halb erschrocken, halb verwundert sagte sie:

«Aber Peter, du bist ja ein Mann!»

Als der Krieg zu Ende war und ich – geistig noch orientierungslos – und trotz schlechter Ernährung «reif» war, blieben wir regelmäßig um die Mittagszeit allein im Haus. Die Gründe dafür spielen hier keine Rolle; entscheidend nur: Wir waren allein, mindestens eine volle Stunde.

Wieder hatten wir unsere Spielchen von Neuem begonnen. Ich sage «wir», denn längst hatte ich erkannt, daß Mimis Widerstand nur scheinbar war, daß sie es mochte, wenn ich im Haus hinter ihr her lief, ihren Rock hoch streifte und sie zu kitzeln versuchte, dort, wo ich ihr für mich größtes Geheimnis vermutete.

An einem Mittag im Juni trieben wir es besonders lang und intensiv und landeten bei unseren «Kämpfen» schließlich in ihrem Zimmer auf dem Bett. Diesmal war ich noch kühner. Zum erstenmal versuchte ich, ihr den Schlüpfer, ich glaube, er hatte die klassisch-rosa Farbe, abzustreifen. Sie wehrte sich nicht einmal zum Schein dagegen. Doch plötzlich sagte sie unvermittelt mit ernster und entschlossener Stimme:

«Peter, heute nicht, es ist schon spät. Die können gleich zurückkommen.» Und dann, sich einen inneren Ruck gebend, kam das entscheidende Wort:

«Morgen.»

Sofort ließ ich von ihr ab. Ihre mit «Morgen» bekundete Bereitschaft war mehr, als ich bis dahin zu erhoffen gewagt hatte. Sie war damit fast schon einen Schritt weitergegangen, als meine innere Bereitschaft dazu.

Der Tag verlief in qualvoller Langsamkeit, aber noch langsamer, schmerzhafter kroch die Nacht. Ich weiß nicht, ob ich überhaupt eine einzige zusammenhängende Stunde geschlafen habe. Zu deutlich stand dieses «Morgenversprechen» vor meinen Sinnen. Morgen also sollte es sein, morgen erfuhr ich also das große Geheimnis, um das sich nach Friedrich Schiller neben dem Hunger alles drehen sollte. – Ich wälzte mich, einem Priapismus (krankhaft anhaltende, schmerzhafte Erektion) nahe, ständig im Bett umher. Ich hätte onanieren sollen, aber noch beugte ich mich dem dictum «Das gehört sich nicht». Endlich, endlich graute der Morgen. Aber noch war der Augenblick nicht gekommen, noch war es nicht soweit, erst mußten alle anderen das Haus verlassen haben, und sie gingen kaum vor 12 Uhr. Wieder schien die Zeit stillezustehen, erfüllt von der bangen Frage, ob heute gar etwas dazwischen kommt, daß irgend jemand doch im Hause bleibt. Aber alles verlief wie üblich, die Haustür schlug zu, Mimi und ich waren allein …

Doch nun geriet ich in Verlegenheit. Wie beginnen, wenn es heute «mehr» werden sollte? Ich konnte doch nicht gut zu ihr sagen, komm geh auf dein Zimmer und leg dich aufs Bett. Ich ziehe dich aus. – Doch Mimi half mir. Sie tat wieder so, als wäre sie auf der Flucht vor mir, rannte die Treppe hinauf, blickte sich aber vorsichtshalber um, ob ich ihr auch folgte, und lief spornstreichs in ihr Zimmer, dessen Türklinke sie von innen mit spürbar schwacher Kraft festhielt. Eine halbe Sekunde später war ich bei ihr. Wir rollten uns auf das Bett, ich murmelte etwas wie: Na warte, für das Türfesthalten muß ich dich jetzt bestrafen. Heute verzichtete Mimi völlig darauf, auch nur den geringsten Schein eines Widerstands zu leisten. Sie versuchte gar nicht erst, meine Hand festzuhalten, als ich ihren Rock hob und ihr Höschen abstreifte. Ich blickte nach unten. Und da lag sie vor mir, die im schwarzen Haar bewahrte Muschel. Doch ich nahm mir keine Zeit, näher zu betrachten, was ich bis dahin noch nie gesehen hatte. Zitternd und fiebernd knüpfte ich den Latz meiner Lederhose auf, mein

Speer schoß durch den Eingriff der Unterhose förmlich hervor und suchte sein Ziel. Mimis Gesicht hatte ich mit ihrem hochgestreiften Rock bedeckt, ich schämte mich, in ihre Augen zu sehen, schämte mich für das, was ich jetzt tat. Ich hörte sie nur noch sagen:

«Paß auf, daß nichts passiert.»

Einen Augenblick später war ich in ihr, sofort tief eingedrungen in ihre feuchte Scheide. Wie ich das damals ohne ihre Hilfe geschafft habe, weiß ich heute noch nicht. – Mein Schwanz, ich hätte mich gescheut, ihn damals so zu nennen, schien mir vor Erregung fast zu bersten. Nur wenige Stöße rasch und heftig und schon spürte ich den Orgasmus kommen. Mit unbändiger Willenskraft beherrschte ich mich, zog IHN vor der ersten gewaltigen Zuckung heraus und verspritzte mich auf ihrem Unterrock. Außer einem leichten Stöhnen und einer Bewegung, die ich heute als Erregung erkennen würde, hatte Mimi sich nicht gerührt.

Ich löste mich von ihr und ging in unser Wohnzimmer nach unten, stand am Schrank gelehnt. Ein Weilchen später kam auch sie, ging lächelnd auf mich zu, umarmte mich und sagte:

«Das geht durch den ganzen Körper, nicht wahr?»

Ich nickte beklommen. Dann:

«Du hast deine Sache gut gemacht.»

Ich wußte, sie meinte den Interruptus. Aber sonst? Ich war doch in allen Liebesdingen ein elender, stümperhafter Anfänger. Und sie hatte bestimmt keinen Höhepunkt erlebt. In diesem Augenblick spürte ich, wie es in meiner Hose wieder keimte, ich drückte ihren Unterleib dagegen und erwiderte:

«Ich könnte schon wieder.»

Aber das verschoben wir auf den nächsten Tag, dem noch viele solcher folgten. Doch nie, niemals werde ich dies erste Mal vergessen!

Pedro S. (70 Jahre, Professor)

Gebrauchsanweisung zum Vernaschen einer Frau

Ich gehe zu Bett, es ist schon sehr spät.
Mein Mann wollte eigentlich früh nach Hause kommen, doch ich warte nicht auf ihn, lege mich schlafen.

Ich erwache etwas schreckhaft, als plötzlich kalte Hände über meinen Arsch gleiten.
Die Hände kommen immer höher, führen meine Hände zusammen und fesseln sie mit einem weichen Schal. Ich fühle mich zwar gefangen, gebe mich aber hin. Der Fremde legt sich ganz dicht neben mich, seine großen, starken Hände fahren mir durchs Haar.
Sein Gesicht kommt immer näher, und ich spüre seinen Atem auf meiner Wange, er flüstert mir etwas ins Ohr, er will mich vor Lust schreien hören, ich denke mir nichts dabei und versuche mein Ohr seinen Lippen zu entziehen, doch er faßt mich mit den Zähnen an der Oberkante und zieht mich zurück, seine feuchte Zunge dringt in mein Ohr und meine Haare stellen sich auf, ich bekomme eine Gänsehaut.
Nachdem er mein Ohr verlassen hat, küßt er noch meinen Hals und beißt genüßlich zu, er streift meine Lippen mit seinem sanften Kuß. Er knabbert etwas vorsichtig an den Brustwarzen, die sich vor Lust schon zusammengezogen haben.
Seine Hände gleiten von oben nach unten, und ich fühle, daß ich schon ganz geil bin.

Seine Hände spreizen meine Beine, ich bin willig. Plötzlich steht er auf und verläßt den Raum.
Ich rufe: «Bleib hier, Du kannst mich doch nicht einfach so liegen lassen.»
Das Summen eines Vibrators läßt mich wissen, daß er zurück ist. Das Öl, das er nun auf meinem Bauch und meiner Brust verspritzt, ist etwas kühl, doch er reibt es warm.
Den Vibrator setzt er an der Innenseite des Schenkels an und fährt nun ganz langsam in das immer feuchter werdende Lustzentrum. Ich fühle plötzlich seinen steifen Schwanz am Schenkel und reibe etwas daran, mit einem Klaps auf den Schenkel gibt er mir zu verstehen, ich solle damit aufhören.
Das Summen des Vibrators wird immer stärker, und nun versucht er in mich einzudringen. Ich hebe meinen Arsch und strecke ihm das tropfende Möschen entgegen, er setzt die Spitze seines Schwanzes an, die Spitze des Vibrators liegt auf der Klitoris, die schon ganz prall hervorragt. Sein Schwanz dringt ein bißchen in mich ein, ich bitte ihn «Gib mir mehr», doch er zieht leicht zurück, und das gleiche Spiel beginnt von vorne.
Mein Körper bebt vor Lust und ich schreie: «Bitte, gib es mir.» Der Vibrator tanzt auf meiner Klitoris, und plötzlich zuckt mein Körper, als auch noch sein Schwanz mit gierig harten Stößen in mich eindringt, kommt mir mein erster Orgasmus.
Ich habe nicht genug Zeit, um mich gleich wieder zu fassen, denn plötzlich fassen mich andere Hände an der Brust. Es ist mein Mann. Ich erkenne sie, nicht nur am Ehering, ich will etwas sagen, doch sie legen sich auf meinen Mund. Er bindet mich los und strei-

chelt mich, ich fühle seinen harten Schwanz. Der Fremde streichelt nun meine Beine und ist auch noch sehr erregt.
Ich umschließe nun mit meinem Mund seinen Schwanz und sauge und lecke, doch es dauert nicht lange, die Männer sind sich einig, was sie wollen.
Der Fremde liegt nun auf dem Rücken vor mir und bittet mich auf ihn. Ich folge gehorsam. Er dringt in mich ein, mein Mann kniet sich hinter mich und spielt mit seinen Fingern an meinem Damm und am Anus. Ich koche schon wieder vor Lust. Von vorne werden meine Brüste gerieben, geleckt und gleichzeitig werde ich gefickt. Mein Mann kommt nun mit seinem Schwanz und versucht vorsichtig in mich einzudringen, aber es geht nicht, und er bohrt nochmals mit seinen Fingern, bis er alles etwas geweitet hat, dann dringt er mit vorsichtigen Stößen in mich ein.
Ich glaube, mich zerreißt es vor Schmerz, aber die Lust ist stärker, und voller Schmerzens-Lust treibe ich einem weiteren Orgasmus entgegen.
Der Fremde unter mir stöhnt und atmet heftiger, mein Mann stößt immer stärker und plötzlich ist alles zu Ende.
Die Körper lösen sich voneinander, wir zwei liegen nebeneinander in unserem Bett, der Fremde zieht sich an und geht ohne ein Wort gesagt zu haben.
Ich drehe mich zu meinem Mann und sehe ihn fragend an, er möchte nur wissen, wie es mir gefallen hat. Nicht schlecht, antworte ich, aber woher weißt du? ...
Na, du hast für ein Buch eine erotische Phantasie geschrieben, zufällig habe ich sie gelesen, und dachte, ich bringe etwas Schwung in unser Eheleben.

P. Gretter, 24 Jahre, Arzthelferin

Photo: Margrit Müller

boliv

Ich begegne ihm zum ersten mal in seinem büro. Ich weiß nichts über ihn, wir machen anonymen sex. Ich auf seinem schreibtisch, meine beine auf seinen schultern, seine zunge erforscht jeden winkel meines körpers, ich versuche, nicht zu laut zu sein, unter seinen berührungen zerfließend. Alles zieht sich in mir zusammen, die finger in seine haare gekrallt, ich beiße in meine unterlippe, oh ... Wir treffen uns wieder. Er hinter mir, sein schwanz in meiner spalte. Plötzlich sein finger, der den weg zu meinem anus sucht. Dies ist neu für mich, ich bin ängstlich. Langsam bohrt er sich in mich rein, aufregend, sein arm um mich geschlungen, die hand mich von vorne streichelnd, ich lege meine hand auf die seine, gemeinsam dringen unsere finger in meine möse ein. Ich nehme meinen saft auf die finger und führe sie zu seinem mund, er leckt sie ab, hmm, er sagt, du schmeckst salzig, koste doch auch. Ich bin heiß, pulsierend, erwartungsvoll. Jetzt spüre ich seine penisspitze am anus, langsam, langsam bahnt sie sich ihren weg. Ich erstarre, höre auf zu atmen. Tiefer, langsam kommt er tiefer, ein schmerz durchläuft meinen körper, köstlicher schmerz. Jetzt geht es einfacher, spürst du es, flüstert er. Ja ... Komm, bewege dich, ich traue mich nicht, bin wie gelähmt. Er hält mich, fest, ich willenlos, atemlos. Jetzt bewegt er sich, noch tiefer, ich spüre seine haare an meiner haut. Vorsichtig wieder raus, fast ganz raus, nur noch die spitze in mir, wieder rein ... Das gefühl, seinen schwanz in meinem arsch zu haben, so gefickt zu werden, ist unglaublich, ich bin so feucht, ich schwimme davon ... Ich komme, er mit mir – in mir. Ich sacke in mir zusammen, vollkommen kraftlos, glücklich und erleichtert.

Bonus ist mein virtueller lover; wir treffen uns seit einigen monaten in einem internet-chatroom.
Es war alles nur ein spiel, es sollte niemals ernst, niemals real werden.
Doch ich habe gefühle entwickelt, gefühle für einen fremden mann, na ja, fast fremden. Er fühlt dasselbe, sagt er.
Er hat mir sein foto geschickt, er gefällt mir. Was ich über ihn weiß, gefällt mir ebenfalls.
Es war alles nur ein spiel.
In kürze werden wir uns treffen.
Die virtuelle welt soll mit der realität verschmelzen.
Ich bin gespannt.

liv, weiblich, 21 jahre, medizinstudentin

Der kleine Freund

... ich kam wohl etwas früher als erwartet von einem Kinobesuch mit einem Kumpel nach Hause. Im Hausgang brannte schon kein Licht mehr, und um Barbara nicht zu wecken, zog ich mich schon im Gang aus und öffnete leise die Schlafzimmertür. Die Nachttischlampe leuchtete gedämpft, und ich traute meinen Augen kaum, als ich dieses schöne Bild vor meinen Augen sah.

Schon im Hausgang konnte ich mir keinen rechten Reim darauf machen, woher dieses summende Geräusch wohl herkam. Nun wußte ich Bescheid, denn die lustvolle Auflösung dieses Rätsels lag vor mir auf dem Bett und ließ sich nicht im geringsten dabei stören.

Sie lag völlig nackt auf dem Bett, die Beine gespreizt. In einer Hand hielt sie dieses kleine, summende Etwas, welches in rhythmischen Bewegungen fast völlig in ihrer feuchten Lustgrotte verschwand, während sie mit der anderen Hand abwechselnd ihren Kitzler massierte oder sich an den Brustwarzen zog. Da sie ihre Augen geschlossen hielt, hatte sie mich offenbar noch nicht bemerkt. In Sekundenbruchteilen wurde mein Schwanz steif und beulte die Boxershorts unverhältnismäßig weit aus. Ich zog sie schnell aus und begann, meine prallen Eier zu massieren,

während ich meine Augen nicht von ihr lassen konnte. Nun begann sie leise zu stöhnen, wobei sie den Vibrator immer schneller und tiefer in sich hineinstieß. Da öffnete sie die Augen, sah mich vor dem Bett ebenfalls onanieren, ließ sich jedoch in ihrem Tun nicht stören. Lustvoll wand sie ihren geilen Körper. Plötzlich drehte sie sich um, reckte ihr pralles Hinterteil in die Höhe und schob sich den summenden Freudenspender in ihr kleines rosa Arschloch. Ich flippte fast aus, als ich dies sah, und massierte wie wild meinen Schwanz, dessen Eichel schon schier zu platzen schien. Nun drehte sie sich wieder auf den Rücken und stöhnte mir ein lustvolles «Spritz mich voll» entgegen. Ich war schon kurz davor, schier zu explodieren. Im selben Augenblick spritzte ich ihr in hohem Bogen mein heißes Sperma auf ihre vollen Brüste und ein wohliger Schauer durchzuckte meinen aufgeheizten Körper. Sie setzte sich vor mich hin, stülpte ihre vollen Lippen über meinen noch steifen Schwanz und schleckte die Spermareste von ihm ab, während ihr mein Liebessaft über ihre vollen, weichen Brüste lief. Dabei hatte sie immer noch den Vibrator in ihrem Fötzchen, und nun fuhren auch ihr wohlige Schauer durch den Körper.
Danach umarmten wir uns und ließen unsere ausgepumpten Körper auf die Kissen sinken ...

Soweit mein erregendstes intimes Erlebnis, welches ich in letzter Zeit hatte. Natürlich hat es sich wirklich so ereignet, ich habe nichts hinzugefügt.

Andreas, 36 Jahre, Steuerfachangestellter

Die Abenteuerin

Die Abenteuerin schlenderte durch den Park. Der Tag war gut. Geschaffen für das, was ihr im Sinn, in ihren vitalen Sinnen lag. Sie war allein. Sie hatte Zeit. Und sie hatte Lust. Lust auf Spiel, Lust auf Spaß, Lust auf alles, was ein unbeschriebener Tag so zu bieten hatte. Sie hörte die fröhlichen Stimmen vom Minigolfplatz herüberplätschern. Warum nicht, dachte sie. Warum nicht einen Schläger holen – ja, einen einzelnen –, sie war nun mal Single, besser gesagt eine seit längerem Geschiedene, die bereits wieder etwas in sich knospen spürte. Die Zeit, in der sie die Nase von den Männern voll hatte – ein für allemal – war längst nicht mehr wahr. Sie spürte das nun. Gerade heute. Sie löste die Eintrittskarte und begann die Kugel rollen zu lassen. Sie rollte aber nicht, wie sie sollte. Ein Querschläger, der erste Schlag, ein Ausrutscher quasi. Ein Abweichen von der Bahn, der ihren Blick an den Rand des Spielfelds lenkte – zu einer Hecke, die nicht ganz dicht dem Blick nach draußen ein Schlupfloch ließ. In diesem Schlupfloch erschien kurz und prägnant ein Gesicht. Ein Männergesicht. Es war ein vitales, flächiges Gesicht mit raubtierhaften, grünlichen Augen, wollüstig – vollen Lippen. Ein Slawe, vielleicht, dachte sie. Ja, das könnte sein. Sie stand auf slawische Seelen, von deren Leidenschaftlichkeit sie aus Erfahrung wußte.

Ihre Blicke kreuzten sich für einen Augenblick. Das war

alles. Schade, dachte sie. Und sie hatte eigentlich keine Lust mehr auf das nun, wie ihr schien, seichte Loch-Spiel. Der scharfe Typ in dem Heckenloch hatte sie irritiert, angeregt auf eine beunruhigende Weise. Anstandshalber spielte sie noch zwei Bahnen. – Er kam nicht. Sie konnte sich ihre Enttäuschung nicht verhehlen. Was war los? Hatte sie bereits ihre Attraktivität, ihre Wirkung auf Männer, die sie allzu oft genossen hatte, eingebüßt? Sie war gerade dreißig und äußerst knackig, wie man ihr häufig bestätigte. Nun, man konnte nicht immer gewinnen, obwohl sie diesbezüglich bis dato sehr verwöhnt war. Alles, besser jeden, den sie wirklich wollte, hatte sie auch bekommen. Bis jetzt. Es waren nicht Wenige ... Die Abenteuerin verließ das Spielfeld, diese Spielwiese ohne Würze. Da konnte sie sich etwas Besseres vorstellen. Ihre Phantasie verselbständigte sich. Gut, daß Gedanken keine Bilder nach außen projizieren, daß sie frei sind, unbeobachtet und unzensiert.

Die Abenteuerin haßte Zensur. Zuviel davon hatte sie sich selbst auferlegt. Sie war eine treue, brave Ehefrau gewesen. Solange die Ehe dauerte ... Im Herzen war sie eine Spielerin, eine Sucherin, die so gerne fand. Nun wollte sie den Grünäugigen finden. Aber ihr Umherstreifen in dem romantischen Park, der an den Minigolfplatz grenzte, war vergebens. Außer ein paar Blicken von Männern, die sie nicht interessierten, fand sie nichts.

Es war eine Woche später. Ein heiliger Sonntag. Ihre Unruhe wuchs sich aus zu einem Zwang. Das Wetter gestaltete sich höchst unfreundlich. Der Minigolfplatz war fast leer. Nein, spielen wollte auch sie nicht. Den Täter zieht es bekanntlich immer wieder an den Tatort. Aber es war ja kein Tatort ... Sie schlich an besagter Lochhecke vorbei, von der unsinnigen Hoffnung beseelt, die Dinge könnten sich einfach wiederholen. Sie zuckte zusammen, als von hinten eine warme, tiefe Stimme ertönte: «Da bist du also …»

Ihr verschreckter Blick traf in das grüne Glimmern der Raubtier-Augen. Er war es. Das war zuviel. Es traf sie unerwartet, obwohl sie vage gehofft hatte. Er benahm sich unbeschwert und heiter. Ganz ohne Scham – falsche Scham … Er war das, was sie suchte. Er trug ein schwarzes, eng anliegendes T-Shirt, das seinen makellosen Oberkörper betonte. Zum erstenmal nahm sie seinen perfekten Körper wahr. Nun befiel sie Angst und Kleinmut. Dieses Spiel würde tödlicher Ernst, soviel war klar. Mehr als nur ein Sonntagsspaziergang. Und jetzt, da das heiß Phantasierte zum Greifen nahe war, verließ sie ihr Übermut. Die Abenteuerin wurde zu einer ängstlichen kleinen Sonntags-Schülerin. Aber sie zeigte es nicht und folgte dem Weg. Gebannt und zu allem bereit. Sie kamen auf einen romantischen Weg außerhalb des Ortes. Wiesen, blühende Sträucher und Bäume. Keine Menschen. Die natürliche Einsamkeit der Liebenden, oder derer, die sich einfach nur paaren wollen. Wollte sie das? Eigentlich nicht – und wieder doch. Das Raubtier verströmte einen angenehm beißenden Geruch. Er bleckte die Zähne zu einem breiten Lachen. «Hast du so etwas schon gesehen?» fragte der wollüstige Mund, dessen volle Lippen sich unverschämt teilten. Aus dem Hosenschlitz sprang ein Ungeheuer von Penis. Die Abenteuerin nahm Witterung auf. Ihre Nüstern blähten sich und das riesige Ding da vor ihr verfehlte seine Wirkung nicht. Sie faßte es schamlos an, prüfte seine Stabilität, fand, daß es gut war … Die Sonntags-Schülerin hatte sich augenblicklich in Luft aufgelöst, war entschwunden mit den weißen Wölkchen, die den nun blauen Himmel zierten.

«Komm mit», sagte er, und sie kam mit. Er erzählte von seiner jugoslawischen Heimat und daß er sich viele Kinder wünschte. Von ihr. Wenn sie nach Jugoslawien mitkäme, würde er sie seiner Mutter vorstellen. Es war nichts geschehen. Aber er setzte alles als selbstverständlich voraus. Und er hatte recht. Ihre Gier auf dieses beinahe perverse Ding war geweckt. Sie fühlte sich angenehm erregt in der Vorfreude auf ein Abenteuer der besonderen Art. Nein, so einen Prügel hatte sie noch nie in sich gespürt. Ob es weh tat? Gesehen hatte sie so etwas Prächtiges auch noch nie. Sie kannte es nur vom Hörensagen und hatte eine solche Existenz für ein Gerücht gehalten. – Er wohnte in einem Hotel und nahm sie mit in sein kleines Appartement. Es war schmuddelig und unordentlich. Das Handtuch, das er holte, war steif vor Dreck. – Noch war Zeit zum Rückzug. Wer war sie denn? Wie weit war sie gesunken? Doch es war zu spät. Nun wollte sie sinken – sich einfach fallen lassen und diesem Ding ausliefern. Selbst wenn es sie zerriß.

Der Prügel näherte sich bedrohlich. Sie schloß die Augen und wartete auf die Explosion.

Gabriele Böhning, 50 Jahre, Journalistin

Photo: Margrit Müller

Die schwarze Acht

Du machst dich gut am Billardtisch, bist in Deinem Element;
lehnst Dich weit vornüber, fast wie eine Starterin
vor dem
Hechtsprung ins Wasser.
Es ist das dritte Spiel.
Eine Runde, drei Spiele.
So ist es abgesprochen.
Es steht 1:1.

Deine Gegnerin kann ich nicht einschätzen.
Ich kenne sie nicht.
Du wählst immer fremde Frauen aus.
Du weißt im vorhinein, welche sich auf ein solches Spiel einläßt.
Der Fremde taxiert mich immer wieder von der Seite.
Keine Regung in ihrem Gesicht, welche mich ihr Denken erkennen lassen könnte.

Ich bin der Preis, die Trophäe.
Du spielst um mich.

So Du gewinnst, war es ein Abend mit reizvollen neuen Phantasien.
So Du verlierst, gehöre ich der Fremden für die heutige Nacht.

Du spielst ruhig und sicher.
Lange taxierst du Kugel für Kugel, bevor Du Dich entscheidest und mit langsamem Stoß einen Punkt machst.
Ihr Spiel ist anders.
Sie ist schnell, entschieden; jeder Stoß hart und kurz.

Liebt sie auch so?
Meine Phantasie lockt mich weg vom Tisch.
Ich gehe mit ihr, der Fremden.
Sie sagt nichts.
Dem Taxifahrer nennt sie eine Adresse, die ich nicht kenne.
Abbruchhaus, Luxusappartement, Loft;

ich weiß es nicht, es spielt auch keine Rolle.
Ich bin nervös; lüstern-nervös, nicht ängstlich.
Bilder von nackter Haut, von schnellem Sex blitzen auf;
feuriges Rot, stählernes Blau.
Sie wird über mir sein, meine Nippel kneten, meinen Bauch lecken,
meine Möse weiten,
stoßen, beißen, hinhalten und wieder von neuem ...
es wird ohne Worte passieren; wild, heiß, unberechenbarer
Rhythmus;
vielleicht verächtlich.

Ein Klacken bringt mich zurück an den Billardtisch.
Es liegen nur noch drei Kugeln auf dem Tisch.
Du hast die vollen; Du bist am Zug.
Die Kugeln liegen so, daß es für Dich nicht schwer ist, das Spiel
jetzt zum Ende zu bringen.

Du läßt Dir Zeit; bist auf der Suche nach der besten Position.
Dann läßt Du die erste Kugel langsam in ein Mittelloch rollen;
die zweite folgt kurz darauf.
Die schwarze Acht liegt günstig; für eine gute Spielerin wie Dich
kein Problem.
Ich kann mein Gefühl nicht orten. Erleichterung oder Enttäu-
schung.

Ein ruhiger Stoß.
Du richtest Dich auf.
Dein Lächeln ein Siegerinnenlächeln.
Mein Gefühl jetzt Verwirrung pur.
Du nickst der Fremden zu.

Du hast die schwarze Acht absichtlich im falschen Loch versenkt.

Sabine Küster, 31 Jahre, Kulturmanagerin

Alle Sinne

Als Katharina aufwachte, war der Raum in blaues Mondlicht getaucht. Sie drehte den Kopf und sah aus dem Fenster. Ein weißer, kreisrunder Mond stand in einem Meer von Sternen am nachtblauen Himmel. «Hallo», grüßte sie ihn leise. Auf dem Wecker zu ihrer Rechten leuchteten grüne Ziffern. «2:32» Wieso war sie aufgewacht? Sie drehte sich auf die linke Seite und betrachtete Tom. Wann war er heimgekommen? Er war wieder mucksmäuschenstill neben sie geglitten, müde von einem Nachtdreh. Sie konnte sehen, wie sich unter seinen Lidern die Augäpfel bewegten. «Er träumt und schläft ganz fest», dachte sie zärtlich. Seine Wimpern leuchteten golden im Mondlicht. Er lag nackt auf dem Bauch, das Gesicht ihr zugewandt. Seinen rechten Arm hatte er von sich gestreckt, er hing über dem Bettrand. Sein linker Arm ruhte vor seinem Gesicht. Sie küßte seine Hand. Seine Finger waren schlank und kräftig. Sie waren ihr zuerst aufgefallen, als er ihr das Taschentuch reichte, damals im Museum. Katharina war beim Anblick eines Gemäldes in Tränen ausgebrochen, und als sie von dem dargebotenen Taschentuch in sein Gesicht blickte, sah sie darin Erstaunen und Fassungslosigkeit. Hinter den Brillengläsern sahen sie smaragdgrüne Augen offen an, in den Augenwinkeln tanzten tausend kleine Fältchen. «Er hat in seinem Leben viel gelacht», war ihr erster Gedanke.

Als sie jetzt sein Gesicht betrachtete, durchströmte sie ein Gefühl von Liebe und Vertrauen. Jede Linie, jede Fläche in Toms Gesicht waren ihr wohlvertraut. Seine Lippen waren wunderbar voll und zum Küssen wie geschaffen. Sie wollte ihn jetzt küssen, entschloß sich aber, damit noch zu warten; sie wollte ihn weiter betrachten, bevor er vielleicht aufwachte. Ihr Blick glitt über sein blondes Haar, das mit vielen Silberfäden durchwirkt war und das jetzt wie ein glänzender Helm um sein Gesicht lag. Seine Schultern, die so breit und stark waren, sahen im Schlaf zart und wunderbar aus, seine Haut schimmerte wie Samt. Sie beugte sich über ihn und sog seinen Duft ein. Dabei strich sie mit ihrer rechten Hand über die runden Kugeln seiner Hinterbacken. Seine Muskeln spannten sich an – und entspannten sich wieder. «Vielleicht denkt er an ein Insekt, das ihn ärgern will», dachte sie leise kichernd. Sie küßte die Welle zwischen seinen Schulterblättern und bewegte sich mit ihren Lippen seinen Rücken hinunter bis zu seinem Hintern, der im Mondlicht weiß leuchtete.

Auf einmal fühlte sie seine Hand auf ihrem Haar, und als sie aufblickte, sah sie, daß er sie anlächelte. Er richtete sich auf und küßte sie. Katharina liebte es, wenn Tom ihr Gesicht in beide Hände nahm und ihre Haut streichelte, während seine Zunge mit ihrer Zunge tanzte. Sie spürte, wie sie immer erregter wurde, und sie preßte ihren Körper gegen seinen. Sie umfaßte ihn mit beiden Armen, fuhr mit der einen Hand in sein Haar, während die andere seinen Hintern streichelte. Toms Zunge erkundete ihren Hals und ihre Schultern. Mit einer Hand auf ihrem Rücken drückte er sie sanft auf das Bett und legte sich auf sie. Sein Schwanz war heiß zwischen ihren Beinen. Sie legte ihre Schenkel um seine Hüften und streichelte sein Gesicht. Sie konnte fühlen, daß er in sie eindringen wollte, aber mit ihren Schenkeln drückte sie seinen Hintern nach unten. Er küßte ihre vollen Brüste, ihre Brustwarzen waren hart und standen hoch. Sie atmete schnell und in ihrer Möse sammelte sich Feuchtigkeit. Ein warmes, wohliges Gefühl durchströmte ihren Körper. Mit geschlossenen Augen genoß sie seine Liebkosungen. Sie löste die Umklammerung seiner Hüften und lag mit ausgestreckten Beinen und Armen unter ihm. Er fing an, ihren Oberkörper mit seiner Zunge abzulecken, während seine rechte Hand mit ihrer Möse spielte. Tom streichelte die weißen äußeren Schamlippen und sein Zeigefinger schlüpfte in die feuchte Wärme ihrer Möse. Katharina öffnete die Augen und sah ihn an. Sein Gesicht lag jetzt im Dunkeln, mit dem Mondlicht im Rücken, aber seine grünen Augen leuchteten trotzdem. Er lächelte sie an, und sie überließ sich wieder der Dunkelheit und genoß mit geschlossenen Augen seine Fingerfertigkeit. Immer wieder entfuhr ihr ein Stöhnen, und als er mit seiner Zunge in sie eindrang, hörte sie ihren eigenen Lustschrei.

Sekunden, nachdem er aufgehört hatte, ihre Möse zu lecken, kniete er über ihr. Als sie die Augen öffnete, ragte ihr sein harter Schwanz entgegen. Katharina trommelte mit ihrer Zunge auf der heißen Eichel und umschloß den Schaft dann ganz mit ihrem Mund. Mit ihrer Zunge fuhr sie um die Eichel herum und massierte die ganze Länge mit ihren Lippen in einem rhythmischen Rein und Raus. Tom stöhnte und lehnte sich gegen die Wand über ihr. Ihre Hände umklammerten seine Hinterbacken und mit ihren Fingerspitzen drückte sie seine Hoden. Genauso schnell wie er über ihr gekniet hatte, entzog er ihr seinen Schwanz wieder und küßte sie statt dessen heftig und hart. Er hob ihren Kopf an und drückte seine Zunge so weit in ihren Mund, daß ihr fast die Luft wegblieb. Sie stützte sich auf das Bett und versuchte, Luft zu holen. «Ich werde dich ficken, bis du den Verstand verlierst», hauchte er ihr ins Ohr. Mit seiner linken Hand preßte er ihre Brüste zusammen, seine rechte rieb ihren Kitzler. «Du bist so heiß wie Lava», flüsterte er und stieß seinen Mittelfinger in ihr Loch. Ihr Stöhnen antwortete auf sein Grunzen. «Wie zwei wilde Tiere», dachte Katharina.

Tom ließ ihren Oberkörper wieder runter auf das Bett und zog statt dessen ihr Becken zu seinem Gesicht. Er streichelte ihre Beine und spreizte sie dann. Sein Kopf verschwand zwischen ihren Schenkeln, die er mit seinen Händen streichelte. Dann richtete er sich auf, legte ihre Beine um seine Hüften und stieß seinen steifen Schwanz in ihre feuchte Möse. Toms Hände preßten und spreizten ihre Arschbacken. Katharina stöhnte vor Lust, und sie schlug mit ihren Armen auf das Laken. Seine Stöße waren schnell und kraftvoll. Sie schrie, als er den Punkt erreichte, wo sie immer glaubte, er würde ihren Körper ganz durchstoßen. Sie sah die Schweißperlen von seinen Haaren tropfen und streckte ihre Arme aus. Sie wollte seine nasse Brust berühren und fühlen, wie sein Herz pochte. Sie streichelte seine Nippel, und während er langsamer zustieß, konnte sie wieder tiefer atmen. Sie ergriff seine Schultern und drehte ihn auf die Seite, drückte ihn neben sich. Sein Schwanz in ihrer Möse drehte sich mit der Bewegung und das Gefühl ließ sie aufstöhnen. Sie sahen sich jetzt in die Augen und küßten sich. Tom fing wieder an, sie langsam, aber mit kräftigen Stößen zu ficken. Seine Hoden klatschten gegen ihr Arschloch und sie genoß die Stimulation. Er hatte den lustvollen Ausdruck auf ihrem Gesicht richtig gedeutet, denn plötzlich fühlte sie, wie sein Zeigefinger ihren Anus streichelte. Er befeuchtete den Finger mit seinem Speichel und führte ihn langsam ein, während sein Schwanz mit sanften Stößen in ihre Möse fuhr.

Katharina hatte einen Orgasmus nach dem anderen. Ihr Kopf war wie in Watte gepackt, ihr Atem ging stoßweise, ihre Brust schmerzte und sie war heiser vom Schreien. «O Gott, wie ich es liebe, wie ich *ihn* liebe», dachte sie. Ihre Wade streichelte seinen Hintern und ihr Mund saugte an einer seiner

Brustwarzen. Mit einer schnellen Bewegung saß sie auf ihm und fing an, ihn zu reiten. Sie streichelte sein Gesicht und genoß den Ausdruck der Geilheit in seinen Augen. Sie bewegte ihr Becken auf und ab, gab dabei seinen Schwanz immer wieder frei, um ihn dann ganz in ihrer Möse verschwinden zu lassen. Sie fühlte seine Hände auf ihrem Hintern, gleich darauf preßten sie ihre Brüste. Sie stöhnten und seufzten im gleichen Takt, wie ihre Körper aufeinander trafen. Katharina lehnte sich zurück, um Toms Schwanz in einem ganz bestimmten Winkel in sich zu spüren. Sie konnte fühlen, daß er gleich explodieren würde. Um ihm zu signalisieren, daß sie wollte, daß er sich in ihr ergoß, zog sie ihre Muskeln um seinem harten Kolben zusammen, preßte ihn und ließ dann wieder locker. Sein Stöhnen wurde lauter, so laut, daß es wie bei einem Raubtier klang. Toms warmer Samen strömte in ihre Möse und füllte sie mit einem angenehmen Gefühl. Katharina beugte sich über ihn und küßte seine vollen, warmen Lippen, während ihre Muskeln seinen Schwanz umklammert hielten. Sie fühlte seine Arme um ihren Rücken und legte ihren Kopf auf seine Brust. Toms Herz schlug wie ein Hammerkolben, schnell und regelmäßig. Sie fühlte seinen Atem in ihrem Haar und roch seinen Schweiß. Irgendwann glitt Katharina von ihm runter und nahm seinen Kopf in ihre Hände. Sein Blick war offen und liebevoll und um seinen Mund spielte ein zufriedenes Lächeln. «Danke fürs Wecken», sagte Tom leise und küßte sie zärtlich. Sie kicherte und kuschelte sich an ihn. Die grünen Ziffern auf dem Digitalwecker zeigten «4:03» – höchste Zeit zum Schlafen. Der Himmel begann bereits sich lila zu färben.

Das Zimmer war hell erleuchtet, als Katharina die Augen aufschlug. Sie tastete neben sich, griff jedoch ins Leere. Sie lauschte auf ein Geräusch in der Wohnung, aber alles war still. Als sie sich umdrehte, um weiter zu schlafen, hörte sie ihn im Bad singen. Durch die halboffene Tür konnte sie ihn sehen, er betrachtete sich im Spiegel und war gerade dabei, mit der Nagelschere ein Haar aus seinem Nasenloch abzuschneiden. Sie wußte, daß dieser Akt wichtig für ihn war, denn Tom haßte es, wenn sie ihm aus Nase und Ohren wuchsen. Sie neckte ihn deshalb oft. Jetzt griff er nach der Zahnbürste und streckte ihr seinen kleinen, festen Hintern entgegen, auf der Suche nach der Zahnpastatube. «Wo hat sie sie wohl wieder hingepackt?» fragte er sich. Sie drückte ihren Kopf leise ins Kissen, um ihr Kichern zu unterdrücken. «Aha, er ist fündig geworden», dachte sie, denn sie hörte das kratzende, schabende Geräusch der Borsten auf seinen Zähnen. Er trat etwas zurück und betrachtete sein Spiegelbild. Sie folgte seinem Blick über Gesicht, Hals, Schultern, Brust bis zu den Hüften, sah, wie er sich etwas zur Seite drehte, erst nach rechts, dann nach links, um zu kontrollieren, ob er einen Bauch bekam. Nein, alles in Ordnung, drückte sein nickendes Spiegelbild aus. «Für sein Alter ist er verdammt gut in Form», dachte sie. «Er hat keinen von diesen stahlharten Waschbrettbäuchen, aber wer faßt die schon gerne an?» Sein Oberkörper war kräftig, aber nicht massig; seine Brustmuskeln waren gut ausgebildet und mit gerade genug Fleisch bedeckt, um sexy auszusehen. Seine Brusthaare waren dunkelblond, fast braun, mit vereinzelten Silberfäden darin. Bevor sie Tom kannte, fand sie Brustbehaarung nicht besonders anregend, manchmal sogar abstoßend. Aber bei ihm fand sie es äußerst erotisch und männlich. Ihr Blick blieb auf seinem Hintern hängen. Er war weiß und leuchtete richtig im Kontrast zu der braunen Haut auf Rücken und Beinen. Die beiden Hälften waren rund und fest, und als er sich jetzt vornüberbeugte, um den Mund auszuspülen, sah sie seine Hoden zwischen den Beinen hervorlugen.

Toms Beine waren wunderschön, nicht zu muskulös und nicht zu stark behaart. Seine Knie waren einfach unglaublich erotisch. Als Katharina ihm gestand, daß sie die Knie zu den aufregendsten Körperteilen des Mannes zählte, mußte er lachen. Auf dem Boot hatte sie ausreichend Gelegenheit gehabt, seine Knie zu bewundern, und nachts hatte sie davon geträumt, daß er sie liebte. Als es dann endlich dazu kam, zwei Wochen, nachdem sie sich auf dem Segeltörn kennengelernt hatten, war es, als hätten ihre Körper aufeinander gewartet. Tom war ein zärtlicher und sensibler Liebhaber. Seine Einfühlsamkeit ging manchmal so weit, daß sie glaubte, er könne *hören*, was sie dachte. Er scheute sich nicht, seine Gefühle zu zeigen, dafür liebte sie ihn. Er hatte ihr von Anfang an vertraut; bei ihr hatte es viel länger gedauert. Daß sie mit ihm schlief, geschah einerseits aus Neugier, andererseits glaubte sie sich außerstande, seinem Charme und seiner Männlichkeit länger zu widerstehen.

Tom hatte jetzt angefangen, sein Gesicht mit Rasierschaum einzuseifen, und griff nach dem Messer, das sie ihm geschenkt hatte. Das schabende Geräusch machte sie an. Katharina seufzte und ließ sich wieder in die Kissen sinken. Tom drehte sich um und kam auf sie zu. Sein Gesicht mit dem weißen Bart erinnerte sie an den Weihnachtsmann. «Guten Morgen, Nikolaus», sagte sie. Er beugte sich über sie und gab ihr einen duftenden, feuchten, schmatzenden Kuß auf die Nase. Sie zog ihn zu sich hinunter und fing an, den Schaum von seinem Gesicht zu streichen. Er warf das Rasiermesser in eine Ecke und bedeckte ihr Gesicht mit Küssen. Dann ging er ins Bad und kam mit einer Tasse dampfenden Kaffees zurück. Sie trank, und er setzte sich zu ihr aufs Bett. Sie sahen sich an und lachten. «Ist dir klar, daß ich in einer Stunde am Set sein muß?» fragte Tom. «Dann laß uns keine Zeit verlieren», war Katharinas Antwort. Aus gespieltem Protest stand er auf und rief empört: «Du willst nur meinen Körper, was ist mit meiner Seele?» Er drehte sich um und ging in Richtung Tür. Mit einer drohenden Geste warf Katharina die Arme in die Luft und folgte ihm, als er durch die Tür verschwand und zur Küche rannte.

Schon hatte sie ihn eingeholt und küßte seinen Rücken, während ihre Hände nach seinem Schwanz griffen. Sie fuhr mit der Zunge seinen Nacken entlang und streichelte seine Brust. Mit einer schnellen Bewegung drehte er sich um und ergriff mit beiden Händen ihren Hintern. Sie schlang ihre Beine um seine Hüften, und sie küßten sich lange und fordernd. Ihre Hand spielte mit seinem Haar und seine rauhen Bartstoppeln kitzelten ihr Gesicht. Tom lief mit ihr zur Anrichte und fegte Dosen und Teller von der Fläche, bevor er sie dort absetzte. Dann fing er an, ihre Brüste zu streicheln und ihre Nippel zu lutschen. Katharina seufzte vor Erregung und lehnte sich zurück. Sie spreizte die Beine und gab den Blick auf ihre Möse frei. Sie dirigierte seinen Kopf nach unten, sie wollte seine Zunge dort unten fühlen. Schon das Geräusch machte sie fast wahnsinnig, als er mit Lippen und Zunge in ihrer Höhle tanzte. Toms Zunge war fast kühl im Gegensatz zu der Hitze in ihrer feuchten Möse. Sie strich über sein Haar und steckte einen Finger in sein rechtes Ohr. Dann zog sie seinen Kopf zu sich hoch, und als seine Zunge in ihren Mund eindrang, konnte sie ihren eigenen Mösensaft schmecken. Mit ihren Fingern umfaßte sie seinen Schwanz, der unter ihrem Reiben und Ziehen wuchs und pochte. Sie stöhnte und vergrub sein Gesicht in ihrem Haar. Sie schlang ihre Beine um seine Hüften und dirigierte seinen harten Kolben in ihre Möse. Als er in sie hineinstieß, biß er sie in den Hals, so daß sie wimmerte. Er stieß kräftig zu, und sie fühlte, wie das Blut in ihrem Körper kochte. Ihr war schwindlig und sie schloß die Augen. Tom fickte sie langsam mit harten, tiefen Stößen. Ihr Stöhnen vermischte sich mit dem Scheppern von Gläsern und Tassen. Als sein Grunzen zu einem lauten Stöhnen anschwoll, stieß sie ihn von sich. Mit einem schmatzenden Geräusch fuhr seine Stange aus ihrer Höhle.

Katharina sprang auf die Füße und lief ins Wohnzimmer,

wo sie sich auf allen vieren vor einem Sessel postierte und ihm ihren Hintern entgegenstreckte. Als sein Schwanz in sie eindrang, schrie sie auf. Seine Hoden klatschten gegen ihre Schenkel, und sie fühlte, daß das Sperma darin kochte. Er knetete ihren Hintern und küßte ihren Rücken. Dann waren seine Hände auf ihren Brüsten, umfaßten sie ganz. Seine Finger zogen an ihren harten Nippeln, während er härter und fester zustieß. Sie drehte den Kopf und sah, daß sein Gesicht schweißnaß war und seine Augen geschlossen. Tief aus seiner Kehle kamen kurze, rauhe, gepreßte Laute. Sein ekstatischer Gesichtsausdruck steigerte ihre Geilheit und sie rief: «Ich will deinen Saft in mir spüren, bitte fick weiter!» Katharina wußte, daß es Tom anturnte, wenn sie so sprach, und es machte auch sie an. Nach ein paar harten Stößen ergoß er sich in ihre zuckende Möse. Sein schwitzender Oberkörper bedeckte ihren Rücken, sein Schweiß vermischte sich mit ihrem. Er blieb auf ihr liegen, als sie langsam die Beine ausstreckte und sich auf den Bauch legte. Sie griff nach seinen Händen und küßte die Fingerkuppen. Irgendwann rollte Tom neben sie und sah sie an.

«Das ist Wahnsinn mit uns, weißt du das?» fragte er und um seine Augen tanzten tausend kleine Fältchen. Ihre Zunge streichelte seine Lippen, bevor sie ganz in seinem Mund verschwand.

M. R. weiblich, 35 Jahre, Marketing Managerin

Pudding mit Schokoladensauce

Ich bin Thomas, 20 Jahre alt und studiere Architektur.
Mit meiner Freundin bin ich jetzt fast drei Jahre zusammen, und wir lieben uns mindestens so sehr wie in den ersten Tagen. Leider sehen wir uns nur am Wochenende oder im gemeinsamen Urlaub, da sie an einem anderen Ort studiert. So treffen wir uns, so oft wir können in der Mitte.
Es ist schwierig, die fehlenden Zärtlichkeiten durch das Telefon oder Briefe zu ersetzen. Euer Buch hat uns beim Träumen geholfen und uns oft zu mehr inspiriert.
Ich weiß nicht, ob Sie das kennen. Manchmal gibt es Tage, an denen es einfach knistert. Da sind Berührungen, Bewegungen und Blicke, die vor Erotik nur so sprühen, als wäre die Luft mit Aphrodisiaka angefüllt. Von solch einem Tag möchte ich erzählen.
Am Vormittag gingen wir noch ein paar Dinge fürs Wochenende einkaufen. Als ich Milch in den Korb stellte, schaute mich Susan verstohlen an, nahm ein paar Becher Vanillepudding mit Schokosauce und

stellte sie mit einem verschmitzten Lächeln dazu. Zuhaus sagte sie, scheinbar ganz unvermittelt, als sie vor dem Kühlschrank stand: «Ich freu mich auf heut abend.»
Am Abend verabschiedeten wir uns dann früh von unseren Freunden und gingen duschen. Als ich aus dem Bad kam, lag Susan schon im Bett, schaute mich verführerisch mit ihren braunen Augen an und fragte: «Holst du den Pudding?» Zum Glück war niemand in der Küche, sonst hätte mein Grinsen wahrscheinlich für ziemlich dumme Bemerkungen gesorgt. Zurück in ihrem Zimmer, stellte ich Pudding und Löffel neben das Bett, zog mich aus und legte mich neben sie. Ich bin jedesmal überrascht, wie toll sich ihre Haut auf der meinen anfühlt. So auch dieses Mal. Ich blieb noch eine Weile still liegen und drückte sie an mich. Wir küßten uns lange, spielten mit unseren Zungen und streichelten uns. Dann legte ich mich auf sie, und wir küßten uns abermals, während ich den Puddingbecher öffnete. Ich löste meine Lippen von ihr und ließ sie den Deckel ablecken. Schon der Gedanke an das, was nun folgen würde, ließ ihre Brüste anschwellen.
Ich nahm mit dem Löffel etwas Pudding auf und ließ eine Spur auf ihren Hals bis zu dem kleinen Tal zwischen ihren Schlüsselbeinen zurück. Dann strich ich etwas auf ihre rosa Knospen, die wegen der Kälte zart hervortraten. Eine weitere Spur führte über ihren Bauch zu den Innenseiten ihrer Schenkel.
Ich stellte Becher und Löffel wieder neben das Bett und schaute mir meine Liebste an. Wie sie dalag, mit geschlossenen Augen und verführerischem

Lächeln. Dann begann ich, die süße Substanz von ihrem Körper zu lecken.
Zuerst am Hals. Sie streckte das Kinn nach oben, und ich konnte ihre Schlagader pulsieren sehen. Meine Zunge wanderte immer wieder aufwärts, um sie zu küssen und sie an der Süßigkeit teilhaben zu lassen. Ihre Wege wurden immer ausgedehnter, bis sie den Busen erreicht hatten. Die Schokoladensauce hatte sich schon auf eigene Entdeckungsreise begeben, und ich konnte sie gerade noch vor dem Laken auffangen. Ich folgte der Spur bis zu den Brustwarzen, die nun schon ganz fest waren. Ich saugte begierig daran, biß sanft in ihre Nippel, leckte alles auf, was Susan leises Stöhnen entlockte.
Um mich etwas abzukühlen, widmete ich mich ihrem flachen Bauch, umkreiste ihren Nabel mit immer größer werdenden Kreisen, bis ich den Ansatz ihrer Scham erreichte. Sie öffnete ihren Schoß und sagte mir leise, ich sollte weiter machen, worauf ich sie überall mit Küssen bedeckte. Den Pudding leckte ich ganz langsam von unten immer höher wandernd auf. Als meine Wange ihre Härchen erreichte, ließ ich sie meinen heißen Atem an ihrer empfindlichsten Stelle spüren, was sie leicht erzittern und lauter stöhnen ließ. Dann wiederholte ich dies auf der anderen Seite. Ihr Becken begann sich rhythmisch zu bewegen, und sie streckte mir ihre Scham entgegen. Sie weiß, wie sehr mich das aufgeilt, doch ich löste mich von ihr und gab ihr zu verstehen, sie sollte sich umdrehen und auf den Bauch legen. Dann begann ich mit dem «2. Gang». Erst etwas Pudding auf den Nacken, der sich dar-

aufhin etwas verspannte. Dann entlang des Rückens und an den Unterseiten ihres Pos. Je tiefer ich kam, desto schwerer wurde ihr Atem und ihre Muskeln begannen sich zu verkrampfen. Zuletzt ließ ich die kühle Masse zwischen ihre Pobacken laufen und ein wenig strich ich direkt auf das Zentrum ihrer Lust. Sie stöhnte laut auf.

Wiederum ging meine Zunge auf Reisen. Meine Lippen waren jetzt fordernder, ich saugte fester und biß sie sanft in ihren Nacken, was sie ganz scharf machte. Es entlockte ihr lustvolle Laute, die wiederum mich aufheizten. Meine Zunge erreichte ihren Po, glitt über die weichen Rundungen, den süßen Stoff aufnehmend. In der Spalte zwischen den Pobacken glitt ich hoch und runter, bis sie ihr Becken hob und die Schenkel spreizte, damit ich sie besser erreichen konnte. In ihrer Scham glitzerten schon weiße Tröpfchen, und als ich den Pudding von ihrem Kitzler schleckte, wurde ich mit einem im Kopfkissen erstickten Schrei belohnt. Ihre Hände krallten sich ins Laken und sie konnte nicht mehr stillhalten. Susan drückte sich jetzt fest an mich, meine Zunge tief in sich aufnehmend. Ich genoß das Beben ihres Körpers und trank begierig ihren köstlichen Saft, bis wir es nicht mehr aushielten und uns lange und leidenschaftlich liebten.

Thomas Grossgebauer, 21 Jahre, Student

Zwei italienische Geschichten

Nico Es war im Sommer nach meinem Abitur. Endlich hatte ich die Schule hinter mich gebracht und wollte nur raus aus Berlin. Italien war es ... Ich träumte von einem romantisch-asketischen Bauerngut im Chianti, wollte das totale Kontrastprogramm. In der Natur arbeiten, meditieren, zu mir selbst finden ... so was eben. Na ja, es kam dann alles etwas anders. Ich landete in Mailand (!). Wer die Stadt kennt, versteht, warum ich erst mal das Gefühl hatte, im falschen Film zu sein. Eine chaotische Großstadt – groß und anonym wie Berlin, nur chaotischer und weniger grün. Vier Monate lang versuchte ich mich einzuleben und vertrieb mir die Zeit mit neuen Erfahrungen anderer Art, wie zum Beispiel meinem ersten Joint.

Dann fand ich eine Möglichkeit, nach Genua umzuziehen, was gegenüber Mailand ein enormer Schritt in Richtung Toskana war. Es gab nicht viel, was mir den Abschied von der großen grauen Stadt schwer machte, aber etwas wurmte mich noch.

Wenn ich in Mailand aus der U-Bahn stieg, mußte ich immer an einem Zeitungskiosk vorbei, wo auch Fahrkarten verkauft wurden. Dort saß meistens ein Typ, ungefähr in meinem Alter, der es mir angetan hatte. Er sah überhaupt nicht aus wie so ein typischer Latin Lover, sondern wirkte zurückhaltend und war eher ein heller Typ mit hellbraunen Augen. Und er hatte ein liebes Lächeln. Es ist eigentlich nie meine Art gewesen, Kerle abzuschleppen, aber da ich ja eh kurz davor war, nach Genua zu gehen, dachte ich mir, du hast nichts zu verlieren – den siehst du dann nie wieder. Also faßte ich mir ein Herz und sprach ihn einige Tage vor meinem Umzug an. Er erinnerte sich dunkel, mir öfter Fahrscheine verkauft zu haben (Danke für das Kompliment!), schien aber hocherfreut, daß er mir offensichtlich aufgefallen war (Also doch eindeutig ein Italiener!). Es war mir klar, daß das keine große Liebe werden würde, aber das war nebensächlich. Jetzt hatte mich mein Ehrgeiz gepackt. Nachdem ich ihm erklärt hatte, daß ich bald wegziehen würde, was er bedauerte, und mich gerne von ihm verabschieden wollte, was ihn rührte, bot ich ihm ein Treffen an und gab ihm meine Telefonnummer. Er versprach, mich anzurufen, und ich ging mit nassen Händen und einem Kloß im Hals nach Hause. Ich kam mir so verrucht vor und gleichzeitig so frei – frei zu tun, was ich wollte – und mit wem ich es wollte … Ich beschloß, mir in Italien weniger Grenzen zu setzen als zu Hause – es war mein Jahr der Experimente und Abenteuer, und es fing langsam an, Spaß zu machen.

Er rief an, sobald er aus seiner Bude raus war. Wir verabredeten uns für den nächsten Abend, da er an diesem schon etwas vorhatte. Er kam gleich zu mir – nur keine komplizierten Umwege – und brachte eine Flasche Rotwein mit. Da ich sehr selten Alkohol trinke, hatte ich nach zwei Gläsern enorm gute Laune. Wir alberten lange herum, fotografierten uns gegenseitig, tranken noch etwas, und es wurde langsam spät. Ihm war noch gar nicht klar, daß er bei mir schlafen würde, aber wie ich erwartet hatte, fand er die Idee ziemlich gut. Nebenbei erwähnte er zwar, daß sein Termin am vorigen Abend seine Freundin gewesen war, aber da es ihn nicht zu stören schien, störte es mich auch nicht.

Im Schlafzimmer versuchten wir eine wilde Knutscherei, die allerdings ein wenig verkrampft ausfiel, und zogen uns gegenseitig aus. Der Reiz des Fremden und der Wein erregten mich mehr, als er es tat, der kaum mehr als sexuelle Klischees zu bieten hatte, aber da dieser Typ meine Premiere im Abschleppen war, fand ich alles ungemein aufregend. Trotzdem war ich dann überrascht, daß ich in dieser ungewöhnlichen Situation mit einem Fremden beim Miteinander-schlafen tatsächlich einen Orgasmus hatte, was bei mir damals selten genug vorkam. So verbuchte ich die Erfahrung cool unter «gelungen» und den süßen Zeitungsverkäufer unter «vernascht». Nach einer kurzen, etwas ungemütlichen Nacht im Einzelbett zu zweit lud mich der holde Knabe dankbar zu einem Morgenkaffee in der Bar an der Ecke ein und verschwand blaßgesichtig, aber zufrieden grinsend in seiner dunklen Höhle, um das Tagewerk zu beginnen.

Ich kam noch ein-, zweimal nach Mailand, um dort Leute zu besuchen, und ging auch mit ihm ins Bett. Ich glaube, er sah mich genauso wie ich ihn, aber das störte nicht, denn ich fühlte mich so herrlich frei. Und das habe ich in diesem verrückten Jahr auch noch öfter voller Genuß ausgekostet ...

Billy Mein Italienjahr neigte sich dem Ende zu. Ich hatte mit meiner Schweizer Freundin eine einmonatige, aufregende und wilde (!) Reise von Rom über Neapel bis Sizilien und zurück hinter mir und wollte nun ein Vorbereitungscamp für eine Gruppe Italiener mitleiten, die anschließend selbst ein Jahr irgendwo im Ausland verbringen würden.

Beim Kennenlernen der Leute fiel mir gleich ein großer, gutaussehender, dunkelgekleideter Typ mit Koteletten auf, der mir durch sein Lächeln sympathisch war, mich durch seine reife und klare Ausstrahlung jedoch auf respektvollem Abstand hielt. Er gehörte zu den Männern, bei denen ich mir damals nie hätte vorstellen können, daß ich für sie interessant sein könnte. In dieser Überzeugung versuchte ich auch gar nicht erst, Kontakt herzustellen.

Bis zu dem Abend, an dem die Abschiedsfete stattfinden

sollte. Am nächsten Tag würden die meisten der Italiener in ihre Länder fliegen oder fahren und sollten noch mal richtig unter ihresgleichen feiern. Und das taten sie auch. Nach dem reichhaltigen Buffet wurden Spiele gespielt, bei denen eine richtig gute und vertraute Stimmung aufkam. Wir verstanden uns großartig, und je später der Abend wurde, um so feuchtfröhlicher wurde es. Ich hatte mir für diesen Abend vorgenommen, mich das erste Mal (!) in meinem Leben so richtig zu besaufen. Ich wollte einfach wissen, wie das ist. So entschied ich mich für weißen Martini und blieb dabei, um zu vermeiden, daß mir schlecht würde. Einer der Teilnehmer fand meine Idee so klasse, daß er ständig mit noch einem Glas ankam und mir regelrecht half, mich abzufüllen. Irgendwann weit über Mitternacht waren die meisten ins Bett gegangen, da sie um 7 h morgens einigermaßen frisch sein wollten. Ich als Mitverantwortliche sollte das eigentlich auch sein, aber ich vertraute diese Sorge der Morgenstunde an und trank fröhlich weiter. Wir waren vielleicht noch sechs Leute, die mittlerweile zum Torkeltanzen übergegangen waren. Ich war schon reichlich betrunken – hatte eine dreiviertel Flasche Martini dry intus. Aber es ging mir blendend, und so fand ich mich auf einmal in Billys Armen wieder – dem Typen, von dem ich geglaubt hatte, ich würde ihm nicht einmal weiter auffallen. Zuerst kam es mir auch so vor, als wäre das eher ein Zufall, mit wem wir da so gerade tanzten, doch wir umschlangen uns immer ungestümer, und plötzlich waren wir hollywoodreif in einem tiefen Zungenkuß versunken. Mir war alles egal – was die anderen dachten, was Billy dachte ... na, das war mir nicht ganz egal. Jedenfalls wußte ich nicht mehr, wo oben und wo unten war, fühlte mich bleischwer und federleicht, verliebt wie im Traum, und dann zwischendurch immer wieder mal ganz klar. Die Müdigkeit verstärkte den Alkohol außerdem, und so konnte ich bald nicht mehr sicher sagen, was real war und was nicht. Irgendwann bemerkte ich, daß die anderen alle gegangen waren. Billy und ich waren allein. Wir schmusten umeinander herum wie hungrige Katzen und erzählten in einem immer wiederkehrenden Kanon, wie wir einander schon in der ersten Minute interessant gefunden und nicht geglaubt hatten, vom anderen wahrgenommen worden zu sein. Und wie froh wir seien, daß das ja offenbar nicht stimmte, und ob es denn auch wirklich stimmte … Und dann küßten wir uns wild, zärtlich, leidenschaftlich, freundschaftlich – vielleicht auch im Kopfstand –, ich weiß es nicht mehr.

Und mit unseren heißen Beteuerungen und brennenden Küssen wuchs die Begierde nach mehr. Ich wollte ihn mir einverleiben, ihn schmecken mit Haut und Haaren. Doch dramatischerweise hatten wir kein Kondom dabei, und ohne kam es selbst für uns mit unseren Breigehirnen nicht in Frage. So flüsterten wir unser Verlangen einander immer wieder in glühenden italienischen Worten ins Ohr, als wir so aufeinanderlagen, und verzehrten uns nach dem anderen. Billy hatte mein T-Shirt hoch geschoben und saugte wie besessen an meinen Brustwarzen, während er mit der Hand an meiner Hose herumnestelte. Immer wieder bewunderte er meinen Körper, fand poetische Formulierungen, die ich gierig aufsog und im nächsten Moment schon kaum noch erinnerte. Dann war sein Kopf zwischen meinen nackten Beinen und ich fühlte seine warme Zunge in mich hineintauchen. Es durchzuckte mich, ich fühlte mich, als ob ich schwebte oder immer tiefer in Wasser versank … Doch sein kosender Mund holte mich immer wieder zurück – hoch in die Gischt, in der ich mich erneut verlor. Wie diese Szene weiterging, erinnere ich nicht, das nächste, was ich weiß, ist, daß ich aus einem Traum hochkam und er halb über mir kniete – sein voll erigiertes Glied fest umschlossen. Er sah auf mich herab und versuchte noch zu lächeln, als er stöhnend kam und immer noch und noch mehr Tropfen auf meinen kühlen Bauch ergoß. Später verrieben wir sein Sperma lachend auf meiner Haut, auf dem ganzen Bauch, dann kam er zu mir und küßte mich. Ich fühlte mich unbeschreiblich, verrückt, wild, glücklich, verliebt, noch immer betrunken. Hieran und daran, was danach kam, konnte ich mich nur noch so vage erinnern, daß ich mich am nächsten Tag bei Billy vergewisserte, ob es tatsächlich passiert war.

Und dann sahen wir auf die Uhr – es wurde schon langsam hell draußen. Noch etwa eine Stunde, dann würden die anderen aufstehen. Wir sahen uns tief in die Augen, und wir wußten, daß uns nur noch wenig Zeit blieb. Billy würde zwar erst am nächsten Tag den Flieger nach Neuseeland nehmen, doch unsere Zweisamkeit hatte natürlich keine Zukunft. Aber das machte nichts. Wir küßten uns und flüsterten, bis wir die Stimmen der ersten Aufsteher hörten, dann verließen wir unsere «Liebeshöhle» Arm in Arm und begegneten verschlafenen, aber eindeutig zweideutig grinsenden Gesichtern, die uns verwundert fragten, ob wir denn gar nicht geschlafen hätten. Ich war so froh, daß ich nicht «vernünftig» gewesen war, und bereute die vergangene Nacht kein bißchen. Billy begleitete uns zum Flughafen und in jeder möglichen Minute waren wir dicht beieinander. Wir mochten uns wirklich, nicht nur besoffen für einen one-night-stand – das war ein schönes Gefühl! Wir waren einfach Freunde im Ausnahmezustand, bis ich Billy am nächsten Tag zur Bahn brachte, die ihn zu seinem Flughafen bringen sollte. Liebevoll verabschiedeten wir uns, und dann hörte ich außer zwei Briefen aus Neuseeland nie wieder etwas von ihm. Das ist nicht traurig, denn ich habe ihn als schöne Erinnerung, und so ist er nicht ganz weg. Ich habe keine Ahnung, was er heute macht, und eigentlich will ich es auch gar nicht wissen. Billy ist einfach eine schöne Geschichte, für die ich von Herzen danke.

Katharina, 26 Jahre, Sozial Arbeitende

DAS BILD

Photo: Jens Müller

EINER AUSSTELLUNG

Sie las es am Morgen beim Frühstück in der Zeitung: «In der Photogalerie wird am kommenden Mittwoch eine Ausstellung mit von Frauen gemachten Aktaufnahmen zu sehen sein.»

Also ging sie in diese Galerie, um sich die Ausstellung mit Aktphotos von Frauen anzusehen, die auch von Frauen photographiert wurden. Sie hatte sich schon lange für so etwas interessiert.

Da sie wahrscheinlich wieder in der Innenstadt keinen Parkplatz finden würde, fuhr sie mit der U-Bahn. Am Hauptmarkt stieg sie aus und reihte sich in die Menschenmassen ein, die nach oben der Sonne entgegen eilten.

Hier in der Innenstadt war es viel stickiger als in der Vorstadt. Glücklicherweise hatte sie es nicht weit bis zur Galerie, war aber trotz ihres kurzen, hellen Sommerkleides mit dem tiefen Ausschnitt, in dem ihre weichen Brüste sich beim Gehen wie selbständig bewegten, und den schmalen Trägern ziemlich durchgeschwitzt, als sie dort ankam. Ganz deutlich nahm sie ihren intensiver werdenden Körpergeruch wahr.

Sie bezahlte den Eintritt und ging hinein. Die schwarzweißen und farbigen Photos hingen in rahmenlosen Haltern an der Wand und wurden derart angestrahlt, daß sie nicht spiegelten. Es waren künstlerische Aktphotos von Frauen in allen möglichen Posen und Positionen und vor verschiedenen Hintergründen.

Diese Photographinnen hatten wirklich einen interessanten Blickwinkel – so würde sie nie photographieren können –, dachte sie ein wenig traurig und neidisch zugleich. Einige eigene Versuche hatte sie ja schon mit ein paar Freundinnen gemacht – aber so ausdrucksstark, wie in dieser Ausstellung, waren ihre Photos nicht geworden.

Ein Bild faszinierte sie ganz besonders. Es war das Bild einer Frau, die auf einem Bein in einem Brunnen stand. Ihre

Arme hatte das Modell auf den oberen Beckenrand gelegt und das Wasser lief über ihren Körper. Das schmale Gesicht wurde von langen dunklen und lockigen Haaren umrahmt. Sie hielt die Augen geschlossen und ein sanftes Lächeln umspielte ihren Mund. Im Gegensatz zu allen Frauen auf den anderen Photos hatte sie dichte und buschige Achselhaare, die in einer perfekten Symmetrie zu ihrem Dreieck mit ebenso buschigen Schamhaaren standen. Das offenbar kalte Wasser hatte eine leichte Gänsehaut verursacht, auf der sich ihre dunklen Härchen im Sonnenlicht deutlich abhoben und sie wie eine Aura umgaben. Die Brustwarzen waren auf den kleinen und kugelrunden Brüsten ganz knubbelig durch das kalte Wasser geschrumpelt.

Ohne es zu bemerken stand sie lange Zeit vor diesem Photo und schaute sich jede noch so winzige Kleinigkeit an. Das Photo kam ihr seltsam bekannt vor, so als sähe sie sich selbst darin. Es hatte eine sehr natürliche und doch erotische Ausstrahlung, wie sie es lange nicht mehr auf einem Photo gesehen hatte, und in ihr kribbelte es ein wenig, so als wenn Ameisen über ihre Haut liefen.

Nur kurz sah sie sich noch die restlichen Aktphotos an, bevor sie wieder in der stickigen Wärme vor der Galerie auf der Straße stand.

Gedankenverloren und mit kribbelndem Bauch ging sie zurück zur U-Bahn. Ohne daß es ihr wirklich bewußt wurde, wollte sie nun nur noch schnell nach Hause. Die Bahnfahrt dauerte ihr viel zu lange und sie rutschte unruhig auf den Plastiksitzen hin und her. Sie spürte in sich ein verwirrend schönes Gefühl, und wenn sie die Augen schloß, sah sie immr wieder das Modell am Brunnen vor sich.

Als die Bahn quietschend im Bahnhof hielt und die Türen sich öffneten, stob sie ohne die anderen Menschen zu beachten hinaus und lief die Rolltreppe hinauf. Mit schnellen Schritten ging sie durch die Hitze der Vorortstraßen.

Sie spürte kaum die angenehme Kühle des Treppenhauses, da sie viel zu aufgeregt war. Sie schloß die Wohnungstür auf und ging hinein. Mit einem langen und tiefen Seufzer schloß sie die Tür und lehnte sich mit dem Rücken dagegen und machte die Augen zu. Wieder hatte sie das Bild der behaarten Frau am Brunnen vor ihrem inneren Auge. Magisch, wie von Fäden gezogen, ging sie ins Schlafzimmer. Hier stand der große Spiegel, und sie schaute sich an, wie sie sich lange nicht mehr selbst angesehen hatte. Ihre Augen hatten einen melancholischen Ausdruck, den sie früher bei sich noch nie bemerkt hatte.

Eigentlich bin ich nicht besonders hübsch, dachte sie, denn meine neununddreißig Jahre sieht man mir ganz deutlich an. Ich habe viele Falten um die Augen und den Mund herum – es sind halt die Begleiterscheinungen des Lebens und der Lust.

Sie lächelte, denn die Erinnerungen an all ihre Ausschweifungen kamen zurück. Die langen schwarzen Haare umrahmten ihr ovales Gesicht, wobei ihre vollen roten Lippen mit dem weißen Teint kontrastierten. Mit langsamen Bewegungen streifte sie die Träger ihres Kleides ab. Zum Vorschein kamen ihre beiden großen, weichen Brüste mit den spitz herausstehenden Brustwarzen, die von jeweils drei dunklen und starren Haaren umgeben waren. Ihre Brüste hingen etwas nach unten. Mit beiden Händen umfaßte sie nun ihre Brüste und hob sie ein wenig an. Dabei besah sie sich jede ihrer eigenen Bewegungen im Spiegel.

Dann ließ sie das Kleid vollständig fallen. Der hervorstehende Venushügel – sie mochte diesen Namen, denn er bedeutete für sie den Inbegriff der Erotik – war nur von einem knapp sitzenden roten Höschen bedeckt, aus denen ihre dichten schwarzen Schamhaare hervorquollen. Sie hatte einen ziemlich starken Haarwuchs, nicht nur unter den Achseln, sondern auch an den Beinen und erste recht um ihre

Möse herum. Hier wuchs der dichte schwarze Pelz sogar bis hoch zum Bauchnabel. Früher einmal hatte sie sich rasiert, aber die Haare wuchsen so schnell wieder nach, daß sie es dann irgendwann einmal aufgegeben hatte. Damals hatte sie sich deswegen häufig geschämt, und außerdem hatte sie auch das Gefühl, daß viele Männer so viele Haare bei einer Frau nicht mochten. Aber nach einer ganzen Weile, in der sie immer wieder versucht hatte, den Männern zu gefallen, stellte sie fest, daß sie dabei selbst zu kurz kam. Langsam bildete sich, obwohl sie nun wahrlich im herkömmlichen Sinne keine Schönheit war, ein feminines Selbstbewußtsein.

Ihre starke Arm- und Beinbehaarung erschien auf der weißen Haut wie ein seidiger Pelz. Immer wieder dachte sie an das Photo in der Galerie. Wie lange hatte sie sich nicht mehr im Spiegel angeschaut, wirklich angeschaut! Mit einer geschickten Bewegung streifte sie ihr Höschen herunter. Fasziniert sah sie auf den dichten Dschungel der tiefschwarzen Schamhaare, der ihr breites Becken umrahmte.

Sie hob ihren rechten Arm, neigte den Kopf und sog ihren intensiven Körpergeruch ein. Der rechte Busen hob sich und reckte sich dem Spiegel entgegen. Dann streckte sie ihre Zunge heraus und leckte die dichten und buschigen Achselhaare.

Aus den Augenwinkeln beobachtete sie sich dabei. Sie spürte nun intensiv, daß ein strenger, wilder Duft von ihr ausging, der sie innerlich noch mehr aufwühlte.

Die Spannung wuchs ins Unermeßliche, und endlich teilte sie mit den Fingern der linken Hand ihre Schamhaare und Schamlippen, bis sie ganz in ihre feuchte Spalte eindringen konnte. Nun streichelte sie sanft die Stelle, an der sie am empfindlichsten war, bis der ersehnte Höhepunkt sie erlöste.

Hans Wulf, 42 Jahre, Sozialarbeiter

Photo:Rudi Ulm

Marie-Claude

Sie stand hinter mir, drückte ihr Kinn auf meine Schulter, und ihre Finger verschränkten sich eine Spur fester mit meinen. Sicher. Tagsüber war der Strand voll. Das war in der Ordnung der Dinge. Aber daß die Leute nach Mitternacht immer noch vor der Bretterbude saßen, die als Kneipe fungierte, und palaverten, war eindeutig verrückt. Ein nächtlicher Strand war doch für Liebende da und nicht für Zecher! Aber da saßen sie im Lichtschein, der über ihre Köpfe hinweg den Strand wie ein Suchscheinwerfer bestrahlte, und setzten die Gläser an, schwatzten und plapperten, und plötzlich kreischen die Frauen, und ein paar Männerbässe machen Hohoho dazu. Es war schrecklich.

Ich drehe den Kopf zu ihr. Unsere Nasen berühren sich, ihre Zunge sucht meine Lippen. Die verdammte Zivilisation wollte zwar nicht, daß wir uns liebten, aber wir würden es trotzdem tun.

Von der Stelle neben der Küstenstraßen wo wir im Sternenlicht unser Abendbrot verzehrt hatten, waren wir schon vertrieben worden. Ununterbrochen waren die Autos vorbeigesurrt und -gebrummt. Lediglich eine mickrige Düne hatte sie davon abgehalten, uns mit ihren Scheinwerfern zu bestreichen.

Wir hatten eine Zeitung auf den Sand gebreitet, unseren Proviant daraufgelegt und uns im Schneidersitz davor niedergelassen. Meine Hand hatte zunächst auf ihrem Knie gelegen, doch nach einer Weile hatte ich ihr das bißchen Rock, das ihre Beine bedeckte, hochgeschoben und mich unter den Saum des Slips gezwängt. Wie großzügig war ich empfangen worden! Doch dann waren wieder Autos vorbeigefahren. Bei jedem hatten wir gelauscht: hielt der nun oder fuhr er weiter? Und dann hatte ihr Magen geknurrt, und wir hatten gelacht und die auf der Hutablage steinhart gebackenen Brotkanten in zerlaufenen Käse gestippt. Pißwarm in der Plastikflasche schwappendes Mineralwasser hatten wir dazu getrunken. Es war ein köstliches Mahl gewesen. Unverwandt hatten wir einander in die Augen gesehen und, nachdem der Käse alle war, unsere Finger ineinander verschlungen und den überzuckerten Himmel bestaunt. Wir hatten die unerreichbaren Sterne betrachtet, und es war ein Wunder, daß ihr Slip nicht einmal eine Armlänge entfernt war und die Lippen darunter sich durch die Berührung meiner Finger öffneten und feucht wurden.

Da sitzen die Leute nun also und trinken und erzählen sich ihre Geschichten. Wir waren naiv, zu glauben, der Strand sei für unsere Liebe da! Sie schmiegt sich an mein tagesbartrauhes Kinn, und wir wiegen uns im Hauch, der vom Meer herkommt. Mein Arm gleitet ihren Rücken hinunter. Stück um Stück raffe ich zwischen Daumen und Fingern den Rock zusammen. Sie macht einen kleinen Schritt nach außen. Kräuslig kräftig auf weichem Grund drückt es sich in meine Finger, teilt sich, ich rutsche, schlittere, gleite, schwimme ...

Wir stapfen am Rand des Lichtscheins den Strand hinunter. Als an den Tischen eine Pause entsteht, lauschen wir. Hatte uns einer erspäht? Nein, das Stimmengewirr hebt wieder an. Weiter! Schließlich sind wir allein. Zwei Steinwürfe entfernt steht still und verlassen die nächste Bude. Vor uns, unter einem Sonnendach aus Strohmatten, die Schatten klobiger Holztische. Ich fasse sie bei der Hand. Wir laufen zur Bude. Nichts rührt sich. Ich lehne sie gegen einen Tisch. Sie rutscht auf der Platte zurück, streckt sich aus, hebt die Hüften, pult sich nackt unterm Rock und stellt die Schenkel auf. Sie greifen nach mir wie ein riesiger, weicher Mund. Ich klettere auf die Tischplatte, nähere mich diesem Mund und lasse mich von ihm verschlucken. Das Warten! schießt es mir durch den Kopf. Wie gut das Warten gewesen war! Ohne die Behinderung durch die dumme, blöde Welt wäre dieser Augenblick nicht so unaussprechlich süß! In meiner Brust springen Tore auf. Ich fange an zu lachen, und sie läßt sich anstecken, wir schlingen die Arme umeinander und lachen und glucksen tausend Traurigkeiten, von denen wir vergessen hatten, daß sie in uns waren, in die Nacht hinaus. Das nächste Mal würden wir Gründe zu warten erfinden müssen!

Als wir auf dem Rückweg an der beleuchteten Bude vorbeikommen, sitzen die Leute noch immer da, und als wieder einer Hohoho macht, lächeln wir und spazieren, die ineinandergeschlungenen Finger zwischen uns schlenkernd, durch das Licht. Köpfe drehen sich. Ein Windstoß zaust ihr den Rock um die Beine, und ich bin besoffen vor Glück, als ich daran denke, daß diese Beine soeben noch für mich auseinandergeflogen sind und daß sie es wieder tun werden. Und wieder. Und wieder ...

Dieter Kopka, 51 Jahre

O heiliger Valentin

Er kam zehn Minuten früher. Daß er außer der Rose auch eine Flasche Sekt mitbrachte, signalisierte mir, daß er die Bedeutung dieses Tages ernst nahm. Ich freute mich insgeheim. Erst im vorigen Jahr – da hatte ich auf sein Klingeln hin durch den Spion in die samtenen Blütenblätter eine rote Rose gesehn – hatte ich durch ihn ja gelernt und zu fühlen bekommen, was es mit diesem Tag überhaupt auf sich hat.

Es traf sich gut: Die halbe Woche schon hatte ich Sehnsucht nach ihm gehabt, nach dem zärtlich gestimmten Liebsten, mit dem es sich so wunderbar selbstvergessen beieinander sein ließ. «Wie geht es deinem Valentin?» fragte ich und legte meine Hand sachte auf die Stelle seiner Sonntagshose, unter der sich sein Penis befand.

Er quasselte auch nicht gleich los, wie es häufig geschieht, wenn wir uns die ganze Woche über nicht gesehen haben und jeder dem anderen an der Tür schon ins Wort fällt, um etwas von der übermächtig erscheinenden Menge des Mitzuteilenden möglichst schnell loszuwerden. Wir verharrten dicht aneinandergedrängt. Meine Arme um seinen Hals geschlungen, näherte ich mich in meiner Vorstellung schon dem Zustand, in dem alles außerhalb unserer engen Berührung in die Bedeutungslosigkeit versinkt.

Aber dann fiel mir doch wieder das angebratene Broilerklein ein, das ich nach einem selbsterfundenen Rezept mit Suppengrün und Zwiebeln und Knoblauch gegart hatte, und das – er war ja zu früh gekommen – noch neben dem Reis auf dem Herd stand. Auch war noch zu würdigen, daß er Sekt mitgebracht hatte. Waren wir sonst durchaus mit einem Glas Wein aus dem Tetrapak zufriedenzustellen, so lag die besondere Bedeutung dieses Aktes weniger im Kulinarischen als vielmehr in der Symbolik für den heutigen Tag und Abend und allem, was sich damit verband.

In der Küche stand er hinter mir am Elektroherd und umfaßte meine Brüste, die mir nun, da sie gewichtig in seinen Händen lagen, wunderbar voll und rund vorkamen. Da ich jedoch mit dem Aufschneiden des Reisbeutels beschäftigt war, was mir in dieser Situation äußerst profan vorkam, hatte ich keine Möglichkeit, angemessen zu reagieren. Aber das mochte er offenbar: Selbst ungestört zu genießen und mich dabei heiß zu machen, ohne daß ich aber handlungsfähig, weil an den Herd gefesselt war. Also bog ich, zweigeteilt zwischen dem Wunsch, alles liegenzulassen, mich umzuwenden und mich an ihn zu drängen, und der Pflicht, das Essen auf den Tisch zu bringen, meinen Po weit nach hinten heraus und kuschelte mich, während vor mir der Reis dampfend in die Schüssel rieselte, wohlig in seine Lenden ein.

Zum Essen tranken wir aber nicht den Sekt, sondern erst einmal Bier. Durch den Tisch zwischen uns und das gemeinsame Essen und Erzählen wurde unser Verlangen nacheinander aber keineswegs abgeschwächt, sondern nur in stabilere Bahnen gebracht, im Grunde genommen also gesteigert. Ruhig und genießend gaben wir uns dem Mahl und dem Erzählen hin. Lediglich in unseren manchmal flüchtig und scheu in einandertauchenden Blicken blitzte etwas von unserem stillen Einverständnis über den Fortgang des heutigen Abends auf. Dieses gemeinsame Hintergrundwissen war es, das uns hellwach und aufmerksam füreinander machte und insgeheim all unsere Äußerungen und Gesten bestimmte. «Ich wollte dir noch erzählen, was ich in der ‹Allegra› gefunden habe», schob ich red- und bierselig das nächste Thema nach, «da war ein Report über heutiges Sexualverhalten abgedruckt und eine sehr offene Gesprächsrunde zu dem Thema.» – «Das erzählst du mir mal lieber nachher», unterbrach er mich fast beschwörend. Augenblicklich wurde mir bewußt, daß ich den Artikel nach einem flüchtigen Überfliegen des Inhaltsverzeichnisses ja auch tatsächlich nur im Hinblick auf das Beisammensein mit ihm, meinem Liebsten, aufgeschlagen und gelesen hatte und daß ich dabei ein enges Beisammensein im Sinn gehabt hatte, eines, das einem sonst kaum aussprechbare Wörter wenn auch nur zögernd und flüsternd über die Lippen kommen und zärtliche Berührungen zur Unterstreichung des Wortsinnes möglich werden läßt.

Ohnehin war ja nun auch der Zeitpunkt gekommen, sich des Sektes im Kühlschrank zu erinnern, obwohl er auch hier nur Symbol, Vorwand und äußerer Anlaß war, endlich vom Tisch aufzustehn und durch die lockere Sitzordnung einander ein wenig näher zu kommen. Er löschte das Deckenlicht und schaltete die Stehlampe ein, während ich die Sektflasche holte und zu den Gläsern auf den Couchtisch stellte. Dabei merkte ich, daß ich mich nach dem Bier zum Abendbrot genau im Zustand höchster Genußfähigkeit befand: ich war vertrauensselig und ein wenig träge, aber dennoch hellwach und äußerst empfänglich für sinnliche Reize. «Mach nur die Flasche auf und gieß dir was ein», sagte ich, «ich trinke höchstens noch einen Schluck.» Er schien diesen, meinen scheinbaren Verzicht nicht nur zu akzeptieren, sondern seinen Sinn haargenau zu verstehen und zu befürworten. «Ja», sagte er noch, «ist ja gut», aber da saß ich schon neben ihm auf der Couch, oder besser: Ich lag in seinen Armen und drängte mich an ihn, während sein Mund an meinem Hals genau an der Stelle hing, von der ein Nervenstrang aus Hingabe und Verlangen über das Herz direkt in den Schoß zu führen scheint. «Wenn ich auch nur noch einen Schluck trinke», brachte ich, halb in Trance schon, hervor, «dann rutsche ich von der Couch – vor deine Knie.» – «Mach doch», erwiderte er höchst einverstanden – und schon hockte ich vor ihm auf dem Teppich. Der niedrige Couchtisch mit der Sektflasche und den Gläsern hatte sich fast von selbst ein wenig zurückgeschoben.

In meinem Rücken zog er seine Hände vom Po zum Nacken hinauf, und indem ich, nach unten blickend, seine Massage hingebungsvoll mit dem Oberkörper nachvollzog, sah ich, wie sein Penis sich drall und eingeengt unter den Jeans abzeichnete. Erst öffnete ich den Reißverschluß seiner Hose, und dann zog er mir den Pullover über den Kopf, und dann, während er den Po ein wenig hob, streifte ich ihm die Jeans herunter und befreite sein eines Bein aus der Beengung. Als die Kleidung beseitigt war und sein Penis endlich zwischen meinen Brüsten lag, trat so etwas wie eine erste wohlverdiente Ruhe nach all den Mühen ein: Wir hatten uns endlich nackt. Ich hörte, wie ein leises, genießendes Stöhnen im Rhythmus des Atmens aus seiner Kehle kam.

Ich blickte auf, um in das Gesicht meines Liebsten zu sehn, und da er ganz der Berührung hingegeben seinen Kopf weit nach hinten gelegt hatte, sah ich von unten her nur seinen schlanken Hals mit dem ungeschützt herausragenden Kehlkopf und seine jungen, ein wenig aufgeworfenen Lippen, aus denen das leise Stöhnen kam. Da ging etwas wie ein Schauer durch meine Seele. Der Anblick des Jünglings, welcher mein Liebster war, rührte mich. Er mobilisierte all meine Gefühle von Zärtlichkeit und Behutsamkeit und gleichzeitig das Bewußtsein von der maßlosen Gefährdung, der so ein Wesen im Augenblick beglückender Hingabe ausgeliefert ist. Ich war wie gebannt. Unverwandt blickte ich auf den schlanken Hals und die blühenden Lippen. Die These von Sigmund Freud, wonach Liebe, wenn überhaupt, dann vielleicht von einer Mutter zu ihrem männlichen Kind möglich ist, fiel mir ein. Immerhin war mein Liebster ja aus der Generation meines Sohnes und ich konnte – ja, ich konnte immerhin seine Mutter sein.

Auch fiel mir jetzt ein, daß ich diesen Augenblick, wenn auch aus anderer Perspektive und in entgegengesetztem Zusammenhang, ja kannte: Der hintübergelegte schlanke Hals mit dem hervorstehenden Kehlkopf und das offene junge Gesicht mit den aufgeworfenen Lippen. Der Jüngling war ein toter Soldat, und er lag aufgefangen und aufgebahrt in den weiten Rockfalten seiner Mutter. Das überlebensgroße Mahnmal von Käthe Kollwitz befindet sich in der Halle der Neuen Wache in Berlin, und immer wenn ich dort in der Nähe bin, schaue ich es mir an. Ich gehe hinein und nähere mich in scheuer Ehrfurcht dem Kunstwerk, um es zu betrachten. Aber wenn ich es ahnend umkreise, wenn ich den gebeugten Rücken der wuchtig dahockenden Frau und in ihrem Schoß den Grund ihrer Passivität, den wunderschönen, wie schlafend daliegenden Jüngling – der schlanke Hals mit dem hervortretenden Kehlkopf, die aufgeworfenen jungen Lippen –, gesehen habe, dann springt etwas von der maßlosen Ratlosigkeit, welche von der Gruppe ausgeht, auf mich über. Tränen steigen in mir auf, Schmerz schnürt mir den Hals zu, und wenn der Zorn über die Touristen, die mit ihren Photoapparaten und Kameras die günstigste Perspektive für ihre Reiseandenken suchen, ein Ausufern meiner Anteilnahme an dem in Bronze gegossenen Fiasko nicht verhindern würde, dann würde ich endlos zu schluchzen beginnen …

Jedenfalls läßt sich nicht darüber hinweggehen, als wäre nichts geschehn. An meinen Liebsten geschmiegt blitzte mir wie in einer Gedenksekunde eine Ahnung von allem gewesenen und noch möglichen Leid dieser Welt durch den Kopf. Bestürzt mahm ich mein momentanes Glück als unverdient und ganz zufällig wahr. Doch als hätte ich mit diesem Innehalten bereits Absolution vor allen Leidtragenden und Betroffenen erlangt, vergaß ich die Bedingtheit des Glücks und all der Fährnisse dann auch gleich schon wieder. Die Zärtlichkeit meines Liebsten machte sie mich vergessen. Er hielt mich – wir waren inzwischen in einem geeigneten Moment unserer Einsicht gefolgt, daß wir jetzt aber endlich ins Bett gehören –, er hielt mich im Arm, und ich, die ich sonst im Leben ein wenig berührungsängstlich und daher eher spröde bin, ich empfand unendliche Lust dabei, seinen Berührungen bereitwillig entgegenzukommen und mich seinem Körper anzuschmiegen. Auch meine sonstige Neigung, auf die Vorgänge um mich her bewußt Einfluß zu nehmen, verging mir wieder einmal und wieder zu meiner eigenen Verwunderung ganz schnell. Diese Verwunderung war dann auch die letzte bewußte Wahrnehmung, zu der ich noch fähig war. Fast schon vergehend überließ ich mich, im bewährten Vertrauen darauf, daß er es schon richten wird, ganz und gar dem Management meines Liebsten.

Bis der Nachbar vier Meter von unserem Schlafzimmerfenster entfernt auf dem Hof draußen sein Moped anzutreten begann. Mitten in der Nacht (so glaubte ich, es war kurz vor neun), jedenfalls mitten in unserer Vertrautheit hinein, die doch – verdammt noch mal – auf der ganzen Welt nur uns beiden allein gehörte. Ich wußte, daß er den halben Tag an diesem Moped gebastelt hatte, bis es schließlich wieder angesprungen und fahrbereit gewesen war. Und ich wußte auch, daß er nun in betrunkenem Zustand – er war jeden Sonnabendabend betrunken – seinen Erfolg noch einmal auskosten wollte. Also ließ er, da sein Maschinchen ihm den Gefallen nicht tat, den Motor erneut aufheulen. Doch war dann wieder nur das lustlose Getucker zu hören, das nach einigen Seufzern in völlige Stille überging. Da befand ich mich schon auf dem schmalen Grat zwischen Trance und Wiedereingliederung in die Wirklichkeit. Zäh, wie Betrunkene sind, bestand der Mann aber auf Bestätigung seines Erfolgserlebnisses vom Nachmittag. Wieder heulte also der Motor auf und wieder ebbte das hoffnungsvolle Geräusch schließlich bis zur völligen Stille ab. Und wieder und wieder und wieder. «Ich bring ihn um», hauchte ich noch aus einer anderen Welt heraus, aber doch schon zu ersten gedanklichen Konsequenzen fähig, «ich bringe ihn um.» Draußen heulte der Motor auf. «Es geht nicht mehr», sagte kleinlaut mein Liebster. Doch dieser verbalen Äußerung hätte es schon gar nicht mehr bedurft.

Schließlich standen wir auf. Wir traten ans Fenster und sahen durch einen Spalt im Vorhang hinaus. Da stand er, der Mann, der mit seinem Maschinenlärm über unsere Entrücktheit niedergegangen war wie ein Hagelschlag auf ein erntereifes Feld. Ein wenig schwankend und verständnislos auf sein Maschinchen blickend, stand er im trüben Licht der Hoflampe, sprach sein Unverständnis wohl auch grüblerisch vor sich hin und trat wieder den Kickstarter nieder. «Das ist ja nur im Suff zu ertragen», sagte ich und dachte an die ungeöffnete Sektflasche auf dem Couchtisch nebenan. Mein Liebster schien ähnliche Gedanken zu haben, jedenfalls murmelte er etwas von «Ruhestörendem Lärm». Aber als wir uns gerade entschlossen hatten, den Abend irgendwie mit etwas anderem zu verbringen, resignierte der Mann. Traurig und troddelig und sich mühsam aufrecht haltend schob er das Moped ins Garageninnere, bockte es auf und verschwand im Haus.

Mein Liebster hatte nur seinen Slip und ich sein kariertes Hemd übergezogen, als wir ans Fenster getreten waren. In dieser Bekleidung gingen wir nun erst einmal ins Wohnzimmer und tranken ein Glas Sekt auf den Spaß, als der uns die Episode da draußen nun schon wieder erschien. Sogleich gingen mir die prickelnden Perlen ins Blut. Sie machten zwar meine Glieder schwer, meinen Geist aber übermütig. Jedenfalls äußerte ich den Verdacht, der heilige Valentin persönlich habe den Nachbarn mit seinem Moped vor unser Schlafzimmerfenster beordert. «Als retardierendes Moment zu unserem Schäferstündchen», sagte ich, goß uns ein zweites Glas ein und trat mit dem meinen ans Fenster. Mein Liebster erhob sich ebenfalls und trat ganz dicht hinter mich. Oh, und da spürte ich alles, was im äußersten Falle in den mit Steppnaht und Abnäher ausgearbeiteten vorderen Teil eines Herrenslips hineinpaßt. Mein Liebster streichelte damit mein Hinterteil, und zwar genau an dem kleinen Krater, der zwischen Pofalten und Oberschenkeln gebildet wird und einen Durchgang nach vorn ahnen läßt, also an der erogensten meiner erogenen Zonen ... Nur daß ich in solchen Momenten immer zu schwach werde, um stehend dagegenzuhalten und genießen zu können. «Mir ist kalt», hauchte ich und zog am Saum des karierten Hemdes, «mir ist kalt, wir müssen ins Bett.»

Im Bett amüsierten wir uns über Details der gar traurigen Geschichte vom Mopedfahrer. Zum Beispiel hatte er während seiner Startversuche unmittelbar vor dem geöffneten Garagentor gestanden, und zwar in Fahrtrichtung, und wir mutmaßten nun, was passiert wäre, wenn eine seiner Übungen Erfolg gehabt hätte ... Aber auf einmal, während wir redeten und lachten und redeten und lachten, bemerkte ich, daß wir uns schon die ganze Zeit über streichelten. Mein Liebster fuhr mir mit seiner Hand unentwegt über meine Schulter hin, derweil ich ihm, ohne es gemerkt zu haben, die Haare im Nacken kraulte. Vor Staunen über diese unbewußte Zärtlichkeit wurde ich ganz still. Da plötzlich hielt auch mein Liebster inne, und ehe wir uns besonnen hatten, brach ein Begehren über uns herein, das kein Reden und Denken mehr zuließ.

Einmal, mein Liebster hatte seinen Oberkörper über mir

hochgestemmt, kam es mir vor, als wären wir beide, er und ich, ein gemeinsamer Baumstamm, aus dem nur unsere oberen Körperhälften wie eine Astgabel auseinandergingen. Ich bog mich zu ihm hinauf, um ihm auch oben näher zu sein. Dann wieder, als er sanft zwischen meinen Schenkeln ein- und ausfuhr, brach ein Juchzen und Lachen aus mir heraus, das gar nicht enden wollte und ganz anders war als das Lachen im Alltag. Es brachte sogar meinen Liebsten dazu, ein wenig mitzulachen.

Irgendwann, während mir immer wieder die Sinne vergingen, hörte ich mich auch laut und unaufhaltsam stöhnen, derweil mein Körper wohl zuckend und lechzend seine Naturgesetze vollzog. Es war zwischendurch auch immer wieder ein watteweiches, wunderbar süßes Gefühl im ganzen unteren Bereich. Orgasmus? Was weiß ich.

Jedenfalls läßt sich das so Geschehende nicht wirklich erinnern oder beschreiben, wie sich ja auch das Glück nicht rekonstruieren oder festhalten läßt. Aus jenem anderen Reich, wenn man daraus auftaucht, kommt nichts mit herüber, und schon mit dem ersten halbwegs vernünftig gesprochenen oder auch noch geflüsterten Wort verwandelt sich die eben noch endlose Gegenwart hinter einem bereits in Vergangenheit. Noch war zwar das watteweiche, wunderbar süße Gefühl in mir, noch wirkte das Glück leibhaftig in mir nach, doch machte sich im Unbewußten wohl schon die Erfahrung breit, daß der nächste und übernächste Tag so wie eigentlich alle Tage ein Alltag ist. Nur mochte ich noch keinen Finger rühren.

Aber da, als ich so ermattet und windelweich im Arm meines Liebsten lag, brach noch einmal meine Seele auf, ruhig und groß dieses Mal und aus einer Tiefe heraus, in der verborgener noch und länger als alles Körperliche etwas von mir versiegelt gewesen war. Während mir Tränen in die Augen traten, stieg unaufhaltsam ein Schluchzen aus meinem Inneren auf, ein

Schluchzen, das sich weder begründen noch erklären ließ. Es war wohl auch etwas von den Klagelauten dabei, die sich beim Anblick der Kollwitzschen Mutter mit dem toten Soldaten nicht hatten entladen können. Doch schien in dem Gefühl, das sich da Bahn brach, auch etwas von dem Juchzen der Lust enthalten zu sein, das mein Liebster mit seinen Penisstößen eben noch bei mir ausgelöst hatte. Es war ein Auflösen jeder Spannung, ein Juchzen und Schluchzen zugleich, und es schien an der uralten Erfahrung zu rühren, daß Trauer und Lust, Freude und Leid, Geboren-Werden und Tod aus einem gemeinsamen Ursprung kommen. Mit tränennassem Gesicht und von Seufzern geschüttelt spürte ich neben mir wach meinen Liebsten liegen, wohlwissend, wieviel Training und Selbstbeherrschung für ihn nötig waren, um sich mir jetzt, da er sich naturgemäß hätte auf die Seite legen und schlafen können, dennoch zuzuwenden, wohlwissend auch, daß ich dieses liebevolle Gesicht vertrauensvoll annehmen darf. Dankbarkeit stieg in mir auf.

Mein Liebster, er war ein wunderbares Geschenk für mich. Allein durch ihn war ich jetzt ruhig und glücklich. So ruhig und glücklich, daß ich mich selbst nun auch in den Schlaf gleiten lassen konnte. Schon auf der Grenze zwischen Wachen und Schlaf glaubte ich aber, daß unbedingt noch etwas gesagt werden müsse, eine Art Bekenntnis vielleicht, oder ein Gebet, etwas jedenfalls, das alles, einfach alles, was mir an diesem Abend geschehen war, zum Ausdruck brachte. Wollte ich Unaussprechbares etwa doch aussprechbar machen? Wollte ich vielleicht doch noch ein Stäubchen vom Glück in den Alltag hinüberretten? Mein Liebster lag, ein Lächeln auf den leicht geöffneten Lippen, neben mir. Er atmete tief und ruhig. «O, heiliger Sankt Valentin», murmelte ich nur noch schlaftrunken vor mich hin. – Obwohl das doch eigentlich eine Tautologie darstellt.

Erika Wollanik, 55 Jahre

Im Zug

Es war einer dieser heißen Juliabende, an denen einem schon im Sitzen der Schweiß ausbricht. Ich hatte den Nachtzug nach Genua genommen. Das Abteil, das ich betrat, war leer, und sofort begann ich, mir in Anbetracht der zu erwartenden langen Bahnfahrt alles so bequem wie möglich zu machen. In Berlin stieg eine Frau zu, die wohl Ende Dreißig sein mochte. Ihre schwarzen Haare umrahmten ein ebenmäßig geschnittenes Gesicht, das von den leuchtend grünen Augen und einem relativ breiten Mund mit ziemlich vorgewölbten Lippen dominiert wurde. Sie trug ein bordeauxrotes Seidentop, dazu einen ihre schlanke Figur umschmeichelnden hellen Seidenrock, unter dem sich schwarze Netzstrümpfe in geheimnisvollen Tiefen verliefen. In ihren hochhackigen, hellen Sandalen bewegte sie sich mit ihren langen Beinen so sicher, als wären diese Teile ihres Körpers. Ihre Lenden verströmten einen schweren süßlichen, aber auch gleichzeitig erdhaften Geruch, so daß ich sofort wußte, daß sie gerade ihre Tage hatte. Sie nahm mir gegenüber Platz.

Wir machten uns bekannt. Geschickt brachte ich das sich entwickelnde Gespräch auf das Thema Menstruation, indem ich ihr von meinen Reisen in ferne Länder erzählte und über die Rituale berichtete, die junge Mädchen durchlaufen müßten, die zum erstenmal ihre Tage bekämen. Das Gespräch schien ihr überhaupt nicht unangenehm, und so wurde es zunehmend vertraulicher. Ich sagte ihr, daß ich gleich an ihrem Körperduft festgestellt hätte, daß sie zur Zeit menstruierte. Ein seltsamer Schimmer trat in ihre Augen, als sie zugab, daß ich dies richtig wahrgenommen hatte. Aber anstatt sich daraufhin zu verschließen, wie andere Frauen es vielleicht getan hätten, erzählte sie mir, als ihre Scheide noch ganz eng gewesen war, sie manchmal Unterbauchkrämpfe gehabt hatte. Dies wäre jedoch nach der Geburt ihres Sohnes völlig verschwunden und jetzt wären ihre Tage eine Zeit, in der sie sich ganz besonders weiblich fühle, eine Zeit, in der ihr die verrücktesten Ideen in den Kopf kämen.

Da sie so offen war, erwiderte ich ihr, daß mich seit der Kindheit menstruierende Frauen faszinierten und ich mir häufig von meiner Mutter oder Schwester Binden aus dem Wäscheschrank genommen, sie in meine Unterhose gelegt hätte, um mich dann mit der bauschenden Watte an meinen Genitalien wie trunken vor Lust zu fühlen. Anschließend hätte ich die Binden nur ein bißchen naß gepinkelt, um die Weichheit zwischen meinen Schenkeln durch den Reiz der Feuchtigkeit zu erhöhen.

Die Frau war während meiner Erzählung unruhiger geworden. Ihr Atem ging schneller und an ihrem Hals sah ich die Schlagader pulsieren. Sie war auf dem Sitz etwas nach vorn gerutscht, hatte die Beine leicht abgewinkelt, so daß ich ihr in der inzwischen dämmrigen Atmosphäre, die im Abteil herrschte, ungeniert zwischen die Beine gucken konnte. Wie erregt wurde ich aber, als ich gewahrte, daß die Frau nur eine Netzstrumpfhose trug, in deren Zwickel sie eine große Binde befestigt hatte. Ich konnte deutlich sehen, wie die weiße Watte die zarten Muster der Strumpfhose vorbauschte.

Auf einmal fragte mich die Frau mit etwas rauher Stimme, ob ich auch eine oder zwei Binden von ihr haben wollte. Mit einem merkwürdigen Kloß im Hals nahm ich die angebotenen Binden, zog meine Hose runter, legte sie ein und genoß das unbeschreiblich weiche Gefühl zwischen meinen Schenkeln, das leichte Reiben an Penis und Hoden. Diese Reize verfehlten ihre Wirkung nicht und bald wölbten nicht nur die Binden meine Unterhose vor, sondern auch ein kräftiger Ständer. Schnell zog ich die Vorhänge des Abteils zu.

Die Frau hatte ihren Rock inzwischen ganz hoch geschoben, und mit halb geschlossenen Augen, aus denen sie mich jedoch noch immer beobachtete, begann sie mit ihrer Hand ganz leicht über ihre langen, schönen Beine zu streicheln, bis sie am Zwickel ihrer Strumpfhose angekommen war. Sie massierte ihre Schamlippen und ihren Kitzler, indem sie mit wenig Druck in leicht kreisenden Bewegungen ihre Binde auf- und abwärts schob. Ein intensiver, aber guter Duft ging von ihrem Schoß aus, als die Ränder der Binde sich langsam dunkelrot zu verfärben begannen und die feuchte, inzwischen schwere Watte die Strumpfhose etwas nach unten wölbte. Ein Stöhnen der Lust ging von der Frau aus, als sie meine Hand nahm und auf den Platz legte, den vorher ihre eingenommen hatte. Noch immer konnte ich ihre Schamlippen nur erahnen, und so begann ich sie zunächst weiter sanft zu massieren, wie sie es angefangen hatte. Auch ihre Hände blieben nicht müßig, denn sie nahm meinen inzwischen knallharten Pimmel, wickelte ihn in eine Binde ein und begann ihn damit rhythmisch zu massieren. Auch ich fing jetzt an zu keuchen. Unser Gestöhne erfüllte das Abteil.

Dann machte ich mich frei, zog der Frau die Strumpfhose herunter und begann sie zu lecken, während ich ihr parallel zwei Finger in die Scheide steckte und rhythmisch auf und ab bewegte. Mein Gesicht war vergraben in ihrem Schoß, von ihrem Liebessaft benetzt, den sie so reichlich verströmte. Nicht lange dauerte es und ein erster intensiver Orgasmus durchpulste sie wie ein Blitz, noch lange gefolgt von innerem Beben und Flattern in ihrem Schoß. Wie ein dunkelbrauner Quell drang aus ihre Liebesgrotte der Saft des Lebens und der Liebe. Zart tauchte sie ihre Hand darin ein und begann meinen Penis damit einzureiben, ja, meinen ganzen Unterkörper. Ich genoß es ausgesprochen. An der Reaktion meines Pimmels sah sie die Wirkung ihrer Handlung. Geschickt führte sie meinen Penis in ihr weit klaffendes Geschlecht ein, und sofort begann ich mich in der warmen Höhle einzurichten, auszudehnen, groß und stark zu werden. Ihre gemischten Säfte wirkten wie Öl auf meinen Kolben, der jetzt in gleichmäßigem, tiefem Takt in ihr schwang. Schneller und schneller wurde unser Rhythmus, schwungvoll und voller Leidenschaft stemmte sie mir ihr Becken entgegen, ließ es um meinen Schwengel kreisen. Kurz bevor wir beide in einem unbeschreiblichen Orgasmus kamen, steckte ich ihr einen meiner Finger in den von ihren eigenen Säften gut geschmierten Anus. Lange blieben wir so liegen, streichelten und küßten uns.

Dann standen wir auf und brachten unsere Kleider in Ordnung. Auf dem Sitz war ein verräterischer rotbrauner Fleck zurückgeblieben. Ihre gebrauchte Binde hatte ich als kleine Erinnerung in meinem Gepäck verstaut. Als sie auf die Toilette wollte, weil sie nach dem Liebesakt immer so richtig pinkeln mußte, verschloß ich rasch die Tür und bat sie, sich vor mir im Zugabteil zu erleichtern. Ein schelmischer Ausdruck erschien auf ihrem Gesicht. Sie zog den mittleren Sitz des Abteils aus, bedeutete mir, mich hinzulegen, und grätschte mit ihren langen Beinen so über den Sitz, daß ich den Zwickel ihrer Strumpfhose mit der neuen Binde darin unmittelbar vor meinem Gesicht hatte. Ich sah, wie ihre Bauchdecken sich spannten. Doch zunächst ließ sie mir nur kleine Mengen Urin, so daß ihre Binde schwer wurde und mir über der Nasenspitze hing. Vorsichtig schob ich die Watte beiseite und hatte nun den vollen Anblick der tiefen Lusthöhle, die sich unmittelbar vor meinen Augen öffnete, von einem wunderbar wilden Strauchwerk von Haaren umgeben. Inzwischen konnte die Frau ihre Fluten nicht länger zurückhalten, und wie bei einem gebrochenen Staudamm ergossen sich ungeheure Ströme durch die Strumpfhose über mein Gesicht. Glücklich schleckte ich so viel ich konnte und leckte ihre Schamritze anschließend trocken. Solch eine Dusche wünschte ich mir häufiger, sagte ich zu ihr. Freundlich erwiderte die

Frau, daß dies kein Problem wäre, gab mir Adresse und Telefonnummer und verließ daraufhin, nachdem sie sich aus ihrem Koffer neu eingekleidet hatte, mit einem Lächeln auf den Lippen mein Abteil, das inzwischen getränkt war von all unseren verschiedenen Säften. Auch ich suchte mir ein neues Abteil, nachdem ich die Folgen unseres Abenteuers vergnügten Herzens aus meinem Gesicht und Äußerem getilgt hatte.

Obwohl das Thema Menstruation immer wieder in meinen Phantasien auftaucht (verbunden mit den dazu gehörigen Fetischen), fühle ich mich als Mann ganz wohl. Ich verbinde mit der Menstruation nichts Ekeliges, übel Riechendes oder Unnatürliches, sondern im Gegensatz dazu einen äußerst natürlichen Vorgang, der genauso dazu gehört wie die Speichelproduktion in unserem Mund. Gleiches gilt für mich im übrigen für das Pinkeln, das mich bei Frauen immer besonders erregt, besonders aber, wenn dies in unerwarteter oder von den äußeren Umständen schier unmöglichen Umgebung passiert. Auch wenn manch einer eine den anderen verletzende oder gar quälende, auf der anderen Seite vielleicht eine masochistische Tendenz aus meinen Phantasien entnehmen könnte, so verbinde ich doch gar nichts Derartiges damit, sondern für mich geht es immer um das Teilen der Intimität, die den angesprochenen Vorgängen normalerweise anhaftet. Außerdem ist für mich der homo sapiens in erster Linie schon immer ein homo ludens gewesen. In diesem Sinne will ich meine sexuellen Phantasien auch verstanden wissen. Ich könnte noch ganze Blöcke mit meinen Phantasien füllen, doch mag dies für heute reichen.

T. H., 35 Jahre, Arzt

Der Ruf der Seide

Das Publikum schiebt sich durch die Eingangstüren. Überall Gelächter, aufgeregtes Gerede. In den Colliers der Damen reflektiert das Licht der Kronleuchter. Parfumwolken schmeicheln der Nase. Er nimmt Mara an der Hand und führt sie zielstrebig durch die schnatternde Masse. In der zweiten Reihe finden sie ihre Plätze.

Dumpfe Laute verraten, daß hinter dem Bühnenvorhang noch gearbeitet wird. Die Geigen werden eingestimmt. In wenigen Minuten wird sich der Vorhang für *Rigoletto* heben. Er lehnt sich zurück und versinkt in Gedanken. Mara sucht etwas in ihrer Handtasche – großes Durcheinander (weiblich chaotisch ...). Schließlich findet sie die Puderdose. Ruhe kehrt ein, das Licht wird schwächer.

Das laute Rascheln hinter ihm läßt ihn aufschrecken. Warum schaffen es manche Leute nie rechtzeitig in die Oper? Er will den Kopf drehen, um die lärmenden Leute mit einem vorwurfsvollen Blick zu strafen, spürt jedoch Maras Hand im Nacken, die er noch gar nicht registriert hatte. Es ist ihr Geburtstag. Auf dem Frühstückstisch, neben den roten Rosen, lagen zwei Karten für *Rigoletto*. Er fragt sich oft, warum Mara so eine Leidenschaft für Verdi-Opern hat. Wieder dieses Knistern. Ein Seidenkleid offenbar. Ob die Dame hinter ihm wohl endlich mal zur Ruhe kommt? Wann hatte er zuletzt über ein Seidenkleid gestrichen? Es mußte eine Ewigkeit her sein. War es vielleicht beim Abschlußball damals, beim ersten Tanzkurs? Inzwischen liegt der Saal in gespanntem Dunkel. Neben sich erkennt er die Konturen von Maras schlankem Gesicht. Gebannt strahlt sie zur Bühne. Der Pagenschnitt steht ihr besser als die langen Haare. Ihr Hals schimmert im Dämmerlicht. Gerne würde er sich jetzt daran festsaugen. Er nimmt ihre Hand von seinem Nacken und küßt ihre Finger. Mara wendet sich verblüfft zu ihm um. Das Orchester spielt die Ouvertüre.

Hat sie ein Seidenkleid? Plötzlich nimmt diese Frage von ihm Besitz. In Gedanken durchstöbert er ihren Kleiderschrank: Wintermäntel, Trenchcoat, Swinger, einige Blazer, der scheußliche Hosenanzug, von dem sie sich nicht trennen kann, ungezählte Blusen. Die cremefarbene könnte aus Seide sein. Oder doch nur Viskose? Mara hat ihm irgendwann mal ausführlich die verschiedenen Stoffe erklärt – vor allem, wie man sie zu waschen hat. Er hatte damals eine mittlere Katastrophe verursacht. Warum Maras heißgeliebte Leinenbluse die Wäsche nicht überlebte, hat er bis heute noch nicht begriffen.

Er liebte ihre Wutausbrüche: die glühenden Augen, ihr erregtes Timbre, ihre zu Schutzschilden anschwellenden Brüste. Wenn sie wüßte, daß er in solchen Augenblicken am liebsten über sie herfiele, ihr den Mund mit Küssen verschlösse, in sie dränge – sie wäre wahrscheinlich nie wieder wütend. Sie würde nie verstehen, daß er ihren Ärger stimulierend findet. Wahrscheinlich wäre sie in ihrer weiblichen Ehre gekränkt. Hinter ihm fällt ein Programmheft zu Boden. Die Seide raschelt, kommt näher. Sie bückt sich vor. Ein zarter Hauch weht ihn an: Frauenhaut nach einem langen Herbstspaziergang.

Das Mädchen hieß Isabel. Sie war eher unscheinbar. Als das Los auf ihn fiel, war er nicht sonderlich begeistert von der Vorstellung, ausgerechnet sie auf den Abschlußball begleiten zu müssen. Sie stand mit einem brombeerfarbenen

Seidenkleid in der Haustür. Ein Ärmel war leicht von der Schulter gerutscht. Schwarze Spitze fesselte seinen Blick. «Schön, daß du da bist», sie lächelte ihn damals an. Der Ball war sterbenslangweilig. Ihn hielt nur der Wunsch, Isabel anfassen zu können. Die Komposition aus Mädchenhaut und Seide elektrisierte ihn. Er wollte sie für jeden Tanz. Während des Heimwegs stammelte er nur dummes Zeug ...

Mara hüstelte neben ihm. Sie zupft ihn am Ärmel. «Hast du gemerkt, wie der Bariton gerade gepatzt hat?» flüstert sie. Er nickt und tut so, als würde er gespannt das Stück verfolgen.

Vor der Gartenpforte eröffnete ihm Isabel, daß ihre Eltern verreist seien. Sie könnte ihm einen Kaffee kochen. «Ja, äh, warum nicht», oder irgendwas Derartiges muß er wohl gestammelt haben. Auf jeden Fall saß er kurz darauf in einem bürgerlichen Wohnzimmer, vollgestopft mit Büchern und Antiquitäten. Hinter ihm schlug eine mit barocken Putten verzierte Uhr über dem Kamin. Isabel brachte Kaffee, dazu zwei Gläser Whiskey aus Vaters Vorräten. Sie lümmelte sich in die Couch, streifte die schwarzen Pumps ab und legte die Füße übereinander. An ihren Beinen rutschte das Kleid hoch. Als er auf ihrer weißen Haut die schwarze Spitze ihres Strumpfhalters sah, stand er, schüchtern wie er damals war, auf und tat so, als inspiziere er die Büchersammlung. Dabei erzählte er irgendeinen Quatsch über die bevorstehenden Prüfungen. Ihre Augen fixierten ihn. Waren es ihre blauen Augen oder ihre Worte, die ihn dazu brachten, sich schließlich zu ihr zu setzen. Es ist ihm, als sei es gestern gewesen: Sie nahm ihm die Brille ab, gab ihm einen Kuß auf die Nasenspitze. Bevor er sein Glück begreifen konnte, spürte er schon ihre Zunge auf seinen Lippen. Frech und forschend erkundete sie seinen Mund. Ihre Finger spielten in seinem Haar, während er seinen ganzen Mut zusammennahm, um seine Hand in ihr Dékolleté zu schieben. Bei dem Versuch, ihr Kleid zu öffnen, muß er sich ziemlich dumm angestellt haben. «Laß es zu», befahl sie ihm flüsternd, nahm seine Hände und führte sie zwischen ihre Beine. Er spürte die Feuchtigkeit ihrer Scham. Sie hatte keinen Slip an.

Und Mara? Manchmal war auch sie unter ihren langen Kleidern nackt. Slips würden sie kneifen, hatte sie ihm erklärt. Außerdem liebte sie es, an warmen Tagen den kühlen Stoff zwischen ihren Beinen zu spüren – oder den Wind, wenn er in ihren Schamhaaren spielt.

Mit der Hose zwischen den Knien glitt er in sie. Sie bäumte sich stöhnend auf. Er weiß noch, daß ihre Strumpfbänder sich lösten. Und daß er viel zu schnell kam, dabei auch noch die Hälfte der Ladung auf ihrem Seidenkleid landete. Halbausgezogen, wie er war, kam er sich unglaublich lächerlich vor. Sie stöhnte, biß ihm ins Ohr und stieß ihn von sich. Hatte er sich so dumm angestellt? Blaß vor Peinlichkeit stammelte er irgendwas von «Entschuldigung». Er meinte, er habe etwas gutzumachen und stümperte mit seinen Fingern zwischen ihren Beinen herum. «Nein», hörte er sie sagen. Sie kniete sich über ihn, nahm seinen Schwanz und saugte und lutschte daran, bis er sich tausend Tode sterbend in ihren Mund ergoß. Sie verbrachten noch einige Nächte miteinander, bevor sie sich aus den Augen verloren. Sie war wohl in eine andere Stadt gezogen.

Das Rascheln der Seide hinter ihm bringt ihn zurück in die Oper. Die Kronleuchter erhellen langsam den Raum. Mara streicht ihm über die Wange. Ob das Kleid brombeerfarben ist? Beim Aufstehen dreht er sich um. Der Herr hinter ihm ist leicht ergraut. Er trägt ein weißes Seidenvolanthemd

Christine Teufel, 28 Jahre, Steuerfachwirtin

Photo: Rudi Ulm

Heimfahrt

Es war wieder eines dieser Wochenenden, die zu schön sind, um zu Ende gehen zu dürfen. Aber es ging natürlich trotzdem zu Ende.

Wir hatten wunderbare Tage miteinander verbracht, hatten Zeit und Muße, das Zusammensein in vollen Zügen zu genießen. Wahrscheinlich fiel es uns gerade deshalb so schwer, Abschied zu nehmen. Wir konnten einfach nicht voneinander lassen und schliefen noch ein letztes Mal zusammen, bevor sich unsere Wege bis zum nächsten Wochenende wieder trennten. Wir waren so intensiv miteinander beschäftigt, daß wir die Zeit vergaßen und ich beinahe meinen Zug verpaßt hätte, wenn wir - nach einem flüchtigen Blick zur Uhr - nicht sofort aus dem Bett, in die Klamotten und mit Sack und Pack ins Auto gesprungen wären.

Abgehetzt erreichten wir den Bahnhof. Ich verfrachtete mein Gepäck ins Abteil, und wir verabschiedeten uns in aller Eile auf dem Bahnsteig.

Als sich der Zug in Bewegung setzte, und ich langsam zur Ruhe kam, beschlich mich das Gefühl, jeder müsse mir ansehen, daß ich quasi gerade eben noch Sex gehabt hatte. Für Kämmen und Waschen war keine

Zeit mehr gewesen, also sah ich etwas wirr auf dem Kopf aus und war überzeugt, meinen Mitreisenden könne der Geruch unserer Körperflüssigkeiten nicht entgehen. Interessiert schaute ich mir die Leute um mich herum an, aber mir fiel nichts Besonderes an ihrem Verhalten auf, also schien auch ihnen nichts an mir aufzufallen.

Oder vielleicht doch? Ich merkte, daß mir der Gedanke, man könne mir mein noch frisches, sexuelles Erlebnis ansehen, Spaß machte und einen nachträglichen Kick mit sich brachte. So schaute ich den Leuten offen ins Gesicht und dachte: «Wenn ihr wüßtet ...», und genoß die Vorstellung, sie könnten tatsächlich etwas wissen oder zumindest erahnen.

Mir selber war das Erlebte durch die Feuchtigkeit zwischen den Schenkeln und den Geruch nach Orgasmus noch so gegenwärtig, daß es mir nicht schwerfiel, mich meinen erotischen Gedanken hinzugeben und dadurch eine der bisher angenehmsten Heimfahrten zu erleben.

K. F., 26 Jahre weiblich, Fremdsprachenkorrespondentin

In der

Wir sind ein gestandenes Ehepaar. Meine Frau ist 40 Jahre alt, ich habe kürzlich mein 41. vollendet.
Seit einigen Jahren begegnen wir dem sexuellen Abschwung im Ehealltag durch bizarre Kostüme und Praktiken und beziehen daraus große Lust. Ein Freund von uns besucht mit seiner Verlobten regelmäßig einen privaten Sexkreis, wo auch bizarre Spiele stattfinden. Wir lassen uns gerne von diesen Sitzungen berichten, möchten aber nicht in diesen Kreis eintreten. Wir lehnen uns aber gerne mit unseren Phantasien an die Ereignisse im Sexkreis an. Ich schreibe mittlerweile kleine erotische Geschichten, die ich anschließend als eine Art Hörspiel, mit Musik und Geräuschen unterlegt, auf Tonband-Cassetten übertrage. Wenn ich mit meiner Frau Sex habe, lasse ich manchmal eine von diesen Cassetten zu unserer sinnlichen Stimulierung laufen. Das macht meine Frau stets gewaltig an. An ihrer erhöhten Lust potenziert sich dann auch meine Lust. Manchmal nimmt sie das fiktive Geschehen so sehr gefangen, daß sie die Wirklichkeit vergißt, besonders geil stöhnt und sich enthemmt und obszön verbal in das Hörspiel mit einbringt, etwa die Hauptdarstellerin, das Objekt der Begierde, gibt. Ich spiele dann alle die Männer, nach denen ihre Phantasie verlangt.

Kostprobe gefällig? Bitte sehr!

Tiefgarage

Es ist Sonnabend. Gegen 23 Uhr fährt eine schwere Mercedes-Limousine am Pförtnerhäuschen einer namhaften Spedition vor. Am Steuer sitzt eine Dame von etwa 45 Jahren, die ihre Augen hinter einer großen Sonnenbrille versteckt. Sie ist dezent geschminkt, gibt sich cool (obwohl ihr Herzschlag tobt). Ihr dünner Mund steht für Unnahbarkeit.

Der Pförtner ist heute abend kein richtiger Pförtner, aber das weiß die Frau vor der Einlaßschranke nicht. Er benimmt sich indes, wie sich ein guter Pförtner zu benehmen hat, prüft den eigens für diesen Abend ausgestellten Zugangsberechtigungsschein und winkt Madame durch.

Als der Wagen die Einfahrt zur Tiefgarage hinabtaucht, löscht der «Pförtner» das elektrische Licht in seiner Bude, schließt rasch die Tür zu und hastet zu einem Nebeneingang der Tiefgarage. Gilt es doch für ihn, nichts von den Geschehnissen der nächsten Minuten zu verpassen!

Der Pseudo-Pförtner trifft schweratmend an einer bestimmten Stelle im Treppenhaus der Tiefgarage ein, wo bereits fünf andere Männer zwischen 40 und 55 Jahren als Rocker verkleidet auf ihn warten. Schwarze Lederhosen und Lederjacken auf nackter, gebräunter Haut, Ledermützen, Nieten und Ketten, schwarze Sonnenbrillen. Der «Pförtner» bleibt seinem Habitus treu, setzt nun ebenfalls eine Sonnenbrille auf.

Die Gruppe hat Whisky-Soda aus Pappbechern getrunken. Der «Pförtner» zieht nach. Dann luschern alle vorsichtig um die Ecke auf die Parkfläche, wo in der Mitte der silberne Mercedes angehalten hat. Die Beleuchtung ist funzelig, aber ausreichend, um zu erkennen, daß Madame ihr Handy benutzt. Letzte Anweisungen des Gatten, der heute nicht in der Spielschar vertreten ist? Abstimmung mit einer Freundin?

Als wenn bei Filmaufnahmen der Regisseur «Action» gerufen hätte, öffnet sich die Autotür auf der Fahrerseite. Glanzbestrumpfte, wohlgeformte Beine tasten sich auf den ölgetränkten Zementfußboden. Wären die Männer dichter am «Objekt der Begierde» gewesen, hätten sie den breiten Spitzenbesatz ihrer halterlosen teuren Strümpfe bewundern können, der unterhalb des Rocksaums ihres Minis zutage tritt.

Die Kleidung von Madame ist vom Feinsten. Mausgraues Kostüm, absolut knitterfrei, farblich passende Strümpfe, unter der Kostümjacke ein hochgeschlossener grauseidener Body, hochhackige silberne Pumps.

Madame blickt sich um. Sie sucht im Boden den Gully, durch den gewöhnlich das Abwasser fließt, wenn der Hausmeister die Garage mit dem Schlauch reinigt.

Als sie ihren Zielort ausgemacht hat, begibt sie sich mit schwingenden Schritten dorthin, schiebt sich den Minirock hinauf auf die Hüften und zieht sich den taubengrau schimmernden Seidenslip hinab in die Kniekehlen. Dann hockt sie sich breitbeinig hin, hält mit einer Hand den Slip schräg nach oben weggereckt, zielt und beginnt, sich in einem strammen Strahl in den Abfluß im Fußboden zu erleichtern.

Sie hätte es nicht länger aushalten können. Drei große Flaschen Mineralwasser in einer Stunde, um ja den Effekt zu garantieren, der das «Spiel des Abends» einläuten soll.

Der Strahl nimmt kein Ende. Sie hält ihre Augen geschlossen, fühlt die Befreiung ihrer bis noch vor wenigen Sekunden bis zum Platzen gefüllten Blase. Sie erinnert sich plötzlich, daß sie damals nach der Geburt ihrer Tochter sich über viele Monate gezwungen hatte, viel zu trinken, um möglichst lange in ihren Brüsten genügend Milch für den Säugling bereitzustellen.

Da reißt sie die Wirklichkeit aus ihren Empfindungen! Die «Rockerbande» bringt sich ins Spiel. Johlend kommen die kostümierten Männer hinter den Stützpfeilern hervor und laufen auf sie zu.

Madame tut entsetzt, kommt auf die Beine, zieht sich den tiefhängenden Slip aus und wirft ihn in die Gegend. Dann hastet sie in Strapsen und mit Rock hoch auf den Hüften zu ihrem Auto, springt hinein. Die Männer lassen ihr regiegetreu einen ausreichenden Vorsprung, damit Madame noch schnell die Autotüren zentral verriegeln kann, bevor sie am Wagen eintreffen und sich ringsum verteilen. Sie holen aus einer Ecke der Garage zwei große, leere Benzinfässer. Je ein Faß wird vor und hinter dem Auto aufgestellt, um zu verhindern, daß sich Madame unbeschadet aus dem Staub machen kann.

Einer der Männer hebt ihren Slip auf, tritt dicht an die verschlossene Fahrertür heran, holt ungeniert mit faunischem Grinsen sein steifes Glied aus der Hose und reibt wollüstig das feine seidige Stück an seinem Ständer. Anschließend beschnüffelt er intensiv das dünne Stück Stoff.

Die sechs Männer sind im Zivilleben wohlbestallte Ärzte, Rechtsanwälte, Makler und Antiquitätenhändler. Jetzt am Abend zu erotischem Spiel in Leder gewandet, vergessen sie ihre gute Kinderstube, agieren sie rüpelhaft. Sie fordern Madame auf, sofort das Auto zu verlassen, damit sie von ihnen allen so richtig durchgefickt werden kann.

Die Männer rütteln von allen Seiten an der Karosserie. Das Auto schaukelt heftig. Alle exponieren ihre steifen Schwänze, prahlen Madame an, sich doch pfählen zu lassen. Solche Chance würde ihr nie wieder geboten!

Madame betätigt den elektrischen Fensterheber. Es bildet sich oben am Seitenfenster ein etwa 1 cm breiter Spalt, durch den Verhandlungen möglich werden. Obszöne Vorschläge erreichen ihr Ohr. Sie beginnt unten zu saften! Ihre Tugend steht auf dem Prüfstand! Sie ist nahe daran, es zum Äußersten kommen zu lassen, sich auf der noch warmen Motorhaube ihrer aufgekommenen tiefen Gier dranzugeben. Sie hat nicht erwartet, daß die Szene um ihr Auto solche Anmutung verbreiten und sie so in Versuchung führen würde! Wenn sie sich jetzt das verlockende Vergnügen gönnte; würden die Männer genießen und schweigen und dem Gatten nichts verraten? Noch ein kleiner Hauch Geilheit mehr, der in ihr Gemüt sickerte, und sie wäre gefallen! Es kommt nicht dazu. Sie hat dem Gatten versprochen, höchst stimuliert, aber ungefickt, zu ihm nach Hause zu kommen und mit ihm das Finale zu erleben. Sie besiegelt ihren Entschluß, indem sie den Gatten per Handy anruft und auf ihre Ankunft vorbereitet. Sie läßt den Gatten über das Telefon an den Schlußszenen in der Garage teilhaben.

Madame hat das Autofenster wieder dicht verschlossen. Sie streckt ihre langen Beine von sich, rekelt sich im Sitz und faßt sich lasziv wie Madonna bei ihrem Skandalauftritt zwischen ihre Beine, streichelt sich provokativ. Madame blickt jedem da draußen tief in die Augen. Die Männer sind dicht an die Fensterscheiben des Führerhauses herangerückt, gieren Madame intensiv an. Dicke, steife dunkelrote bis violette Schwänze recken sich aus den Hosenladen der Pseudo-Rocker, werden von nervigen Händen lustvoll gepumpt.

Während Madame die Endstufe ihrer Lust nur vorgibt, weil sie sich dem sehnsuchtsvoll zu Hause wartenden Gatten verpflichtet fühlt und deshalb nicht wirklich kommt, haben die Männer nichts aufzuschieben. Sie schießen bald total enthemmt ihre heißen, weißglibberigen Kaskaden gegen die Windschutzscheibe und die Seitenscheiben in Höhe der Fahrerin. Das ist zwar ein Happening der nicht alltäglichen

Art, und stimuliert auch, aber es wird bei Madame keine Sehnsucht nach Wiederholung auslösen.

Der Männerriege hat es gefallen. Sie behalten ihre Gemächte noch draußen, die auf Halbmast fallen. Die Männer haben ihren Spaß gehabt. Großzügig entfernt einer der Darsteller das Faß vor dem blockierten Auto. Und schon schießt Madame mit quietschenden Reifen aus dem Parkdeck. An der Grenze aller Geschwindigkeitsbegrenzungen saust Madame nach Hause, mit dem Bestreben, möglichst schnell das eheliche Schlafzimmer zu erreichen, um von der eingetretenen «guten Verfassung des Gatten» zu profitieren. Das Handy glüht förmlich von den heißen Reden, die während der Fahrt geführt werden. Beide empfinden nach langer Zeit wieder sexuelle Bindungskräfte in ihrer Intensität wie zu Beginn ihrer Ehe.

Meine «Madame» hat sich kürzlich beim Ehesex bei den vorgenannten Szenen so intensiv mit den Gefühlen der Frau im Parkdeck identifiziert, daß sie die Geschichte spontan abgewandelt hat. In ihrer Phantasie ist sie das Objekt der Begierde und ist den Aufforderungen der Männer nach Gruppensex gefolgt und aus dem Auto ausgestiegen. Sie hat sich entgegen der anderen, treuen Ehefrau den sechs Rockern schamlos ausgeliefert. Ihre hemmungslosen Kommentare im Verlauf unseres leidenschaftlichen Ficks bildeten den Ausgangspunkt eines strahlenden Höhepunkts für uns beide.

Frido, 41 Jahre, männlich, Friseurmeister

Engelshaar

Mein Kopf lehnte an der rauhen Wand. Wenn ich ihn bewegte, zog die Wand an meinen Haaren, und es ziepte. Das war dermaßen angenehm und kaum zu beschreiben. Schon als Kind bekam ich eine Gänsehaut, wenn mich Oma kämmte. Niemand konnte es so gut wie sie. Sie kämmte zwischen Zerren und Streicheln, genau an der Grenze. Seit ich kein Kind mehr bin, suche ich nach Alternativen. Und manchmal finde ich rein zufällig eine.
Schon den ganzen Abend lang strich ich mit dem Kopf an der Wand entlang. Wie es Katzen machen. «Köpfeln» nennt man das, glaube ich. Die Wand und mein Hinterkopf waren schon ganz heiß davon. Ich konnte nicht aufhören damit, es war wie eine Sucht.
Ich versuchte natürlich, es so unauffällig wie möglich zu tun. Um nicht so bescheuert dabei auszusehen. Andererseits: wen interessierte schon, was ich tat? Es war spät, Kerzen brannten, und außer mir war die Kneipe fast leer. Also: egal. Oder doch nicht?
Am Tisch vor mir knutschte seit Stunden ein Pärchen. Mit offenen Augen. Wir drei hatten irgendwie vergessen zu gehen. Er sah beim Küssen manchmal zu mir rüber, und seine Augen flirteten frech mit mir. Sie merkte nichts davon. Ich lächelte amüsiert zurück, während ich an der Wand köpfelte.
Die Bedienung, ein blonder Engel, runzelte jedesmal genervt die Stirn, wenn er die unberührten Gläser der beiden sah. Dafür trank ich wie zwei.
Ja, der blonde Engel. Er mußte neu sein. Ich hatte ihn vorher noch nie hier gesehen. Und er wäre mir bestimmt aufgefallen. Bestimmt.

Dem, der ihn eingestellt hatte, gebührte Anerkennung. Ich hätte ihn auch eingestellt. Jedenfalls war er – und das stimmte mich heiter – immer noch da. Hing jetzt ziemlich arbeitslos hinter der Theke rum, lutschte an einer Haarsträhne und starrte Löcher in die Luft. Wollte vielleicht wegfliegen.
Von ihm hätte ich mich liebend gern kämmen lassen. Er sah aus, als ob er das mindestens so gut wie Oma könnte.
Vielleicht war ich ja gar nicht wegen der Wand geblieben.
Obwohl dazu viel Optimismus gehörte, denn sogar jetzt, wo wir – vom knutschenden Pärchen abgesehen – allein waren, schien er mich nicht wahrzunehmen. Typisch Engel. Nicht von dieser Welt.
He, Engel, du mußt doch merken, wie ich dich anstarre!
Es wirkte.
Er schlenderte lässig auf meinen Tisch zu, lächelte süß und ließ verlauten: «Wenn du noch was bestellen willst, dann jetzt. In zwanzig Minuten mache ich zu.»
Meine Blicke verfingen sich in seinem Haar, und ich fragte in sein süßes Lächeln hinein: «Hast du einen Kamm dabei?»
Er war so überrascht, daß sich diesmal nicht nur seine Stirn, sondern auch seine Nase krauste.
Ich fügte hinzu: «Oder eine Bürste, geht auch.»
«Eine Bürste?» wiederholte er mit hochgezogenen Augenbrauen.
«Ich meine es ernst. Keine Verarschung. Hast du?» Ich schob das Bier, das zwischen uns stand, beiseite und hörte mit dem Köpfeln auf, um mich besser auf mein Vorhaben zu konzentrieren.
«Aber – deine Haare sind doch okay», versuchte er einzuwenden. Waren sie nicht, aber egal.

«Ja oder nein?» beharrte ich, kurz davor loszukichern, weil er so verunsichert guckte. Er ergab sich mit einem langgedehnten «Jaaa!».

Ich grinste zufrieden und trank mein Bier aus.

Er kam zurück – mit einer schwarzen Plastikbürste voller blonder Haare.

«Hier!» Er gab sie mir und wich ein bißchen zurück, als ob er Angst vor mir hatte. Zugleich sah er gespannt auf die Bürste in meiner Hand.

«Setz dich», befahl ich und zog die Lehne des Stuhls an meine Knie.

Der Engel gehorchte willenlos.

Ich begann, sein Haar zu bürsten. Ganz langsam, aber mit dem richtigen Druck. Es glänzte unter meinen Bürstenstrichen, duftete nach Moschus und wellte sich dünengleich. Wie aus Versehen streichelte ich beim Bürsten mit dem Daumen seinen ausrasierten Nacken.

Er schwieg. Aber ich sah, wie sich die Härchen auf seinen Armen und im Nacken aufstellten. Und ich glaubte sogar, seinen aufgeregten Herzschlag zu hören. Oder war das meiner?

Ich hielt inne, glitt mit einem Finger über seine Nackenhaut und stellte ihm zwei wichtige Fragen: «Wie heißt du?»

«Max», flüsterte er, und seine Stimme verriet mir, daß es ihm ziemlich gut ging.

«Wohnst du weit weg, Max?» Frage Nummer zwei. Ich fuhr mit dem Bürsten fort.

Seine Antwort war einfach nur traumhaft.

«Dreihundert Meter. – Nicht aufhören!»

Aufhören wäre mir nie in den Sinn gekommen.

Silke Hennemann, 34 Jahre, Finanzbeamtin

Der alte Mann

Zu Anfang hatten wir nichts gemeinsam, uns trennten sogar Welten. Und doch war da irgend etwas, was uns zueinander brachte. Es spielte auch etwas Liebe mit, mehr aber wohl noch der Sex. Erst wollte ich nicht, da er einen hohen Posten in der Kirche hatte, und es brauchte seine Zeit, bis ich mich damit abgefunden hatte.

Doch nach langem Hin und Her haben wir uns getroffen. Die Novembertage bei mir vergingen für uns beide sehr schnell. Heute kann ich sagen: «Mit ihm war es schön, es hatte Spaß gemacht, und für mich war es ein interessantes Erlebnis gewesen …»

Als er da war, hatten wir uns erst unterhalten, und durch die Briefe wußte jeder, was der andere mag, bzw. was man sich wünschte. Da waren die «Grenzen», die man vielleicht überschreiten kann, abgesteckt. Somit war auch die Schüchternheit schnell verflogen. Er hatte ja schon seine Erfahrungen und ich meine sexuellen Träume.

Nach dem Abendbrot legten wir uns ein Gay-Video in den Recorder. Durch den Film ist man schon sexuell angeregt. In der warmen Wohnung zogen wir uns gegenseitig aus. Da ich mich für Photoaufnahmen schon auszog, war dies für mich nichts Schlimmes, sondern etwas Normales. Meinen jungen, kräftigen und sportlichen Körper konnte ich zeigen. Ihm hatte es Spaß gemacht, so einen männlichen Körper zu berühren. Und ich fand ihn trotz seines Alters auch sehr schön. Selbst sein Bauch war erotisch.

Wir faßten uns gegenseitig zwischen die Beine und spielten mit der «Männlichkeit».

Bis beide steif waren, dauerte es nicht lange, und so legten wir uns auf die große Doppelliege, wo wir für die weiteren Spiele genug Platz hatten. Man merkte, daß er genug Erfahrungen hatte, denn als er meine «Männlichkeit» in den Mund nahm, tat er es sehr liebevoll. So gut konnte es damals noch nicht einmal meine Frau. Natürlich nahm auch ich seinen «Schwanz» in den Mund. Es war toll, so ein Stück «Fleisch» zu küssen, abzulecken bzw. zärtlich reinzubeißen. Ich küßte ihm aber auch seine Brustwarzen, biß ihm zärtlich ins Ohr und merkte, wie er dadurch schärfer wurde.

Da er meine stramme «Männlichkeit» liebevoll küßte und ihn hin und her bewegte, spritzte ich auch bald ab. Es machte ihm richtig Spaß, daß mein Saft auf seinen Bauch lief. Erschöpft war ich deswegen aber nicht, cool bearbeitete ich jetzt seinen «Schwanz», wie er dazu sagte. Er hatte sich in der Zwischenzeit auf einen Sessel gesetzt, während ich vor ihm kniete. Erst leckte ich seinen «Schwanz», dann küßte ich seinen Bauch bzw. seine Brustwarzen, dann wieder seinen «Schwanz» und den Hodensack. Bis er kam, dauerte es eine gewisse Zeit. Er spritzte seinen Saft auf meine behaarte Brust. Ich merkte, wie erleichtert er war, und freute mich mit ihm.

Erst Monate später hatten wir wieder Zeit für uns. Wir machten einen gemeinsamen Urlaub an der Westküste von Schleswig-Holstein. Er holte mich vom Bahnhof ab, und ich freute mich, ihn wieder zu sehen. Mit dem Auto fuhren wir erst einmal zum Mittagessen in eine Fischgaststätte, dann weiter zur Wohnung. Es war hier sehr gemütlich und warm, während es draußen ja noch Februar war.

Kaum waren wir in der Wohnung, küßten wir uns heftig und zogen uns gegenseitig aus. Nach so einer langen Zeit waren wir total aufgeregt. Er war wild gewesen, trotzdem ging er mit meiner «Männlichkeit» zärtlich um. Ich war genauso wild wie er, und es dauerte auch nicht lange, bis wir beide abspritzten. So waren wir erst einmal für einen Augenblick abgekämpft, entspannt, und die Aufregung hatte sich gelegt.

Am Abend hatten wir es uns auf dem Boden gemütlich gemacht, als wenn er eine Spielwiese wäre. Zärtlich streichelten wir uns gegenseitig. Als meine «Männlichkeit» wieder schön steif war, nahm ich ein Kondom, überstreifte ihn und nahm den alten Mann von hinten. In ihn einzudringen war ein sehr schönes Erlebnis. Ich hielt ihn richtig fest, und bei jeder Bewegung von mir stöhnte er auf. Es dauerte lange, und ich genoß die Macht über ihn. Als ich merkte, daß mein Druck zunahm, zog ich meine «Männlichkeit» aus ihm und bald spritzte ich meinen Saft auf seinen Rücken. Es war wunderbar. Danach waren wir k. o., und ich legte mich neben ihn. Er hielt mich dann fest in seinen Armen. Diesen Abend mit ihm habe ich nie vergessen können. Und heute, wo soviel Zeit verflossen ist, spür ich, daß ich diesen «alten Mann» doch irgendwie liebe. Ab und zu kommt noch einmal ein Brief von ihm, aber Zeit für uns haben wir nicht mehr gehabt. Ich denke oft an ein langes Gedicht, das er mir einmal zuschickte. Eine Zeile heißt: «... Ich möchte, daß wir etwas mehr miteinander sprechen und uns ein wenig mehr berühren ...» Ja, das wünsche ich mir.

O. de Mores (Pseudonym), 38 Jahre, Landwirt

Überall und nirgends

Titel und Inhalt des Films, zu dem mich eine meiner Kolleginnen nachträglich zu meinem zweiunddreißigsten Geburtstag ins Kino eingeladen hatte, sind mir entfallen. Was blieb sind die Erinnerungen an den fünfzehn Jahre jüngeren Unbekannten, der während der Vorführung neben mir saß und mich nicht nur meine, sondern auch seine Erregung spüren ließ. Inmitten von an die neunzig schrill lachenden Zuschauern überwältigten mich Gefühle von Wärme und Vertrautheit, und ein unerklärlich intensives Begehren, das nach Erfüllung schrie.

Ursächlich waren seine makellosen Hände. Nachdem ich sie entdeckt hatte, konnte ich meine Augen nicht mehr abwenden. Er ließ sie für mich gut sichtbar auf seinen Oberschenkeln liegen, und ab und zu zuckte ein Finger. Ich meinte, ein System dahinter entdecken zu können. Beherrschte er das Morsealphabet?

Ein kurzer Blick in Richtung seiner Augen bestätigte mir: auch er konzentrierte sich nicht auf den Film, denn urplötzlich blitzten wir uns an – ein perfekt wortloses Zusammenspiel. Ich wußte, verheißungsvolle Berührungen erwarteten mich.

Als der Film zu Ende war, und ich mich von meiner Kollegin verabschiedet hatte, schaute ich mich nach dem Jungen um, und schon stand er hinter mir.

«Gehen wir zu dir oder zu mir?»

«Zu mir», antwortete ich wie selbstverständlich, und er lächelte.

Innig schweigend genossen wir den Weg zu meiner Wohnung. Dort angekommen, schritt er geradewegs auf mein Schlafzimmer zu, und ich folgte ihm, und obwohl mir seine Ortskenntnisse und sein sicheres Auftreten sehr rätselhaft und fragwürdig erschienen, brachte ich keinen Ton heraus. Ich ließ ihn machen.

Er befreite uns behutsam aus unserer Kleidung, und nackt deutete

er mir an, mich mit dem Bauch nach unten aufs Bett zu legen. Ich ahnte, er wollte mir ergeben seine Fertigkeiten unter Beweis stellen.
Fingerspitzen glitten über meine Fußsohlen, meine Beine, meinen Hintern, meinen Rücken, meinen Hals und durch mein Haar, maßlos geduldig und zärtlich, mal hier, mal dort, und meine Erregung steigerte sich ins Unermeßliche. Impulsiv ging eine Welle durch meinen Körper, der Höhepunkt rückte näher, und als er mir unversehens gekonnt in meinen Nacken biß, vereinigten sich Lust und Schmerz in mir zu einem Ausfluß sondergleichen.
Entspannt legten wir eine Ruhepause ein, bis sich seine Finger meines Mittelpunktes bedienten. Nun erst spreizte ich meine Beine vollends auseinander, und er spielte mit Klitoris, Schamlippen und allen Öffnungen gleichzeitig, so daß ein weiterer Orgasmus nicht lange auf sich warten ließ.
Den dritten Höhepunkt in dieser Nacht verdankte ich seinem Hodensack, der sich nahtlos an meiner Vagina rieb, während ich mich aufgrund unserer heftigen Beckenstöße völlig in Selbstvergessenheit befand. Abschließende Zärtlichkeiten austauschend, schliefen wir befriedigt ein. Daß er nicht einmal in mich eindrang, fiel mir gar nicht weiter auf. Ich vermißte nichts.
Als ich am nächsten Morgen aufwachte, war er schon angezogen und im Begriff zu gehen. Noch bevor er den Raum verließ, konnte ich ihm eine letzte Frage stellen, gleichwohl ich instinktiv wußte, er würde nicht viel von sich preisgeben.
«Woher kommst du eigentlich?»
«Von überall und nirgends. Seit siebzehn Jahren bin ich unterwegs, und schwul, aber nicht eindeutig. Immer schon habe ich auch von dir geträumt.»

Ani Malia, Jahrgang 1963, Studentin

Liebende des Regens

Es gab da einen besonderen Reiz, der uns erst allmählich nach unserem ersten gemeinsamen Urlaub in Österreich bewußt wurde: Wir erlebten den tollsten Dauerregen, und für ein junges Liebespaar, wie wir es waren, gab es ja außer Wandern, Radfahren und sich gut bewirten lassen noch etwas viel Schöneres, was betörender und erholsamer ist. Doch zu der Erholung, die ich mir wünschte, kam es nicht. Annegret, vor'm Urlaub gerade Twen geworden, blieb unschuldig.

Sie hatte ihre Gründe. Dazu zählte hauptsächlich ihr vor kurzem begonnenes Medizinstudium an einer Privatschule, wo sie das erste Jahr Theorie ohne etwaige Zwischenfälle mit Erfolg beenden wollte. Dazu kam noch, daß sie den Verhütungsmitteln nicht sehr viel Vertrauen schenkte. Nun gut. Der Liebe wegen zu ihr respektierte ich ihren Wunsch.

Doch jetzt ist das eine Jahr um, es sind Sommerferien. Annegret steht vor ihrem Praktikum als medizinische Bademeisterin und Masseuse. Ich habe für einen neuen kleinen Mazda gespart, damit wir nicht wieder mit dem Bus in den bergigen Süden fahren mußten.

Wir wollten wieder nach Österreich, und der Clou an der ganzen Vorbereitung war, daß Annegret solange mit der Abreise wartete, bis im Wetterbericht ein Regentief vorausgesagt wurde. Wenn ich daran zurückdenke, daß sie sich vor einem Jahr nur Sonnenschein wünschte …

Ich hatte bei ihr seitdem nur andeutungsweise nachgefragt,

reingehorcht in ihre Libido; nachts, wenn sich Annegret in meinen Armen einkuschelte, machte sich mein Johannes bemerkbar. Spürte sie ihn unter meinem Pyjama, gab sie mir einen nichtalltäglichen Kuß, und, verdammt noch mal, Annegret konnte küssen, besser sogar als eine Ehemalige von mir, bei der ich sexuell nie einen Notstand erlebte.

Der Regen kam. In Südbayern würden bald die Niederungen und Autobahnen überschwemmen, wenn es so weiterging.

Wir fuhren bis in den Pongau, in ein Örtchen, das vom Autoverkehr weitestgehend gemieden wurde. Im dortigen Fremdenverkehrsverein erkundigten wir uns dann nach einem Zimmer mit Bad und WC. «Damit der Urlaub auch richtig schön wird und nicht so wie letztes Jahr ...»

«... mit Bad auf'm Flur und extra bezahlen ...»

«... und wo du durchs Fenster nur in neugebaute, halbfertige Zimmer gucken konntest!»

Unser Wunsch erfüllte sich. Das Badfenster lag nach Westen und der Blick aus dem Zimmerfenster ging nach Süden. Dazu kam ein halbjähriges Kätzchen, das uns schon am ersten Abend, nach einer Ortserkundung, vor unserer Zimmertür in Empfang nahm. Neue Gäste waren ihre Leidenschaft: Sie kauften ihr immer was Schönes zum Fressen.

Am nächsten Tag regnete es am Nachmittag nicht. Zu unserer Unzufriedenheit kam auch noch die Sonne durch. Besorgt sah ich Annegret an.

«Was nun?»

«Ja, Ronald, was nun? Laß du dir mal was einfallen!»

Ich schlug vor, ins Schwimmbad zu gehen. Aber erst nach dem Kaffeetrinken, so gegen 17 Uhr, denn zu dieser Zeit verließen wieder viele Gäste das Schwimmbad, weil die Abendbrotzeit nahte. Und unsere Regenschirme tauschten wir nun um in Badesachen.

Annegret schlüpfte zuerst ins Wasser. In ihrem Einteiler

wirkte sie ein wenig wie ein Schulmädchen, weil sie dazu noch nicht sehr groß war und magere Schenkel hatte. Aber die verbarg sie durch Röcke und Kleider.

Im Wasser war mir nicht nach Schwimmen. Eher nach Tauchen und Neckereien. Wir tauchten durch unsere Beine, drehten, führten uns, und im Flachen setzte sich Annegret Bauch an Bauch mir auf den Schoß. Wir umarmten uns, gaben Küßchen und nutzten die Vorteile der Schwerkraftverringerung. Ich schob sie von mir weg und spähte dabei immer auf ihren Po und nach ihren Brüsten, die ihr Kapital waren. Kein üppiges Vermögen im eigentlichen Sinne, sondern ihre Ausstrahlung auf mich war der Schatz, den ich bei ihr entdeckte. Annegret hatte Sex-Appeal, ohne es je zu ahnen.

Dann, am Beckenrand, sahen wir es: Es regnete wieder. Jeder sagte es dem anderen und zusammen riefen wir dann: «Schöönn!» Zwei Verrückte, die dann anschließend durch den Regen «nach Hause» liefen und durchweichten.

Im Bad zog Annegret sich dann unter ihren bunten Morgenmantel entgegen meinen Erwartungen ein hellblaues Set aus Caracot und Slip. Dann hielt sie mir den Rasierapparat hin und sagte: «Rasierst du dich bitte?»

Ich stutzte. «Warum denn das, so früh am Abend?»

«Das wirst du schon sehen, warum!»

Eifrig fing ich an mich zu rasieren und ließ es geschehen, daß sich Annegret an meinen Rücken lehnte und ihre warme Hand meine Hüfte und den Bauch streichelte.

«Ronald», flüsterte sie, mit Nasenspitze und Backe meinen Rücken streichelnd, «ich habe letzte Nacht sehr unruhig geschlafen, und als ich schlief, hatte ich auch einen sehr schönen Traum, in dem du und ich ...»

Ich hielt den Rasierer von mir fern, schaltete ihn ab, weil alle meine Sinne sich wie aus einem eben geöffneten Sicherheitsfach ins Höchste schärften. Sogar das Blut ging irgendwie andersherum im Körper, und jede neue Streichelbewegung ließ die Härchen auf meiner Haut aufrecht abstehen.

«Du sagst ja nichts mehr!?»

Ich bog meinen Kopf zu ihr herum, legte den Rasierer weg und drehte mich in ihren Armen um. Sie aber strich mir übers Kinn. «Noch nicht gut genug. Rasier dich bitte zu Ende.» Das wirkte wie eine Ernüchterung. Annegret ließ mich los, und im Spiegel sah ich sie ins Zimmer hinübergehen.

Als sie dann kurz darauf wiederkam, stellte sie sich genauso hinter mich und machte mir irgendein Kompliment wegen dem Duft des Rasierwassers. Ich erinnere mich nicht mehr an die Worte, sondern nur, daß sie sich daran machte, mir meine Jogginghose auszuziehen.

«He?!»

«Halt still, guck nicht hin und hebe nur den Fuß an, den ich gerade anfasse!»

Dann verlor ich auch noch meinen Slip, und ich machte mir deswegen keine Sorgen, denn nackt gesehen hatten wir uns ja schon oft genug.

Von Annegret bekam ich statt dessen einen anderen angezogen, einen weicheren, einen weißen.

«Aus echter Seide!» flüsterte sie mir freudig über die Schulter.

«Hast du den für mich gekauft?»

«Hm!»

«Hier?»

«Nein.»

«Wo hast du ihn dann her?»

«Sag ich nicht. Ich sag nur, daß er ‹Moby Dick› heißt und doppelt so teuer wie ein Fünfer-Pack war.»

«So, so ... Danke!»

Annegret antwortete nicht, kam dafür an mich heran, lächelte, sah mich an und sagte: «Ich habe dich ganz unheimlich lieb!» Sprach diesen Satz ohne ein Zittern in ihren Augen. Sie hatte dazu viel Kraft gebraucht; ich wußte es, denn sonst hatten wir uns ähnliche, intime Worte nur zu jeder Verabschiedung zugestanden. Als Ausgleich für diesen Mangel waren Küßchen und geküßte Streicheleinheiten unsere täglichen Lebensvitamine.

Ich hob meine Annegret hoch, gleich auf die Arme. Aber sie blieb mit den Füßen irgendwo am Waschbecken hängen, so daß ich einen falschen Schritt rückwärts machte und glücklicherweise nach dem Stolpern auf einem Hocker zu sitzen kam.

Annegret beließ ich auf meinem Schoß sitzen und hielt sie aus der Folge des leichten Schocks noch fester an mich. Ihr Mund hatte schon längst den meinen gefunden, und ihre ferne Hand kam in die Nähe meines anwachsenden Gliedes. Da ich den Anlaß all des Geschehnisses ahnte, nahm ich nun ihre freie Hand und brachte sie meinem heißen Geheimnis nahe, legte ihre Finger sogar vorn auf «Moby Dick». Aber da rutschte Annegret von meinem Schoß, stellte sich vor mich hin, raffte ihren Morgenmantel bis zur Hüfte hoch und setzte sich dann rittlings auf meine Schenkel.

Ich mochte diese Position und legte eine Hand um ihre Taille, die andere ertastete auf dem Morgenmantel zärtlich ihre Brust. Annegret schloß die Augen, hielt sich an meinem Slipsaum fest, so daß meine Eichel ins Freie blicken konnte.

«Anni, ich wünsche mir nichts Wertvolleres auf der Welt als dich. Dich in Liebe zu mir.»

Sie öffnete kurz die Augen; sie glänzten etwas von Tränenflüssigkeit. Dann legte sie den Kopf in den Nacken, daß ich nur ihr zartes Kinn sah. Ich hielt sie mit der einen Hand im Rücken fest und meine andere streichelte ihre Brust, Schultern, Hals, ging seitlich zurück zum Bauch und brachte dabei den Zusammenhalt ihres Morgenmantels mächtig in Unordnung.

Dann stand sie plötzlich auf und wollte mir wieder meinen Seidenslip ausziehen. Ich half ihr dabei, zumal ich mich ja auch kurz erheben mußte, und setzte meine Annegret wieder auf meine Schenkel. Diesmal aber noch dichter an mich heran, so daß mein Glied an ihren slipbedeckten Venushügel drückte. Das gefiel ihr anscheinend für kurze Zeit, denn gleich danach bewegte ich mich so geschickt, daß mein Glied zwischen ihre Beine kam und mit seinem vorderen Teil leicht über ihre vielversprechendste Stelle rieb.

Seufzer entrangen sich Annegrets Mund. Sie umfing und streichelte mich mal hier, mal dort. Selbst ihre Füße wiegten sich in Unruhe. Ihr süßer Schoß kam automatisch in Bewegung. Keiner sagte mehr ein Wort, genoß nur das Geschehen. Ich öffnete endlich ihren Morgenmantel und verwöhnte sie wollüstig mit geküßten Zärtlichkeiten auf den Hals, die Oberfläche der festen, makellosen Brüste und rundherum an den Warzen. Annegrets Brüste waren so wünschenswert, daß sie nie einen Büstenhalter zu tragen brauchte und sie auch niemals auffällig unterm Stoff hin und her streiften.

Annegret war Feuer und Flamme. Jede sanfteste Berührung war ein brennendes, pures Holzscheit mehr dazu. Sie preßte sich an mich und ließ sich diesmal auch nicht von der Hitze unserer Körper abhalten.

Meine Hand half meinem Glied bei den Reibungen. Annegret blickte plötzlich zwischen uns, geöffneten Mundes, und tastete ihren Venushügel ab. Feucht war er geworden und auch da, wo ihre Schamlippen lagen. Etwas erstaunt schaute sie mich an; in ihren Augen stand eine Frage. Ich versicherte ihr, daß das völlig normal ist, wenn sie durch mich so sehr zum Erglühen kam.

Ich legte meine Hände um sie und versuchte mit ihnen die Worte zu sagen, die ich so nicht sagen wollte: Zieh nun auch deinen Slip aus! Mein Blick fiel dabei auf eine nahegelegene

Nagelschere, die ich schnurstracks ergriff und die schmalsten Stellen an ihren Hüften durchschnitt. Annegret griff in mein Haar und tat mir kurz weh. Vielleicht hätte das Zerschneiden nicht sein müssen, aber Sekunden danach verzieh sie mir und genoß die Lust, die ich ihr bereitete.

Mein Denken danach war noch klar. Mein Bewußtsein hatte noch Macht über mich. Meine monatelangen Sehnsüchte lagen nun stillbar millimetergenau vor dem Einssein mit ihrer himmlischen Pforte. Während die Spitze meines Gliedes sachte den Eingang zu seinem zugehörigen Gegenstück fand, versuchte ich mit der Oberseite eines meiner Finger ihre Kitzlerregion zu reizen. Aber Annegret nahm meine Hand resolut von dort fort, küßte sie und hielt sie mit der ihrigen fest.

«Aber Liebste, ich brauche meine Hand, um dich zu verwöhnen!»

«Ja, aber nicht dort unten.»

«Ich brauch sie aber für Johannes», widersprach ich ihr.

Ich nahm meine andere Hand und hielt damit mein Glied stramm in den warmen Torflügeln ihres Freudenschlosses bereit. Ich wollte vorsichtig in sie eindringen, den einengenden Vorhang sachte aufknöpfen, doch dann geschah es fast überraschend, ohne mein Zutun. Annegret sackte ein Stück tiefer. Der Atem stockte ihr dabei; ihr Körper erstarrte jede zweite Sekunde, durchrieselt von immer neuen, unzählbar klitzekleinen Stromstößen, die zugleich Schmerz und Hochgenuß der Entjungferung waren. Sie empfing den oberen Teil ihres herrlichen Gastes mit einer sehr, sehr langen Begrüßung. Doch dann bettelte ich nicht länger und ließ meinen zahmen Gast vollkommen in ihr Freudenschloß hineingleiten. Annegret hielt den Atem an, wie unter einer eiskalten Dusche. Drei, vier Sekunden, dann trennte sie sich von mir, legte ihren Mund nahe an mein Ohr und flüsterte erregt: «Bitte, länger nicht, sonst werde ich noch ohnmächtig.»

Als sie das sagte, brachte ich ihre Hand zu «ihrem Gast», dessen kecke Gestalt um die Abgabe seines Liebesnektars bat.

«Ich bring dich zur Erfüllung, du Großer!» flüsterte Annegret ihm zu und spielte mit ihm. Die Erregung in mir schob sich nun auf die Spitze eines Berges zu; meine Fingerspitzen massierten ihre Schenkel und meine Nase rieb an ihren Brüsten, um Annegret nicht ungereizt zu lassen, bis auch ich meinen «kleinen Tod» erlebte. Ich kündigte ihn ihr an und schleckte dabei voller Hingabe an ihren Brustwarzen.

Eine Weile saßen wir noch so zusammen, innig umarmt, bis ich mich entspannend zurückbeugte. Dann erhoben wir uns und stellten uns unter die Dusche. Das bißchen Blut war schneller entfernt als der Schweiß von unseren Körpern; Müdigkeit ließ unsere Augen zwinkern. Wir kühlten sie uns mit einem kaltwassergetränkten Schwamm. Und fordernd begann auch Annegrets Magen zu knurren.

«Wiener Schnitzel oder Pizzeria?» fragte ich.

«Pizzeria!»

«Wieder eine mit Champignons?»

«Blöde Frage. Das weißt du doch!»

Die Dämmerung begann, als wir uns auf den Weg machten, draußen über unseren kleinen Mazda und die herumlungernde Katze streichelten und für uns diesmal nur einen Regenschirm benötigten.

Armin Dachwitz, 38 Jahre, Elektroinstallateur

Savoie

Es gibt für jeden wohl nur eine begrenzte Anzahl solcher Momente, in denen das Leben es einfach gut mit uns meint und wir davon gar nichts wissen, sondern nur sind und tun und fühlen.
Es war im Hochsommer an einem französischen Bergsee. Es herrschte afrikanische Hitze. Manche angelten, einige versuchten zu surfen, andere brieten einfach in der Sonne. Ein junger Mann mit Bart und Brille, den mitgeführten Utensilien nach ein Maler, oder jemand, der sich für einen solchen hielt, wanderte mit einem großen gelbgrünen Sonnenschirm am Ufer entlang. Wir campten an einer ziemlich einsamen, schwer zugänglichen Stelle auf einer flachen Landzunge. Sie war nackt, ging ans Wasser und mit hochgezogenen Schultern und angewinkelten Unterarmen glitt sie langsam hinein. Einen Moment lang erwartete ich, daß kleine Dampfwolken aufstiegen. Ich sah, wie ihren heißgebackenen Körper eine Gänsehaut überlief, und stellte mir vor, wie ihre großen Brustwarzen sich zusammenzogen und hart wurden. Sie war groß, schlank, mit langen Beinen und an den richtigen Stellen auf reizvolle Weise ein klein bißchen üppig. Mit gleichmäßigen, ruhigen Zügen schwamm sie hinaus. Es gab eine Insel. Ich schwamm ihr, ebenfalls so wie ich war, nach. Das Wasser war im ersten Moment von panischer Kälte, nach ein paar schnellen Stößen und heftigem Atmen war es nur noch herrlich erfrischend. Das Schwimmen ging wie von selbst. Das Wasser schien leichter zu tragen als sonst. Ich holte sie ein

und wir schwammen zusammen zur Insel. Wir hatten die Entfernung leicht unterschätzt. Es war weit und anstrengend. Die Kälte begann in unsere Körper zu kriechen. Wir waren froh, als wir die verschrumpelten weißen Füße auf die sonnenheißen Uferkiesel setzen konnten. Erschöpft setzten wir uns und wärmten uns im Licht. Wir sahen zurück zu den anderen, die klein am jenseitigen Ufer zu erkennen waren.
Es war ein wunderbarer Tag. Die Berge waberten vor Hitze, der hohe Himmel schwelgte in seinem hellen Blau, und unsere unterkühlten Körper tankten die Glut. Die Phantasie tagträumte. Sie saß splitterfasernackt mit flachen Füßen in der Hocke. Eine schönere Eva, eine Meernymphe. Ich betrachtete sie, setzte mich hinter sie, umarmte sie, eine Mischung aus Kalt und Heiß. Unsere kalten Lippen und warmen Zungen perlten ineinander. Wonneschauer durchliefen uns. Ich drang langsam in sie ein, kalt und heiß. Weich und selig. Drall und zart. Mitten am Ufer, mitten in der Sonne. So schliefen wir zusammen, zwei feste junge Körper. Die harten Kiesel unter den Füßen, den schwappenden Wellengang des Sees vor uns, die dicht bewachsene Insel im Rücken, ein Konglomerat aus brennender Haut, wohligem Seufzen, leisen, rhythmischen Bewegungen, Gänsehaut, halb getrockneten blonden Haaren, schlanken braunen, wandernden Händen, den Resten der Seekälte und dem zarten, sehr warmen Strahlen zwischen uns.

A. K., 37 Jahre, männlich, Literaturwissenschaftler

Photo: Rudi Ulm

Ich schicke Ihnen eine Phantasie, die ich meinem Freund zum Geburtstag geschenkt habe. Der Grund, warum sie ausgerechnet in Rom spielt, liegt darin, daß ich diese Stadt wie keine andere auf der Welt faszinierend finde. Auf diese Art konnte ich zwei Dinge miteinander verbinden, die mir viel bedeuten: Sex mit meinem Freund und die Ewige Stadt.

RÖMISCHE LEIDENSCHAFT

... lange schon stand sie angelehnt an die Brüstung der Tiber-Brücke und blickte zur Michelangelo-Kuppel der Peterskirche hinüber, die sich majestätisch aus dem Dunst der von Menschen und Maschinen brodelnden Stadt erhob. Sie dachte an all das Leid, die Armut, die Grausamkeiten, aber auch an die Lust und die schönen Momente, die die Ewige Stadt in ihrer jahrtausendealten Geschichte erlebt haben mußte. Ein seidiger, weitschwingender Rock umspielte im linden Frühlingswind ihre Knöchel, sie trug kein Höschen. Der Verkehr des frühen Maiabends brauste in beiden Richtungen über die Tiber-Querung.

Plötzlich spürte sie, wie jemand von hinten an sie herantrat, daß sie beinahe berührt wurde. Vorsichtig knabbernd wurde ihr Ohrläppchen liebkost, so daß ein leiser Schauer über ihren Rücken lief und es in den Ohren zu rauschen begann. «Sie stehen schon geraume Zeit hier», raunte eine männliche Stimme in ihre Ohrmuschel. «Ich habe Sie beobachtet und ich finde Sie unwiderstehlich», fuhr der Unbekannte fort und erkundete dabei sanft die unter dem Stoff kaum zu erahnenden Rundungen ihrer Hüfte.

Nach einem ersten, leisen Schrecken über diese unerwartete Annäherung blickte sie – immer noch offenbar ungerührt –

hinüber zu den rotgolden glänzenden Dächern der Häuser, die die Tiber-Ufer säumten. Die Berührungen ließen ihre Gedanken sich verwirren, während ihr das Blut in den Schoß schoß und sie eine leichte Feuchtigkeit zwischen den Schenkeln zu spüren begann. Sie bewegte sich jedoch nicht, wartete.

Er fuhr fort, die empfindliche Stelle hinter ihrem Ohr mit den Lippen zu streicheln. Er spürte ihre Bereitschaft und wurde mutiger. Immer noch hinter ihr stehend, faßte er nach vorn und berührte leicht ihre Brüste, deren empfindliche Warzen sich beim ersten Kontakt mit seinen Fingern aufrichteten. Er drängte sich an sie, hob ungeachtet der vielen Wagen und Menschen um sie herum ihre Rockschöße empor und erkundete mit Bedacht ihre festen Beine und ihr zweigeteiltes Hinterteil, dessen feste Form ihm Vergnügen bereitete. Unruhig begann sie sich zu bewegen, in der Hoffnung, er würde seine köstlichen Erkundungen nicht so kurz vor seinem Ziel unterbrechen. Er dachte jedoch nicht daran, zögerte es aber hinaus, unentwegt liebkoste er ihren Rücken, ihre Seiten und den Po, die geheimsten Stellen ihres Körpers existierten für ihn offenbar nicht. Ihre Spannung steigerte und fokussierte sich in der Klitoris, sie griff an seine Hose, unter deren festem Stoff sie ein ebenso festes Teil bemerkte, das an Größe nichts zu wünschen übrig ließ.

Er stöhnte leise, als sie nach und nach die Knöpfe der Jeans öffnete, um seinen Schwanz aus dem Gefängnis zu befreien. Stolz und hochaufgereckt kam er zum Vorschein. Jetzt – endlich – änderte er seine Taktik und tastete sich zu ihrer Blume vor, die bereits in voller Blüte stand. Seine erste Berührung mit ihrem Lustzentrum ließ sie erschauern, sie keuchte leise. Rhythmisch bearbeitete er ihren Kitzler, ihre Hüftbewegungen paßten sich seinen Fingern an. Sie schloß die Augen, vergaß die Welt um sich, überließ sich ganz seinem wissenden Finger, während sie selbst seinen pulsierenden Schaft in den Händen hielt und auf und ab bewegte. In ihrem Kopf schwirrten unentwirrbare Phantasien, von Mösen, Schwänzen, Akten und Stellungen, die sie noch schärfer machten.

Sie spürte, daß sie sich dem Höhepunkt näherte, daß sich ihre feuchte Möse weiter und weiter ausdehnte und nach seinem Schwanz rief, der sie ganz ausfüllen sollte. Als hätte er ihre Gedanken gelesen, ließ er plötzlich von ihrer Muschi ab und rammte seinen Schwanz so heftig in ihre hungrige Scheide, daß sie vor Überraschung nach Luft schnappte. Sie drängte sich ihm entgegen, und er stieß heftig keuchend zu, während er wieder begann, ihre Muschi an der empfindlichsten Stelle zu reiben.

Gemeinsam strebten sie einem Orgasmus zu, der alles bisher Dagewesene in den Schatten stellen sollte. Beide spürten die Wellen sich nähern, er hatte sich in ihren Nacken verbissen und ließ stoßweise die Luft von sich. Sie war die erste der beiden, die den Höhepunkt spürte, der ihre Klitoris und die Vagina in süße Zuckungen versetzte. Da hielt auch ihn nichts mehr, in dem Moment, in dem er zu spritzen begann, drückte er ihr mit einem Stöhnen seinen Schwanz in das Loch, das unbeachtet geblieben war. Es war sehr eng, und es kam ihm vor, als würden seine Samenströme nicht mehr enden wollen, so stark war der gemeinsam erlebte Orgasmus. Schließlich brachen beide keuchend übereinander zusammen, die Realität glitt ihnen langsam wieder ins Bewußtsein, als sie erst leisen, dann immer stärker anschwellenden Applaus vernahmen.

Sie guckten sich verwirrt um: Eine Menschentraube hatte sich um sie herum gebildet und gebannt ihrem Treiben auf der Tiber-Brücke zugesehen. Und nun, nach dieser prickelnden Vorstellung, riefen einzelne: «Ancora, ancora una volta …»

T. Peters, weiblich, Redakteurin

öffentlicher

Photo: Rudi Ulm

Ich ahnte nichts Böses, als ich in den Bus einstieg. Der gelbe 248er – ein «Doppeldecker» – fuhr mich von der

Nahverkehr

Arbeit direkt bis vor meine Haustür, dabei mußte ich zwischendurch allerdings einmal umsteigen. Die Strecke, ja sogar die einzelnen Haltestellen, konnte ich im Schlaf runterrattern – schließlich benutzte ich den Bus tagein, tagaus.

Diesmal war es allerdings anders als sonst. Denn als ich einsteigen wollte, fühlte ich plötzlich, wie sich von hinten jemand mit der Hand den Weg durch meine Schenkel suchte. Bevor ich überhaupt reagieren konnte, schlängelte sich die Hand an der Innenseite meines Oberschenkels vorbei direkt in das Zentrum meiner schlafenden Leidenschaft.

Halb verärgert, halb verwundert drehte ich mich im Gewühl der einsteigenden Menge nach dem vermeintlichen Grapscher um. Doch die Überraschung steigerte sich ins schier Unglaubliche, denn ich blickte direkt in ein bildschönes Gesicht einer jungen schwarzhaarigen Frau, die meinen verblüfften Gesichtsausdruck mit einem kecken Lächeln beantwortete. Dabei ließ sie ihre Zunge aufreizend langsam über ihre Oberlippe gleiten, ihre Augenlider waren halb geschlossen.

«Laß uns doch nach oben gehen», flötete sie mir liebevoll entgegen und schubste mich in den Bus. Wie von fremder Hand geführt, stieg ich die Treppe nach oben, fühlte immer wieder von hinten, wie mich ihre Hand über den Po und zwischen den Schenkeln streichelte. So bugsierte mich die unbekannte Grapscherin in die letzte Reihe des Oberdecks, wo wir uns ganz nach außen setzten. Daß sie keinen BH trug, konnte fast jeder sehen, da ihre weiße Bluse mehr durchblicken ließ, als sie verdecken konnte. Was sie aber nur mir zeigte, war atemberaubend. Frivol lächelnd und mit erwartungsvollem Blick zeigte sie mir ihren Slip – doch das kleine Seidenteil zeigte sie mir nicht, indem sie ihren kurzen Mini etwas nach oben schob, sondern indem sie ihre Handtasche öffnete. Da lag ihr süßes Bekleidungsstück zwischen Lidschatten, Lippenstift und Nagelfeile eingepackt. Und während ich noch verdutzt ihren Seidenslip anstarrte, zog sie genüßlich ihren Mini Stück für Stück höher. Ich mußte schlucken, mein Mund wurde ganz trocken. Geradezu hypnotisiert starrte ich auf ihre langen, geschmeidigen Finger, die sich unaufhaltsam ihrem eigenen schwarzen Dreieck näherten. Mir wurde ganz heiß, ich hatte das Gefühl, alle meine Poren öffneten sich gleichzeitig, und ich kam mächtig ins Schwitzen. Sie zeigte nur ein überlegenes Lächeln und eine gewisse Erregung in ihren braunen Augen. Was für eine Situation, was für ein Anblick! Reichlich verunsichert und mit laut klopfendem Herzen, das eigentlich alle im Bus hören mußten, schaute ich mich um. Aber anscheinend nahm keiner der anderen Fahrgäste Notiz von uns.

Wer würde auch so etwas schon hier vermuten?

Wieder sah ich zu ihr. Sah ihre festen langen Beine, wie sie sich immer mehr spannten, während sie sich mit den Fingern ihre Klitoris streichelte. Abwechselnd schaute ich ihr ins Gesicht und dann wieder zwischen die Beine. Unruhig begann ich mich auf meinem Sitz zu winden, merkte auch meine Erregung, eine sich regelrecht aufputschende Geilheit.

Ich weiß nicht, wieviel Zeit verstrichen war, mir kam es jedoch wie eine halbe Ewigkeit vor, als es plötzlich passierte: ihr leises, katzenähnliches Schnurren verwandelte sich in ein heftiger werdendes, regelmäßiges Seufzen. Nur wenige Momente später schaute sie mich mit weit aufgerissenen Augen an, während ihre Fingerspitzen immer heftiger an ihrem Kitzler rieben und die Schenkel zu zittern anfingen. Es schien sie zu stimulieren, daß ich sie dabei beobachtete, denn sie schaute mich mit großen Augen an, während sie ihren Orgasmus zelebrierte. Dann ein kurzer, unterdrückter Schrei. Sie verdrehte die Augen und sackte etwas in sich zusammen, die linke Hand strich unmerklich weiter über ihre Schamhaare, aber langsamer und zärtlicher, denn sie war gekommen. Ich konnte es immer noch nicht fassen: sie durchlebte hier im Bus ihren Orgasmus. Doch es ging noch weiter, ich kam aus dem Staunen gar nicht raus.

«So, jetzt du, mein Freund!» wandte sie sich mit verklärtem Blick meiner Erektion zu. Und schwups öffnete ihre rechte Hand in Sekundenschnelle meinen Reißverschluß und tauchte ein.

Anfangs wollte ich mich noch sträuben, aber meine halbherzigen Abwehrversuche waren nun wirklich kein ernsthaftes Bollwerk gegen ihre flinken Finger, gegen ihren Drang, es mir zu besorgen; ebenfalls hier im Bus. ‹Ihm› schien es völlig egal zu sein, wo wir uns gerade befanden, denn als sie ihn aus der Hose fischte, reckte sich mein Schwanz sofort ihrem sinnlichen Mund gierig entgegen. Dann tauchte sie ein, ihre Lippen liebkosten mein Glied, dann verschwand es in ihrer Mundhöhle. Sie war wie ein Hurrikan, und ich hatte Angst, sie würde mir den Verstand aus dem Kopf blasen. In kürzester Zeit war ich Feuer und Flamme, grub meine Hände in ihr Haar und biß mir auf die Lippen, nur um nicht schreien zu müssen. Auch wenn die Sache mir irgendwie unangenehm war, meine Erregung war stärker. Kurz vor der Endstation erlöste sie mich dann von meinen Qualen und ließ mich kommen – was für eine Erlösung: Ich hielt mir den Arm vor den Mund, während ich förmlich ausströmte. Es war ‹Heaven on earth›, so stark durchfluteten mich ganze Ströme von Glücksgefühlen. Mein Brustkorb bebte, meine Schenkel schmerzten von der Anspannung bei dieser unbequemen Sitzposition – und in meinem Kopf drehte sich alles. Dann fühlte ich nur einen Strom, nein, ein ganzes Meer von Entspannung, in dem ich glücklich trieb. Ich schloß meine Augen und genoß den Moment. Wie aus weiter Ferne klang ihre spöttische Stimme an mein Ohr: «Na, ein Dauerläufer bist du nicht gerade, schon eher ein Kurzstreckensprinter.»

Ich war noch zu sehr aus der Puste, um zu antworten. Lächelte sie nur glücklich an. Da ertönte aus dem Lautsprecher die blecherne Stimme des Busfahrers:

«Goetheplatz. Endstation. Alles aussteigen. Anschluß zur Linie 4 und 82.» Fast verschämt schaute ich auf meine Hose runter, wollte sie schließen, als sie mir dazwischenfunkte. Schnell und routiniert machten sich ihre Finger ans Werk, und es dauerte nicht lange, da regte sich wieder etwas bei mir. Ich merkte, wie sich mein Glied verhärtete und mein Pulsschlag beschleunigte. Dann setzte sie sich kurzerhand auf mich drauf, versenkte langsam mein aufragendes Glied in ihrer Grotte. Ganz langsam. Millimeter für Millimeter, begleitet von heftigem Keuchen. Ich war eher dem Schreien nahe. Dabei schaute sie mir tief in die Augen, die ganze Zeit.

«Hey, ich glaube nicht, daß das jetzt der richtige Zeitpunkt für eine öffentliche Reiterstunde ist», wurde es mir doch langsam zu bunt.

«Sei doch nicht so ängstlich, du nimmst einem ja die ganze Lust! Entspann dich einfach: der Bus hält hier immer zehn Minuten. Der Fahrer geht dann meistens zum Imbiß an der Ecke, wir sind also ganz unter uns.»

Während sie mich in die Geheimnisse der städtischen Verkehrsbetriebe einweihte, verschärfte sie stetig ihr Reittempo. Es war unglaublich.

«Bist du dir wirklich ganz sicher?» brachte ich nur noch mühselig krächzend etwas hervor, wohl nicht zu Unrecht von der Angst getrieben, mir eine Anzeige oder gar Festnahme wegen öffentlicher Unzucht einzuhandeln.

«Wirklich ganz sicher?»

«Ja, so glaube mir doch endlich: Ich muß es doch wissen, schließlich fahre ich die Strecke jeden Tag ...»

Olaf Müller, 34 Jahre, Journalist

Shopping in London

Eine wilde Horde indischer Reiter hat mich in ihrer Gewalt. Man zerrt mich auf ein Pferd, und in rasendem Galopp nähern wir uns einem heruntergekommenen Palast. Roter Staub, die Hufe donnern auf den ausgeblichenen Steinen des Innenhofs. Meine Hände sind gefesselt, die Sonne brennt erbarmungslos auf mich nieder. Die Männer springen ab, die Pferde werden abgeführt. Eine Frau nähert sich, gehüllt in einen goldenen Sari, stolzer Gang. Edle Züge. Sie geht um mich herum, mustert mich. Mir fröstelt trotz der Hitze. Sie ruft nach einem Mädchen, das mir vom Pferd hilft und Anweisungen entgegennimmt. Sie führt mich in einen zweiten, kleineren Hof. Ein Brunnen verheißt Kühle. Die stolze Inderin läßt mich nicht aus den Augen. Ich werde entkleidet. Gebadet und mit Ausnahme meiner Haare vollständig glattrasiert. Das Messer, die dunklen Augen kennen keine Gnade. Kein Flaum, kein Pelzchen mehr. Duftendes Öl, schimmernde Glätte. Meine Haare bindet man zu einem Knoten und schmückt ihn mit Jasminblüten. Mit Unmengen von Schmuck, Ketten, Armbändern und Reifen auf duftender, flaumloser Haut, werde ich in einen riesigen Saal geführt. Um einen weichen Teppich herum lagern die Männer. Sie rauchen und trinken. Sie sind in lebhafte Unterhaltungen vertieft. Als sei ich unsichtbar. Es kommen vier Fackelträger. Sie postieren sich an allen Seiten. Ein schwarzgekleideter Herr betritt den Raum. Das Stimmengewirr bricht ab, schlagartig. Er hält eine Pfauenfeder in der Hand. Seine dunklen Augen sind halb versteckt hinter dichten Wimpern. Kein Wort. Auf ein Zeichen kommen die Diener näher, der Raum versinkt im Dunkel.

Das Licht der Fackeln züngelt, der Schmuck glitzert in allen Facetten auf blaß schimmerndem Fleisch. Die Feder hebt sich leicht und streift die Innenseite meiner Knöchel. Sein Blick gleitet an mir hoch, unendlich langsam, gefolgt von der schillernden Waffe, die mich ganz verrückt werden läßt. Meine Brustwarzen richten sich auf unter ihrem Befehl, meine Beherrschung droht zusammenzubrechen. Ihm und dieser wilden, unsichtbaren Meute will ich meinen Stolz entgegensetzen, doch die Feder läßt nichts aus. Sie streift über mein marmorglattes, magisches Dreieck, und ich kann nicht verhindern, daß es dem Schwarzgekleideten gelingt, mein Feuer zu entfachen. Die süße Folter. Er sitzt vor mir auf einem üppig bestickten Kissen. Er sieht es fließen. Die wunderbare Feder tanzt zwischen den Schenkeln, und mit brennendem Schoß setze ich mich auf ihn. Sein Pfahl wie Marmor, glänzend feucht umschlungen. Die stolze Inderin kniet plötzlich hinter mir, und während eine reich geschmückte Hand um meine Taille herum in meinem glühenden Etui die Perle bespielt, streift die andere das Rückgrat hinab. Ganz hinab.

«Der Sari kostet dreißig Pfund.» Erschrocken wende ich mich dem Verkäufer zu. «Und das Kissen?» Seine schwarzglühenden Augen! «Ich gebe es Ihnen für zwanzig Pfund.» Ich kaufe es für fünfzehn. Neben der verstaubten Kasse kräuselt sich die Asche eines Räucherstäbchens mit Jasminduft.

Isabel Cordero

Der Hausmeister

Die folgende Geschichte habe ich – leider! – nicht selbst erlebt, aber, wer weiß, vielleicht hätte sie mir so oder so ähnlich doch geschehen können …

So fing es an:

Damals war ich Ende Dreißig und verheiratet. Zwei- bis dreimal in der Woche wurde ich von meinem Mann gevögelt. Gut gevögelt, wie ich ehrlich zugebe. Dennoch war ich sehr oft geil. Ich brauchte nur an einen steifen Männerschwanz oder ans Ficken zu denken, gleich wurde meine Muschi naß und schwoll schmerzhaft an.

Ich war «Nur Hausfrau», und mein Mann brachte nicht viel Geld nach Hause, also versuchte ich, noch ein paar Mark hinzuzuverdienen, indem ich – meist für ältere Nachbarinnen – die Treppe oder Fenster putzte, einholte usw.

Gern ging ich zum Ehepaar Paulsen. Beide über 80, aber sehr rüstig. Außerdem waren sie mit der Bezahlung recht großzügig.

Alle 14 Tage putzte ich für sie das Treppenhaus, und weil sie im Parterre wohnten, gehörte auch die Kellertreppe dazu.

Eines Tages wischte ich die Stufen der Kellertreppe, wobei ich mich tief hinabbückte. Dazu muß ich noch sagen, daß damals noch nicht die Zeit der Strumpfhosen, sondern die der Strümpfe und Strapse war.

Während ich breitbeinig vorgebeugt stand, spürte ich, daß mich jemand von hinten ansah. Ich tat unbeteiligt und wischte weiter, aber ich fühlte den Blick fast körperlich. Ich ahnte, nein, ich wußte: Es war ein Mann, und meine Möse wurde feucht. Die nächste Stufe. Da, endlich – endlich – zwei Finger fuhren an meinem linken nackten Oberschenkel hoch, haarscharf unter meinem Slip entlang zum rechten Oberschenkel und so wieder zurück. Hin und her. Noch mal und noch mal. Ich atmete laut mit weit offenem Mund. Nach Ewigkeiten berührten die Finger meinen Slip genau in der Mitte. Wie unter einem elektrischen Schlag zuckte mein Körper und versteifte sich. «Dein Höschen ist ja völlig naß. Ach, bist du geil – schön.» Es waren die ersten Worte, die der Mann zu mir sagte. Er zog oder schob mich um eine Ecke in einen Kellergang. Dann drehte er mich zu sich um. Ich sah einen recht gut aussehenden Mann meines Alters etwa. Er lächelte mich an und sagte: «Ich bin hier der Verwalter und heiße Heinz, und wie heißt du?» Ich sagte meinen Vornamen.

Ohne weitere Umstände zog er mir meinen Slip aus und begann, meine Möse intensiv zu bearbeiten. Er streichelte und rieb meinen Kitzler zwischen zwei Fingerkuppen, mal richtig stark, dann wieder kaum spürbar. Ich zitterte am ganzen Leib. Es war mir auch völlig gleichgültig, daß eventuell jemand vorbeikommen könnte. Ich wollte meinen Orgasmus!

Während Heinz mich mit einer Hand stimulierte, holte er mit der anderen seinen steifen Schwanz aus dem Hosenschlitz. Ich griff nach dem harten Stück und zog die Vorhaut einige Male vor und zurück. Dabei begann er leise zu stöhnen und schob seinen Kolben immer näher an meine heiße Muschi.

«Dreh dich um», flüsterte er heiser. Ich tat, wie er gesagt hatte, und stützte mich an der Wand ab. Nun schob er seinen heißen Kolben von hinten zwischen meine Schamlippen, so daß sein Nillenkopf an meinen Kitzler stieß. Zusätzlich streichelte er meinen Venushügel und den vorderen Teil meiner Möse. Langsam stieß er vor und zurück. Es war ein Wahnsinnsgefühl, und nach wenigen Stößen wurde ich wundervoll fertig. Er stieß noch einige Male weiter, dann spritzte er seinen Saft in ein Taschentuch.

Ich richtete meine Kleidung wieder und ging zurück an meine Arbeit.

«Wann kommst du wieder?» fragte Heinz mich. Ich antwortete: «In zwei Wochen. Alle vierzehn Tage mache ich für Paulsens die Treppe.»

Katharina Anna, 75 Jahre, Rentnerin

Elektrisiert war ich von Rosis Temperament und ihren schmalen Fesseln. Wir wirbelten über die Tanzfläche einer Dorfschänke, daß kein Körperteil bei mir mehr trocken blieb. Spät in der Nacht brachte sie mich nach Hause. Ich war total geschafft und glücklich verliebt, wovon sie noch gar keine Ahnung hatte. Für sie war mit dem erlebten Abtanzball ihrer Tochter alles vorbei und vergessen.

Über Briefe, eine Schallplatte und ein Buch versuchte ich mich ihr zu nähern. Das Buch hieß sinnigerweise: «Die Kunst des Liebens». Ob sie es gelesen hat?

Nach ihrem Amrumer Urlaub, bei dem sie noch schöner geworden war, sanft gebräunt und sehr geschmeidig in ihrem schnellen, bewegten Gang aus der Hüfte heraus, gelang es mir wider Erwarten, sie zu einer Fahrt in das idyllische Dörfchen Bötersheim zu locken. Dort setzten wir uns an eine Flußquelle. Sie zog ihre Schuhe aus, und ich streichelte fasziniert ihre gebräunten, rassigen Fesseln. Flüchtig nur küßten wir uns, da wir nicht allein waren. Wir wollten mehr, viel mehr. Im Auto schob ich meine rechte Hand zwischen ihre Oberschenkel und genoß ihren festen, weichen Druck.

Ungestört im Auto, in ihrer Wohnung und im Hotel liebten wir uns wie Verhungernde, mit Zittern und Zagen um die Zukunft ohne Ende. Vor allem in Duhnen bei Cuxhaven, wohin ich sie eingeladen hatte.

Wir hatten nur wenig Zeit füreinander. Rosi arbeitete fast jeden Tag und Nacht als OP-Schwester, um ihre Familie als Alleinerziehende ernähren zu können. Sie gab alles, was sie hatte, aber nicht nur dafür. Ich glaubte, unter einen Panzer geraten zu sein. Das Bett bebte, sie jammerte und stöhnte. Ich mußte ihr Schreien mit dem Kissen ersticken. Wir legten uns auf den Fußboden vor der Zimmertür. Hier hatten wir unseren schönsten, fast gleichzeitigen Höhepunkt nach unendlichem Küssen und Stoßen zum wievieltenmal auch immer. «Ich liebe deinen Körper», sagte Rosi dann zu mir, als wir wieder erschöpft auf dem Hotelbett lagerten, und sie leckte und küßte mich ab, und welch ein Genuß, sie nahm meinen Schwanz in den Mund und hauchte ihm ganz schnell wieder Leben ein ...

Seitdem träume ich oft von der französischen Liebe als Hochgenuß nach der spanischen, wie sie mir eine andere Frau beibrachte.

Auf einer Ausflugsfahrt von Budapest in das Künstlerdorf Szentendre lernte ich Inge kennen, die Angst hatte, sich in Szentendre zu verirren, was eigentlich unmöglich war in dem kleinen, malerischen Gehege ...

Sie erzählte mir von ihrem Schauerurlaub in der Puszta, der sie allein schon wegen des allgegenwärtigen Ziegengestanks nach Budapest entflohen war, fünf Tage des Grauens hinter sich lassend ...

Auf der Rückfahrt mit einem Donaudampfer brach dann das hauptsächliche Unglück aus Inge heraus: der plötzliche Tod ihres Mannes vor kurzem in ihrem gemeinsamen Urlaub in Spanien. Da gab es nicht viel zu trösten, nur zuzuhören und mögliche Wege der Überwindung des größten Schmerzes anzudeuten. In einem ungarischen Lokal in der Altstadt von Budapest besiegelten wir unsere Bekanntschaft, bevor wir per Taxi getrennt in unsere Hotels eilten. Zum Abschied gab sie mir einen innigen, spontanen Kuß auf die

Wange. Ich hatte ihre Berliner Adresse und sie meine. Dies schien ihr nicht der Rede wert für später.

Mir ging sie nicht aus dem Sinn und schrieb ihr einfühlsame Briefe, telefonierte mit ihr ein ums andere Mal, bis ich mich dann spontan bei ihr in Berlin einlud ...

In Lady Inges bezaubernder Architektenwohnung, mehr ein Atelier, redeten wir uns buchstäblich heiß bei Kaffee und Cognac. Gern hätte ich mit ihr getanzt, sie dabei erfühlt, erkundet, entblättert, ihre Brüste geleckt, während sie meinen steifen Schwanz ergriff und ihn mit beiden Händen zart und fester streichelte und mit schnellen Zungenschlägen bearbeitete, bis sie ihn ganz in ihre Mundhöhle aufnahm, in der er noch größer wurde und wild zu zucken begann, bevor er sich in ihrem Mund entlud. Aber ich traute mich noch nicht.

Erst als Lady Inge aufstand, mir einen innigen Kuß auf den Mund gab, zog ich sie an mich, und wir umschlangen uns wie Schiffbrüchige, mit ellenlangen Zungenküssen. Ich erkundete ihren eleganten Rücken, den festen und prallen Hintern und schob meine rechte Hand zwischen ihre Schenkel. Dann verschwand Lady Inge im Badezimmer, wohin ich ihr leider nicht folgen durfte. Wie gern hätte ich sie dort entkleidet, ihre Nacktheit von hinten streichelnd und nicht berührend zunächst erforscht, mit meinem geschwollenen Schwengel zwischen ihren Beinen, bevor sie sich plötzlich umdrehte, an meinem Körper leckend hinabglitt und meinen Schwanz tief in den Mund nahm, so daß ich mich schnell in ihm ergoß und wir auf dem Boden vögelten wie von Sinnen.

Aber Lady Inge erschien in einem langen Seidengewand und legte sich geschwind in ihr Bett. So schnell konnte ich nicht nachkommen. Noch im Hemd legte ich mich seitlich neben sie. Sie ergriff umgehend mein Geschlecht und steuerte es zielgenau in ihre noch etwas trockene Möse. In dieser Stellung hätte ich noch gern länger verweilt, doch Inge kannte keine Rast noch Ruh. Sie begab sich auf mich. Ich stieß sie jetzt mit voller Kraft, was sie mit hingebungsvollem Stöhnen begleitete: «Das habe ich sooo sehr gebraucht. Ich liebe dich», entfuhr es ihr. Dabei sah sie hinreißend geil aus. Ich nahm sie lange von hinten und von vorn, bevor ich ihre Möse mit der Zunge hin und her erforschte, so wie man eine Muschel ausleckt. Die Zungenküsse nahm ich dann in ihrem Mund wieder auf. Sie rollte sich auf mich und bearbeitete meinen Schwanz jetzt mit ihren festen Brüsten, von rechts, von links und immer schneller. Eine spanische Wonne, die ich noch heute fühle und vermisse. Als sie ihn endlich trocken gerieben hatte, leckte sie mein steifes Glied sanft von unten den ganzen Schaft aufwärts bis zur Spitze. Gern hätte ich ihn ihr in den Mund geschoben, so daß sie ihn saugen und weiter bezüngeln konnte, bevor er sich entlud. Aber sie traute es sich leider nicht. Ich habe es nicht verlangt, bei den wonnevollen Gelüsten vorher und vielleicht ja auch noch später ...

Ein später gab es nur noch einmal in Ratzeburg, wo wir uns in einem wundervollen Seehotel liebten. Jetzt liebt Lady Inge einen Spanier.

Uschis Rücken und ihren straffen, prallen Hintern wog ich auf einem Kostümball begeistert in den Händen. Ich hätte sie auf der Tanzfläche gern vernascht, aber das ging nur in ihrer kleinen Wohnung, in der wir uns auf ihrem Sofa umarmten, während sie die große Beule in meiner Hose massierte. Schnell landeten wir dann in ihrem Bett, und sie bestieg mich wie eine Königin. Ihre Hinterbacken füllten meine Hände völlig aus und ließen mich jedesmal wieder erschauern vor Wollust. Viel zu schnell explodierte ich immer. Danach leckten wir uns hingebungsvoll in der 68er-Stellung, was den Liebeshochgenuß erst richtig schafft, wenn man sich Zeit dabei läßt. Der Mund kann einen noch viel mehr beglücken als eine noch so feuchte und enge Möse. Er darf nur nichts auslassen: die Eier belecken und ganz erfassen, den Stamm umkreisen. Von unten nach oben immer wieder mit der Zunge kosen und dann saugen und nochmals saugen vorn und ganz weit hinten, tief im Mund, der die leichten Stöße gierig aufnimmt, bis sie sich explosiv steigern, der Saft gegen Uschis Gaumen klatscht, den sie wie den Saft einer Orange schluckt und schleckt. Mein Schwanz verharrt weiter in ihrem Mund, während sie sehnsüchtig ihren Hintern kreisen läßt und ich sie mit vier Fingern ausgiebig ficke, bis es endlich auch ihr kommt in langen Wellen der Lust.

Dann drehe ich sie um, küsse ihre Innenschenkel hinauf, lecke ihre Möse bis auf den Grund, den Kitzler immer wieder, knete ihren wunderbaren vollen Arsch und nagle sie von hinten, bis ich völlig erschöpft auf ihr zusammenbreche, was ihr nur für kurze Dauer gefallen kann.

Zu Besuchsbeginn tanzte ich auch gern ganz eng mit Uschi, denn wir paßten vollkommen nahtlos zusammen. Wir zogen uns dabei langsam gegenseitig aus. Mit Mund und Händen kostete ich ihre prallen, aufgerichteten Brüste und leckte ihre großen Warzenhöfe, befingerte und preßte mit der linken Hand ihren Prachtarsch, um dann ihre Möse mit der Rechten tief zu erfühlen und mit der Zunge zu bearbeiten, während sie meinen Schwanz fest im Griff hatte und ihn mit beiden Händen aufregend heftig und gekonnt hin und her zog, die großen Hoden hart und sanft streichelte. Dann sanken wir gemeinsam auf den Boden. Sie saß auf meinen Knien, und ich schaukelte mit ihr, den Schwanz köstlich tief in ihrer gierigen Muschel. Ihre Brüste tanzten vor meinem heiß leckenden Mund. Der Höhepunkt kam dann für mich, wenn ich mich gänzlich auf sie legte, Uschi ihre langen Beine weit gestreckt anhob und ich mich in ihr ergoß.

Morgen will ich es mit einer Hure auf die gleiche Art versuchen. Ob ich mich trauen werde, ich weiß es nicht. Aber wenn sie meine Wellenlänge hat? Sie hatte es ganz und gar nicht. Ich bin wie so oft vorher bei anderen vor ihr geflohen, als ich die Maske ihres verlebten Gesichts auf mich zukommen sah, von Exzessen des Oralverkehrs gezeichnet und entstellt. Nun träume ich wieder von einer Frau, die hingebungsvoll zu lieben vermag, schmachtend wie

Lady Inge, aber auch heftig und zart wie Rosi und ausdauernd wie Uschi ...

Meine polnische Ex-Ärztin Elisabeth D. ist so ein Traum von Frau mit einem glühenden Temperament und dem umwerfenden Charme des Ur- oder Voll(blut)weibes. Wie komme ich ihr nur ganz nahe, so fern von ihr in L.?

Ich werde in ihre Praxis gehen, ihr Blumen mitnehmen und mich von ihr untersuchen lassen, um sie dann zu einem Einkaufsbummel einzuladen. Bei Graupner schenke ich ihr ein neues Kleid und fahre mit ihr in ihre neue Wohnung. Dort tanzen wir bei leiser Musik miteinander enger und enger, so daß wir fast zu eins werden. Zart und wild küssen wir uns minutenlang, immer tiefer mit heftigen Zungenschlägen im Mund, im Nacken und den Ohrläppchen, während ich ihr neues Kleid hochziehe, ihre prachtvollen Hinterbacken umfasse und ihr Höschen abstreife. Sie hat meinen Schwanz fest ergriffen und zieht und zieht, bis ich sie umdrehe, sie ihren Prachthintern mir entgegenstreckt und ich von hinten sanft und hart in ihre überlaufende Möse bis zum Grund eindringe. Sie stöhnt und schreit polnische Koseworte aus sich heraus und erfaßt meinen Schaft und meine Hoden, um noch intensiver gevögelt zu werden. Abrupt drehe ich sie um, hebe sie hoch und setze sie mit weit geöffneten Beinen auf mein schwellendes Glied, sauge an ihren Brustwarzen und spieße sie auf bis zum Muttermund. Bevor es uns kommt, ziehe ich meinen Schwanz aus ihrer geilen Möse, hocke mich auf sie, bearbeite ihre großen, vollen Brüste mit Mund und Schwanz. Sie schließt ihre Lippen um mein Geschlecht, das in ihrem großen Mund ein und aus fährt. In einem glücklichen Augenblick entlade ich mich dann in ihrem Mund, und wir fallen auf dem Teppich erneut übereinander her und vögeln im Rhythmus der Musik endlos weiter ...

Christian Werner, 60 Jahre, Kaufmann und Lehrer

FALSCH VERBUNDEN

Es war abends, kurz nach acht. Ich hatte mich gerade mit einem Glas trockenen Weißwein in meinen großen, alten Ohrensessel zurückgezogen, als das Telefon klingelte.

«Hallo! Ich bin der Frank. Habe deine Annonce im Stadtanzeiger gelesen. Ich fand sie ganz aufregend und würde es gern mal versuchen.»

Ich stockte kurz. Welche Annonce? Von was sprach dieser Mann überhaupt? Auf jeden Fall hatte er eine sehr angenehme, warme Stimme, fast schon erotisch. Ich mochte Männerstimmen mit einem so tiefen, aufwühlenden Klang. Für mich hatten sie fast schon etwas Verführerisches, genauso wie hier bei diesem Frank.

Dieser Stimme eine Zeitlang zuhören zu können, würde mich vielleicht für diesen gräßlichen Arbeitstag, der hinter mir lag, entschädigen können. Ich seufzte auf bei dem Gedanken daran und kuschelte mich bequemer in meinem Sessel zurecht. Aber von was für einer Anzeige mochte er sprechen? Vielleicht ließ sich das ja durch geschicktes Fragen herausbekommen. Einen Versuch war diese Stimme allemal wert, ‹Falsch verbunden› konnte ich immer noch sagen.

«Bist du noch da oder hast du es dir doch anders überlegt? Ich meine, ich kann verstehen, wenn du nicht anfangen willst zu erzählen. Es kostet beim erstenmal vielleicht doch eine gewisse Überwindung», kam es da auch schon aus der Leitung. «Es ist doch dein erstes Mal, oder?»

«Nein, nein. Ich meine, ich bin noch da, keine Angst! Ich war nur gerade etwas überrascht durch deinen Anruf. Konnte nicht so schnell umschalten.»

Was sollte ich um Gottes willen erzählen, und warum würde es beim erstenmal Überwindung kosten? Ich war ratlos. Wie sollte ich mich nur an den Inhalt der Anzeige möglichst unauffällig heranfragen? Andererseits, Frank hatte ja schon das Angebot gemacht anzufangen – mit was auch immer.

«Wenn du so verständnisvoll sagst, es wäre beim erstenmal eine Überwindung, darf ich dann davon ausgehen, daß dies hier für dich nicht das erste Mal ist?»

«Na ja, so kann man das wohl nicht sagen. Ich meine, eigentlich schon, eigentlich ist es für mich auch das erste Mal. Erotische Geschichten habe ich noch mit keiner fremden Frau am Telefon ausgetauscht.»

Erotische Geschichten wollten wir uns also erzählen – wie interessant! Bei dieser Stimme versprach das ein ganz und gar außergewöhnliches Erlebnis zu werden. Ich verdrängte die aufkommende Verlegenheit sofort. Ganz realistisch versuchte ich möglichst rasch abzuwägen, was mir schlimmstenfalls passieren konnte. Da war ein mir völlig fremder Mann am Telefon, der sich ganz augenscheinlich verwählt hatte, denn ich hatte nie eine Annonce im Stadtanzeiger aufgegeben. Somit hatte er gar nicht meine Telefonnummer und kannte auch nicht meinen Namen. Warum sollte ich mich nicht mit ihm unterhalten? Er hatte eine absolut geile Stimme, und auflegen konnte ich immer noch.

«Also gut», meldete ich mich bemüht locker zu Wort. «Wie war das, hast du ganz spontan auf die Anzeige geantwortet oder hast du dir erst genaue Vorstellungen von der Art der Geschichten gemacht?»

«Na ja, also wenn ich ehrlich bin ... irgendwie habe ich mir schon so meine Gedanken gemacht. Ich meine, warum du die Annonce aufgegeben hast und so. Also eigentlich habe ich mir mehr Gedanken über dich und deine Intention gemacht als über den Inhalt der Geschichten, die es zu erzählen gibt. Aber irgendwie war es auch ganz spontan.»

Ich fand es rührend, wie er so herumdruckste. Seine scheinbare Unsicherheit, aber dann auch wieder diese Offenheit seiner Worte wiegten mich mehr und mehr in Sicherheit. Von diesem Mann hatte ich kaum etwas Schlimmes zu erwarten. Meine Anspannung wich zusehends. Ich nahm einen Schluck Wein und wagte einen erneuten Vorstoß. Eine Hürde gab es noch zu nehmen. «Du hast eben gezögert, als es darum ging, ob dies hier auch für dich das erste Mal ist. Heißt das, du hast schon mal was Ähnliches gemacht? Ich denke da an was ganz Bestimmtes, das ist dir sicher klar. Du sollst nicht glauben, daß dies hier so eine Art Telefonsex wird.»

«Nein, nein, natürlich nicht. Ich meine, ich habe deine Annonce schon verstanden, sie war ja ganz eindeutig.»

Das war schön für Frank und für mich, daß er ‹meine› Anzeige so gut verstanden hatte, nur wußte ich leider immer noch nicht, was es da im einzelnen zu verstehen gegeben hatte. Schade, denn eigentlich hätte sie gern noch ein bißchen weiter gebohrt nach seinen Telefonsex-Erfahrungen. Aber vielleicht sollte sie sich jetzt doch besser sicheres Terrain suchen.

«Und was hast du dir so vorgestellt unter unseren Gesprächen? Welche Art Geschichten willst du mir erzählen?»

«Kommt darauf an, welche Geschichten du hören willst. Außerdem hoffe ich doch, du erzählst mir auch ein paar!»

Ja, was für Geschichten wollte ich hören? Eigentlich war es mir egal, mit dieser samtenen Stimme könnte er mir auch ein Telefonbuch vorlesen, und ich würde es aufregend finden. Vielleicht etwas Romantisch-Erotisches! Konnten Männer so etwas überhaupt? Dachten die nicht doch eher pornographisch-hart? Telefonsex war nun wirklich nicht das, was ich wollte. Die Zweifel, ob das gut und richtig war, was ich hier machte, kamen immer wieder.

«Was ist mit dir? Habe ich was Falsches gesagt oder kannst du dich nur nicht entscheiden, was du hören möchtest? Trau dich ruhig, es mir zu sagen! Gib mir eine Chance und leg nicht auf. Es wird dir gefallen, ich verspreche es dir!»

«Ich bin nicht sicher, ob ich das wirklich noch will. Es ist vielleicht besser, wir machen jetzt Schluß und du versuchst es morgen noch einmal. Tut mir leid.»

«Nein, warte, laß mich nicht allein!» Franks Stimme klang jetzt fast verzweifelt. «Es ist sicher nicht einfach für dich, aber du hast es doch auch gewollt, sonst hättest du doch nicht die Annonce aufgegeben. – Bitte! –»

Am liebsten hätte ich einfach nur gesagt ‹Habe ich auch nicht› und aufgelegt, aber die Verzweiflung in Franks Stimme machte mich unsicher. War nicht mein erster Eindruck gewesen, von ihm könne mir nichts Schlimmes drohen? Bei diesem Anflug von Verzweiflung in seiner Stimme kam mir zum erstenmal die Frage, warum Frank eigentlich auf so eine Anzeige geantwortet hatte. ‹Laß mich nicht allein›, hatte er gesagt. Vielleicht war er ja sehr einsam. – Ich sollte ihm doch eine Chance geben, irgendwie glaubte ich es ihm schuldig zu sein. «Also gut, erzähl mir eine Geschichte. Aber nichts Hartes, Perverses oder Pornographisches. Ich möchte heute etwas Romantisch-Erotisches! Glaubst du, daß du das hinbekommst?»

Er mußte diesen offensichtlichen Zweifel aus meinen Worten heraus gehört haben, denn am anderen Ende der Leitung war ein warmes, tiefes Lachen zu hören.

«Du glaubst, ich könnte nicht romantisch sein?! Na, dann warte mal ab. Mach es dir bequem und versuch dich zu entspannen! Schließ deine Augen und vertrau mir! Du mußt mir nur folgen auf meinem Weg, und es wird dir gefallen.»

Ich war da noch gar nicht so sicher, aber die Neugierde und die Erregung, die diese immer sanfter werdende Stimme hervorrief, siegten. Aber wie konnte dieser Typ nur so überzeugt von sich sein? Vielleicht war ja wirklich was dran an seinen Versprechungen. Vorsichtshalber bettete ich mich vom Sessel auf das bequemere Sofa um und lehnte mich, soweit mir das in dem Moment möglich war, entspannt zurück.

«Okay, ich bin soweit.»

«Gut, also schließ die Augen. Stell dir vor, wir hätten schon öfter miteinander telefoniert und es hätte dir gefallen.»

Was mir vor allem gefiel war der Klang seiner Stimme. Jetzt, wo er seine Erzählung begonnen hatte, war sie noch tiefer und voller geworden. Wohlig richteten sich meine Nackenhaare auf.

«Wir haben uns nicht nur unsere Geschichten erzählt, sondern auch kleine Alltagssorgen. Mal rufst du an, mal ich. Wir haben uns aneinander gewöhnt. Auch wenn wir uns noch nicht so gut kennen, schätzen wir unsere Telefonate. Sie haben uns beiden höchste Befriedigung gebracht, ohne daß wir uns zu sehr preisgeben mußten. Auf mein Drängen hin haben wir uns durch gegenseitig zugeschickte Fotos auch personifiziert.»

Langsam wurde es mir unheimlich, was baute sich Frank da auf? Was konstruierte er da für eine abgedrehte Geschichte? Das konnte doch wohl nicht sein Ernst sein! Am Ende hoffte er etwa noch auf eine Realisierung?!

«Du, Frank, warte mal. Ich glaube, ich möchte nicht Teil der Geschichte sein. Kannst du nicht fiktive Personen nehmen?» meldete ich mich plötzlich zu Wort.

«Du vertraust mir noch immer nicht. Glaub mir, ich weiß, was ich tue, und so ist es besser! Hab keine Angst!» Er nahm mein zögerndes Schweigen als Zustimmung und fuhr fort: «Also, wir wissen durch die Fotos, wie unser Gesprächspartner am anderen Ende der Leitung aussieht, und wir finden uns eigentlich ganz okay. Ich wohne weiter entfernt von dir. Eines schönen Donnerstags, vor einem leeren, unverplanten Wochenende, erzählen dir Freunde, sie würden übers Wochenende in eine Stadt in meiner Nähe reisen. Die Idee, mich zu sehen, kommt dir ganz spontan, denn bisher hast du ein persönliches Treffen immer abgelehnt. Du rufst mich an und wir planen, das Wochenende bei mir zu verbringen.

Deine Freunde nehmen dich mit dem Auto mit. Den Rest der Strecke fährst du mit der Bahn. Ich hole dich vom Bahnhof ab.

Auf dem Bahnsteig stehen wir uns befangen gegenüber. Keiner weiß, wie er den anderen begrüßen soll.

Du nimmst meine Hände und läßt sie wieder los. Ich sage «Hallo», deute eine Umarmung an, breche sie aber auf halbem Wege wieder ab. Wir gehen nebeneinander die Treppe zum Bahnsteig hinunter, schweigend. Es ist uns unmöglich, die Vertrautheit der gemeinsamen Telefonate hier aufleben zu lassen.

Du möchtest spazierengehen. Bei dir daheim hat es geregnet, und hier scheint die Sonne, ungewöhnlich warm sogar für einen Oktober. Wir gehen in den nahegelegenen Stadtpark und streunen durch das bunte Laub.

Es dauert eine Weile, doch dann kommt deine Hand doch zu mir herüber, landet auf meiner Wange, rutscht sachte herunter und geht leise wieder fort. Dein Lächeln bleibt in meinen Augen hängen, rieselt warm hinunter bis in meinen Bauch. Da ist er, der erste Funke der alten Vertrautheit, das Gefühl, sich wiederkannt zu haben. Zufrieden können wir nun Hand in Hand weitergehen, wie zwei alte Freunde, die sich nach langer Trennung wieder gefunden haben.

Die Dämmerung läuft mit uns den Hang entlang. Uns treibt es immer wieder in den Wald, Natur pur. Wie zwei ausgelassene Kinder wirbeln wir das Laub auf, machen wir dem Wind Konkurrenz.

Wer zuerst stehengeblieben ist, weiß hinterher keiner mehr. Das Suchen in unseren Augen zieht uns zueinander, stellt uns einander gegenüber. Küsse geschehen einfach, den ganzen Weg entlang. Die Umarmungen werden enger. Dein Mund schmeckt fremd, anders als ich erwartet habe. Anders als ich es mir immer und immer wieder am Telefon vorgestellt habe. Deine Zunge ist unruhig und geschickt, unbekannt neu und doch auch irgendwie vertraut.

Wir sind beide Brillenträger. Immer wieder klirren die Gestelle gegeneinander. «Paß auf, daß wir uns nicht verhaken», sagst du. Deine Augen sind so nah. Du bist schön. Gern würde ich mich mit deiner Brille verhaken und dir immer so nah bleiben. Ich bleibe hängen, in deinen Augen, möchte in sie eintauchen, ganz tief in dich hinein. Will in ihnen ertrinken, in den Gefühlen, die sie widerspiegeln, in dem Verlangen und den Verheißungen. Plötzlich ein Aufblitzen, ein Erkennen, ich fühle, jetzt bist auch du angekommen.

Kaum angekommen, kommen bei dir aber schon die ersten Skrupel. Im Grunde hast du keinen Platz für mich in deinem Leben. Es gibt schon so viele Menschen, mit so vielen Ansprüchen an dich. Und nun komme auch noch ich!

‹Wie schnell ich dir so nahe gekommen bin in den paar Stunden›, sagst du. Es macht dir angst. Was soll aus uns werden? Du hast Furcht, das Wochenende könnte zu schön für dich werden. Vielleicht willst du am Sonntag gar nicht mehr zurück? Du hast Angst, dich einfach fallenzulassen, nur zu fühlen und zu genießen. Am Telefon war es einfacher für dich. Ich kam ein Telefonat lang in dein Leben und dann verschwand ich wieder. – Spurlos! – Keine weiteren Ansprüche, keine Erwartungen – bis zum nächsten Mal.

Ich lasse mich fallen, wenn mir danach ist. Dich davon zu überzeugen reicht unser Vertrauen noch nicht. Die Abwehr, die sich in dir ausbreitet, springt auch auf mich über. Du verkrampfst, verschließt dich. Wir verlassen den Wald und gehen zum Wagen.

Kopfschmerzen plagen dich schon den ganzen Tag, sagst du. Die Anspannung wird es nicht besser machen. Ich verspreche dir eine Massage, wenn wir in meiner Wohnung sind, um deine Verspannungen zu lösen. Du schweigst.

Auch in der Wohnung bewegst du dich verkrampft. Wie ein Raubtier im Käfig, immer zum Sprung bereit oder zur Flucht. Du siehst dir alle Räume so an, daß in mir der Gedanke entsteht, du suchst in jedem Zimmer nach einem Fluchtweg. Ich will dich nicht ängstigen, nicht bedrängen, nehme mich ganz zurück. Es ist mir nicht klar, vor wem du mehr Angst hast, vor mir oder vor dir selbst?

Nachdem du alles gesehen hast, legst du dich rücklings auf den Teppich und schließt die Augen. Es sieht aus, als wolltest du dich ausliefern. Wie ein Opfer auf der Schlachtbank! Das Lamm bietet resigniert dem Wolf die Kehle zum Biß dar.

Langsam und vorsichtig nähere ich mich dir. Deine Anspannung ist auf mich übergesprungen. Ich habe Angst, dich zu verschrecken, durch eine falsche Geste ganz zu verlieren. Meine Fingerspitzen streichen über deine Stirn, wandern mit leichtem Druck um die Augenhöhle. Jeder Weg über den unteren Augenrand scheint dir die Trauer in die Augen zu schwemmen, bis sie nach einer Weile überfließen. Leise schluchzend wendest du dich ab, unschlüssig, wieviel von dir du mir preisgeben kannst. Ich nehme dich stumm in die Arme. Deine Tränenflut nimmt zu und verebbt erst sehr viel später – langsam.

Was ist los mit dir? Ich verstehe nicht gleich. Warum die Tränen?

Es ist dir alles zuviel, sagst du. Zuviel Glück auf einmal! Du legst deinen Kopf an meiner Schulter ab. Langsam kriecht deine Wärme über auf meine Haut.

Meine Hände suchen nach der Wärmequelle, finden einen Weg zwischen Pullover und Hose, schlüpfen hinein, finden Haut, rutschen bergauf und verstecken sich zwischen deinen Brüsten. Weich und warm.

Auch deine Hände wandern unter den Pullover. Unsere Finger treffen sich, verhaken sich ineinander, verharren einen Moment in der Anspannung und lösen sich schließlich wieder. Während meine Hände bei deinen Brüsten verweilen, beginnen deine Fingerkuppen unwillkürlich tiefer zu wandern.

Dein Blick in meinem, während du deine Lust lebst, immer wieder. Nie habe ich so offen in ein Gesicht geschaut, das sich aufzulösen beginnt vor Erregung.

Noch nie habe ich zugesehen, wie eine Frau mit mir zusammen sich selber liebt!

Jetzt sehe ich mich satt an dir.

Ich verliebe mich in jede deiner Bewegungen, in jede Geste und in jeden Ton, der deiner Kehle entrinnt. Ich verliebe mich in deine Schamlosigkeit und dein Vertrauen.

Deine Lust in meinen Händen und immer wieder dein Gesicht. Du wirst immer heftiger, meine Hand auf deinem Bauch tastet harte Anspannung. ‹Blockierte Bauchatmung›, fällt es mir ein, so habe ich es mal in einem schlauen Buch gelesen. Der Zusammenhang muß aber ein anderer gewesen sein. Ich schaue auf deine hektischer werdende Hand.

Diese große Erleichterung, die es mir bringt, zu sehen, daß nicht ich dich befriedigen muß. Daß du dich befriedigst mit mir. Ich kann dich deinen eigenen Händen überlassen, wann immer ich es will und wann immer du es willst. Kann mich zurückziehen auf mich, mich konzentrieren auf meine eigene Erregung, kann mich befriedigen und bin doch bei dir. Ich kann deinen Körper erforschen und beruhigt wieder von dir lassen, wissend, du machst deine Lust nicht abhängig von dem, was ich tue. Du gibst dir, was du brauchst.

Bei dir kann ich zugeben, daß es für mich oft sehr schwierig ist, gleichzeitig zu geben und zu nehmen, zu streicheln und gestreichelt zu werden. Es fällt mir so schwer, mit dem Bewußtsein gleichzeitig an zwei Stellen zu sein. Dann springe ich hin und her zwischen meiner Hand auf deiner Haut und deiner Hand auf meiner Haut. Bin mal hier, mal dort und bleibe allzu leicht bei dir, lasse mich gar zu leicht immer wieder ablenken von meiner eigenen Lust. Es ist so viel einfacher, zu geben als zu nehmen.

Deine Lust braucht gerade so lange wie meine, ja, länger noch. Ich brauche mich nicht zu beeilen, muß keine Angst haben, allein zu bleiben mit meiner Erregung. Auf dem Gipfel verlassen von dir – überholt.

Ich kann nicht glauben, wie leicht das ist. Wie kann es nur sein, daß ich das nicht gewußt habe? Was habe ich nur all die Jahre falsch gemacht? Wo bist du nur all die Jahre gewesen? Entspannt und befriedigt rolle ich auf die Seite, schaue dich an, kann mich immer noch nicht satt sehen an dir.

Irgendwann später bekommst du dann aber auch Lust, mich in dir zu spüren. Angenehm fühlt sich das an, angenehm und auch ein bißchen aufregend. Wie du mir gefällst mit deinem offenen Gesicht, mit deinen Augen auf mir. Auch zusammen lernen wir fliegen. Wir fliegen jeder auf seiner eigenen Wolke miteinander auf und davon.»

Ich war sprachlos! Ich ließ die Geschichte in mir nachhallen, die Empfindungen abklingen. Nur schwer fand ich den Weg zurück in die Gegenwart. War das alles nur ein Traum gewesen, eine Geschichte, oder hatten wir das alles gerade gemeinsam erlebt? Konnte so eine Vertrautheit möglich sein? Mit einem Unbekannten, nur verbunden durch ein Telefon?

Plötzlich das Geräusch des Schlüssels in der Haustür, wie jeden Abend um diese Zeit. Pauls etwas schrille Stimme würde gleich darauf durch die Diele nach mir rufen. Ich hörte in ihr schon lange die Angst davor mitschwingen, sein Ruf könnte einmal nicht mehr beantwortet werden. Doch dieser Tag war noch nicht gekommen! Heute noch nicht!

«Danke», hauchte ich schnell ins Telefon, «das war wunderschön! Du hattest recht. Ich werde es nie vergessen!» Hastig legte ich auf.

Roswitha Simon, 35 Jahre, Krankenschwester

DIE NACHHOLSTUNDE

Photo: Martin Krake

Obwohl sie sich mit 31 Jahren schon etwas zu alt fand, denn sie war eitel, wußte sie doch auch im Geheimen, daß sie mit ihrer zierlichen Erscheinung und ihren kultivierten Ansprüchen an das Leben eigentlich in jeder Beziehung ein echter Hauptgewinn war auf dem Jahrmarkt der Geschlechter.

Ihre im Laufe der Jahre gewonnene Einstellung war die, daß ein Mann dies eigentlich erkennen müßte, hätte er selbst die Klasse und den Stil, die sie erwarten durfte bei ihrer nahezu damenhaften und fast feinen femininen Präsenz. Schon in der Schulzeit war sie immer etwas isoliert gewesen, weil sie die Ausstrahlung einer höheren Tochter hatte, ohne eben eine solche zu sein. Auch wurde sie schnell für «katholisch» gehalten, galt als ebenso distanziert wie scharfzüngig und auch ein wenig arrogant. Aber für einen solchen Herrn, der ihr wahres Wesen erkennen könnte, würde sie alles tun, was er auch nur von ihr fordern wollte. Und sie meinte wirklich alles. Eigentlich wollte sie als Frau nichts anderes, als zu ihm hochblicken. Ihrem Naturell nach war sie stumm, gehorsam und eilfertig – ein wenig seltsam.

Als Lehrerin arbeitete sie seit ihrem Examen an der Sprachenschule und lehrte motivierten Ausländern die deutsche Sprache. Mit großem Erfolg übrigens. Ihre leise Art, ihre freundliche Bestimmtheit, gepaart mit hohem Fachwissen und dem pädagogischen Händchen kamen allgemein gut an. Bei den Schülern jedenfalls. Die meisten Kollegen neideten ihr eher den Erfolg und sprachen untereinander von zickigem Verhalten und daß das seriöse Fräulein Richter sich wohl für was Besseres hielt in ihren ewigen Kostümen, dem ach so gepflegten Äußeren mit etwas altmodisch dauergewellten langen Haaren (die aktuellen Kurzhaarfrisuren fand sie schlicht scheußlich), mit ihrem edlen Duft, der sie dezent umgab, und den gediegenen weißen Blüschen aus Milano, die sie so liebte.

Doch das Gerede der alternativ Uniformierten war ihr egal. Ihr Auftreten auf der Schulbühne war anstrengend genug, aber jedenfalls im Laufe der Jahre von ihr immer mehr perfektioniert worden.

Wenn da nicht neuerdings diese verwirrenden Fehlleistungen gewesen wären. Sprachblitzlichter nannte sie für sich diese sprachlichen Assoziationen, die eigentlich mehr waren als Assoziationen. Eher Tagträume oder Imaginationen von großer halluzinativer Eindringlichkeit. Bestimmte Begriffe wurde sie einfach nicht los. So aufdringlich lasteten diese schlimmen Worte in ihrem Gehirn, daß sie manchmal nicht mehr genau wußte, ob sie zum Unterrichtsstoff gehörten oder nicht, ob sie sie aussprechen sollte, oder es gar schon getan hatte, im Begriff war, es genau in diesem Moment, jetzt zu tun. Das wäre vielleicht nicht besonders tragisch gewesen, wenn nicht die thematische Ausrichtung dieser sprachlichen Tagträume so unsagbar unanständig gewesen wäre.

Sie waren, um es vorsichtig auszudrücken, erotischer Natur. Ums ganz beim Namen zu nennen, pornographisch zum Farbewechseln. So fiel ihr am vergangenen Mittwoch im Abendkurs, als sie gerade die grammatische Struktur der Verlaufsform erläuterte und in das gewollt unwirsche Gesicht eines jungen Bosniers guckte, schlaglichtartig der Begriff «glänzender Schaft» ins Sprachzentrum, lag schon auf der Zunge, so vehement, daß sie im Sprechen stockte und sich an die Lippen faßte und noch merkte, wie gerade diese Berührung des Mundes ihr nervlich angenehm war. Und es blieb ja nicht bei den Worten allein. Vor ihrem inneren Auge sah sie ihn ja, den glänzenden Schaft, ein prachtvoller Stamm, gar nicht mal besonders lang, aber eben ein dickes, strotzendes Etwas. Sie schluckte und hatte Mühe, nicht die Fassung zu verlieren. Schnell blickte sie in die Augen einer sehr lerneifrigen Thailänderin, die dann auch sofort den Blick aufnahm und eine Frage stellte.

Martina Richter war immer eine Solistin gewesen. Und wenn ihre Leidenschaft schon in geheimen, den anderen verborgenen Winkeln blühen sollte, dann richtig. In ihrer Studienzeit an der Universität in Göttingen hatte sie einmal auf der Damentoilette in der Seminarbibliothek ein kleines Pornoheftchen gefunden, es sofort in ihre Tasche gepackt, war schnell nach Hause geradelt, um es dann, nachdem sie das Türschloß ihres Dachkämmerchens sorgfältig zweimal gesichert hatte, fiebrig mit fahrigen Händen ganz langsam und intensiv zu studieren. Das Heftchen war gar kein richtiges Magazin, sondern der Prospekt einer amerikanischen Filmfirma für Super-8-Filme, in der allerdings saftstrotzende Männer, schwarze wie weiße, Dinge mit zumeist jungen, willigen Mädchen machten, von denen sie bisher noch nicht einmal gelesen, geschweige denn gehört hatte. Seit diesem Erlebnis, das sie in ungeheure, bisher nie gekannte Orgien der Selbstbefriedigung tauchte, hatte sie für sich allein damit begonnen, ein zweites, geheimes Leben zu führen, das ihr wahrhaftig niemand zugetraut hätte, der dieser kleinen Frau in ihrer so eigenen Eleganz auf der Straße oder in anderer Öffentlichkeit begegnete und sich vielleicht bewundernd, aber gebührend zurückhaltend nach ihr umdrehte. Ihr zwar leises, aber respektgebietendes Auftreten schützte sie und verbarg einen Abgrund an verzehrender Leidenschaft. Verbarg den Willen, sich vollkommen hinzugeben, und sei es zunächst einmal nur vorbereitend. Praktiken erprobend und wartend auf ihren endgültigen Beherrscher, den Meister ihrer unerfüllten Gier.

Um nur in ihren Träumen den sexuellen Obsessionen nachzuhängen, dazu war sie zu realistisch. Ein weltfremdes Fräulein wollte sie nicht sein. Sie wußte ja Bescheid, was Männer wünschen, und wäre eigentlich auch nur zu gerne dazu bereit, es auszuführen und mitzumachen, wenn es denn soweit sein sollte und er erst einmal da war, ihrer. Aber vorbereiten auf diese Zeit und üben das, was dann passieren sollte, das konnte sie doch schon jetzt. Das war ihr nicht fremd als erprobte Lehrerin mit zwei Staatsexamina.

Sie ging ja immer exzellent vorbereitet in den Unterricht und war darauf zu Recht, wie sie fand, bescheiden stolz. Genau das machte sie selbstbewußt und garantierte ihren beruflichen Erfolg. Warum also nicht auch hier?

Schon während ihres Referendariats hatte sie damit begonnen, sich regelmäßig ihre Schamhaare zu rasieren. Zunächst nur korrigierend an den Rändern, Formen bildend, die Herzform etwa, waren ihr die Wochenendrasuren eine liebe Gewohnheit geworden, bei denen sie, in Begleitung einer ebenso einsamen Flasche Wein, in stundenlanger Konzentration mit einer kleinen Schere ihre Scham von lästigen Haaren befreite, sie freilegte, entblößte wie das Herz einer Artischocke, die zuletzt geöffnet und appetitlich nackt auf den genußvollen Verzehr wartet. Dies Geheimnis, das sie alltags unter ihrem Rock trug, vor Blicken verborgen, war ihr ein kostbarer Schatz, eine Exklusivität, von der nur sie allein wußte, die nur von ihr allein goutiert werden konnte. Sie fühlte sich ganz als begehrenswerte Frau dadurch, im Vollbesitz des Wissens um ihre Attraktivität, einer Attraktivität, von der die Männer nicht andeutungsweise etwas ahnten, was die Sache noch exklusiver, aber auch ein wenig traurig machte.

In den Sommermonaten, wenn sie sich besonders begehrenswert und fraulich fühlte, zu Zeiten etwa ihres Eisprungs, begann sie mit dem Experiment, in die Stadt zu gehen, um zu flanieren im erlesenen Kostümchen mit Rock selbstverständlich in italienischer Länge, eine Handbreit überm Knie, und darunter den Slip weglassend, diese Freiheit genießend, Luft lassend an ihr glattrasiertes rosiges Geschlecht. Diese Extratouren gefielen ihr so gut, daß sie das Experiment wiederholte in der Abendschule während des Unterrichts, aber nur in bestimmten, männerlastigen Klassen zu Zeiten der eigenen Erregung, äußerlich ganz beherrscht und unnahbar wie eine Königin, aber innerlich schier berstend, wenn sie sich zwischendurch wieder ihrer zentralen Nacktheit und Blöße vergegenwärtigte, umgeben von dem hoch gewachsenen Schweden, dem ebenso kleinlauten wie halbstarken Türken, dem tolpatschigen Elefantenküken aus Georgien (ob der überall so stark gebaut war?) oder jenem geschmeidigen Schwarzafrikaner aus dem ihr unbekannten Senegal, sowie diesem sein Anhimmeln unter einer rauhen Schale verbergenden Bosnier, der ihr eigentlich richtig lieb aus der Hand fraß.

Diese bestimmten Unterrichtsstunden waren ihr immer ein Fest, das sie mit einer Sorgfalt zelebrierte, die von den Schülern eher als akribische Disziplin der Pädagogin wahrgenommen wurde. Hinterher in der Privatheit ihrer Wohnung lieferte sie ihrem Körper wahre Exzesse der Selbstbefriedigung aller sexualisierbaren Öffnungen.

Eine ziemlich imposante Sammlung der unterschiedlichsten Kunstglieder dazu hatte sie sich im Laufe der Jahre zugelegt, bestellt bei einem diskreten Versandhandel. Die besten Orgasmen durchschüttelten sie immer dann, wenn alle drei bis zur noch zu ertragenden Grenze ausgefüllt waren, zum Anschlag prall gestopft, gleichzeitig, womit sie sich selbst auslieferte an ein Bewußtsein der eigenen Verruchtheit und elementaren Vertrautheit, köstlich hilflos und freiwillig zappelnd, zum Genuß aufgespießt wie ein fettglänzendes Spanferkel auf dem monotonen Drehspieß.

Der Abendkurs am Montag war die letzte Unterrichtsstunde des Semesters. Die Schule stand verlassen und leer, wie Martina wußte, da die Sommerferien eigentlich schon begonnen hatten und in dieser Woche lediglich die versäumten Stunden nachgeholt werden mußten. Das wurde von den Teilnehmern als regulärer Unterricht nicht mehr ganz so ernst genommen. Die meisten waren auch schon verreist oder vorher weggeblieben. Und dennoch war sie überrascht, als lediglich fünf ihres Kurses geduldig im Gang vor dem Klassenraum auf ihre Deutschlehrerin warteten. Unvorhersehbar, daß nicht eine der sonst so fleißigen und zuverlässigen Frauen aus Polen und Thailand darunter war, sondern eben nur die fünf Kerle, die ihre Begeisterung für ihre Lehrerin miteinander offen teilten, sich dadurch sogar untereinander fast so was wie angefreundet hatten, weshalb Martina sie in Gedanken auch ihren «Fünfer Fanclub» nannte.

Damit hatte sie wirklich nicht gerechnet, und ein verunsicherndes Gefühl flammte in ihrem Innern auf, als ihr wieder einfiel, daß sie auch heute an diesem schwül-heißen Tag ein letztes Mal vor den langen Ferien ihr Ohne-Höschen-Spiel hatte genießen wollen. Daß sie außer ihrem schlichten italienischen Designer-Hängekleid aus hochwertigem Leinen kein weiteres Kleidungsstück am Körper trug.

Doch schnell hatte sie sich wieder gefangen, schloß die Tür auf und begann umgehend, aber etwas haspelnd mit den für die letzte Stunde vorbereiteten spielerischen Sprachübungen. Doch bei aller Professionalität wurde ihr innerlich bebend doch allmählich bewußt, daß das hier eine völlig andere Unterrichtssituation war als je zuvor erlebt.

Auch die fünf Männer schienen das zu bemerken, hüstelten

verlegen, rutschten auf ihren Stühlen herum und mußten zwanghaft auf die grazile Figur der respektierten Lehrerin gucken, sie dennoch mit ihren Augen gelegentlich rüde verschlingend.

Die Luft knisterte. Die Spannung war zu riechen. Martina konnte die klaffende Erregung, in der sie sich befand, kaum bändigen, ihr Verlangen nur mit Mühe unterdrücken und mußte sich doch unter Aufbringung aller Disziplin auf diesen Unterricht hier konzentrieren. Und hörte sich sagen: «Eigentlich ist es für den Unterricht auch viel zu heiß heute. Aber für die letzte Stunde, meine Herren, habe mir ich sozusagen als Belohnung eine besondere Gruppenübung ausgedacht ...» Und merkte noch, wie zweideutig das klang. Dann fuhr sie fort, oder wollte es.

Aller Atem stockte. Hatte sie schon gesagt, was sie hätte sagen sollen oder was sie sagen mußte: Wenn ich jetzt also die ganze Gruppe bitten dürfte ...?

Das hatte sie wirklich gesagt? Im Raum herrschte fiebrige Stille. Nur ein leiser Hall unausgesprochener Worte schien über sie hinauszuragen. Ihr wurde wohlig schwindlig, und dabei blickte sie doch ruhig und auffordernd in die Runde.

Fünf vor Gier ungläubig stierende Augenpaare sahen, wie Martinas Mund ganz unkontrolliert, weil abgelenkt von den sich leicht spreizenden Beinen und ihren wie ferngelenkten Händen, die den verrutschten Saum des Kleides unabwendbar immer höher schoben, tatsächlich seinen eigenen kleinen Satz formte: «Wenn ich jetzt also die ganze Gruppe bedienen dürfte, bitte ... bitte!»

Kattrin Umberty-Kater, 35 Jahre

DER JONGLEUR

Ich bin auf dem Blumenmarkt. Meine Balkonkästen haben dringend eine Renovierung nötig. Dichtes Gedränge. Eine Frau mit Kinderwagen, ein altes Ehepaar, eine Frau in Ökosandalen, junger Mann mit weißem T-Shirt, knackiger Po, eine alte Frau, ein kleines Kind, ein Afrikaner, schöne glänzende Haut, die Blumenverkäuferin ... in der Ferne höre ich Applaus. Wahrscheinlich wieder dieser Hochradfahrer oder irgendso ein mieser Straßenmusiker ... Meine Augen schweifen über die Blumenfülle auf dem Boden: Winterastern, Stiefmütterchen, Rittersporn, Geranien – iigitt, Veilchen, Klee, Männertreu ... Mensch, ist die Sonne heute heiß, gut daß ich ein kurzes Kleid angezogen habe. Ich beuge mich hinunter, zu den Margeriten. Ob ich die nehmen soll? Hm, nicht das richtige. An mir geht ein älterer Herr vorbei. Schaut ganz nett, wenigstens nicht so einer von diesen dickbäuchigen Typen, die mich so penetrant anschauen, die Geilheit ins Gesicht geschrieben, wie ich das hasse! Weiter in Richtung Dom. Etwas unentschlossen. Schön, wenn's mal so warm ist. Viele junge Frauen in wenig Klamotten, die Männer mal wieder viel zuviel an ...

In der Ferne das Klatschen. Scheint sich ja zu lohnen die Vorführung. Na ja, Blumen kann ich auch später noch kaufen, ich gehe hinüber. Eine dichte Menge von Leuten steht da. Dicht gedrängt. Kann erst mal gar nix sehen. Nur irgendwelche Bälle in der Luft, na, immerhin keine Jonglierbälle, sondern Fußbälle, ist ja ein bißchen origineller ... – aber ist das ein Grund für so großen Applaus? Dieser große Typ vor mir soll mal verschwinden. Ah, endlich. Er geht, jetzt hab ich einen kleinen Schlitz zum Durchgucken: Der Jongleur. Ein braungebrannter Hals, die im Nacken kurz ausrasierten Haare, mein Blick kurz hinauf, bleibt hängen an dem dunklen Schatten des

Dreitagebarts, schön sieht das aus. Drei Fußbälle, die er in einem gleichmäßigen Rhythmus zur Musik über den Nacken rollen läßt, über die Oberarme, kurz hochgeworfen, mit dem Fuß wieder aufgefangen, diese gleichmäßigen, fast anmutigen Bewegungen, die glänzende Haut, die Adern, die am Hals hervortreten, meine Blicke können sich nicht mehr lösen. Fasziniert schaue ich weiter zu, wie die Bälle fliegen, den Körper berühren, die Schultern, den Oberkörper, die Hüften sich geschmeidig bewegen. Eine doofe Hose hat er an, mit Hängehintern, schade ... Aber sicher ist der Po knackig, nach dem Rest des Körpers zu urteilen. Mehr Platz vor mir, ich kann weiter nach vorn.

Jetzt hat er einen Ball auf der Nase, dreht mit der rechten Hand einen anderen, wirft hoch, fängt auf, dreht, wendet sich, ein Ball läuft die Unterarme hinab, kleiner Kick, hoch in die Luft, im Nacken aufgefangen, nach vorne gebeugt, den Rücken hinunter fast bis zum Po, ein kleiner Impuls, fliegt wieder hoch, fängt ihn auf, ein Spiel zwischen Körper und Bällen, die Hände, die kurz den Ball berühren, ihn wieder loslassen, auffangen, darüber streichen, ein kurzes Streifen durch die Haare, den Schweiß von der Stirn wischen, hoppla ... jetzt ist ein Ball runtergefallen, na, macht nix, ein schüchternes Lächeln, kokettiert er damit? Kurze Pause. Ein Blick in die Runde, na, zahlt das Publikum denn auch was? Ah, ein kleines, dickes Mädchen schmeißt ein paar Groschen in die aufgestellte Kiste, sehr gut, weitermachen, ein paar Schritte nach vorn, kurze Verbeugung, bückt sich, greift die Bälle, einen silbernen großen Reifen, so wie ihn die Mädchen sich früher beim Hula-Hoop um die schmalen Hüften geschwungen haben, greift den Reifen mit einem Fuß, schwingt ihn um den Knöchel, ein nackter Fuß, sieht kraftvoll aus, wo der wohl schon überall gelaufen ist ... rechte Hand wirft den ersten Ball, dann den zweiten, den dritten, Wirbeln in der Luft, Blinzeln gegen die Sonne, die Hitze in meinem Nacken, sein feuchter Rücken, anstrengend bei der Hitze, so viel Publikum, hoppla … wieder ein Ball auf den Boden geplumpst, erneuter Blick in die Runde, bleibt kurz kleben, mein Herz beginnt zu pochen, bei mir, einen Moment zu lang, blaue Augen … Wimpernzucken, Fältchen … verschmitztes Grinsen.

Wieder Haltung angenommen. Ball hochgeworfen, landet im Nacken, Wechselspiel mit der Musik, weiche Bewegungen der Schultern, enges schwarzes T-Shirt, das Spiel der Hände, Umwerben der Bälle, kurz berührt, kleiner Impuls, wieder losgelassen, hoppla … wieder ein Ball fortgerollt, schüchterne Geste, Blick in die Runde: ich bin noch da, Musik wird lauter, Lachen ins Gesicht geschrieben, wirft die Bälle durch die Luft, atmet tief ein, Arme nach oben, das T-Shirt rutscht hoch, ein braungebrannter Bauch, kleine schwarze Härchen, da fängt die Hose an, leichter Wind streift über die Haut, der Ball rollt den Rücken hinab, hinab bis zum Po, zärtliches Streicheln der Hände über die Rundungen, Umspielen der Bälle, die Hüfte gedreht, die Hände an den Hüftknochen, ein Hauch im Nacken, Streichen durchs Haar, hoppla … ein Ball rollt zu mir, Wuscheln durchs Haar, ein feuchter Rücken, warme Hände im Gesicht, den Hals hinab, gleiten hinunter, Spiel der Bälle, kurze Berührungen, drehen, über die Hüften, den Po, bis zu den Oberschenkeln, Pulsieren, warmer Atem, schwarze Locken, der nächste Ball rollt – hoppla … wieder zu mir, schnelle, warme Hände, auf den Brüsten, dem Bauch, umkreisen den Bauchnabel, fahren wieder hoch, suchen die Brustwarzen, überfliegen sie, Kreisen der Bälle in der Luft, Berühren der Hände, hervortretende Adern, lange, schmale Finger, hinunter zu den Knien, langsam wieder hinauf, mein Kleid hochgeschoben, hoppla … fordernde Bewegungen, ein Hüftschwung, die Bälle wirbeln durch die Luft, drehen sich, umkreisen den Körper, das Spiel der Hände, ein vorsichtiges Streicheln der Innenseite meiner Oberschenkel, ein langsames Tasten, die Finger fahren die Begrenzung meines Slips entlang, zögern, spielen, suchen, finden … der Atem wird schneller, die Bälle fliegen, hoppla … – ein Ball ganz nah, die Bewegungen seiner Hüften, die Hose rutscht, zu heiß, das schwarze T-Shirt ausziehen, braungebrannte Schultern, kleine Küsse, hinauf am Hals bis zu den Wangen, der Nase, hinab, warmer Atem, suchen, finden, weiche Lippen, mich hingeben, das Spiel der Zungen, meine Hände an seinem Rücken, seinen Oberarmen, da sind seine warmen, feuchten Hände, ein kurzer Händedruck, die Sonne auf der Haut, die Augen geschlossen, Wärme, seine Hände unter meinem Kleid, den Slip ausziehen, endlich, weiches Schamhaar, kleine Fältchen, mein Kitzler, sanftes Wiegen der Hüfte, seine Hose, die Knöpfe öffnen, meine Hand schleicht sich ein, ein knackiger Po, kleine Härchen, die Poritze hinab, warm, feucht, aneinander drängen, sein steifer Schwanz, hoppla ... ein Ball fliegt zu mir, dreht sich, die feste Haut des Oberkörpers, näher, das Kleid hochziehen, seine Lippen an meinem Bauch, die Zunge fährt hinauf, langsam, warmer Atem an meinen Brüsten, hoppla ... ein Ball fliegt in die Menge, schüchternes Grinsen, ein blauer Blick, Lachfältchen um die Augen, näher heran, komm, zieh die Hose aus, Pulsieren, Spielen der Hände, Wirbeln der Bälle in der Luft, sanftes Wiegen der Hüften, drück dich an mich, gemeinsames Wiegen, noch näher, die Hände schmeicheln, hoppla ... – die Bälle rollen, schneller Atem, dein Schwanz nah bei mir, macht mich wild, macht mich geil, los, komm noch näher, ganz nah, das Spiel der Lippen an meinen Schultern, deine Brustwarzen, hart, spitz, dein Geruch, weiter, mehr, ein kleines Beißen in meinen Hals, frech, ein zärtliches Lachen, ein lautes Lachen, ein Schrei, aus dem Publikum, eine Verbeugung, Applaus, ein feuchter Rücken im schwarzen T-Shirt, dunkle Locken, ein Wischen über die Stirn, noch eine Verbeugung, Zugaberufe, mehr! – ein Blick in die Runde, ich bin noch da, die Bälle fliegen in die Luft ... – du bist ein Jongleur.

Anonym, weiblich, Anfang 30

Talkshow interruptus –
oder wie mir Marina und Co. fast den Nachmittag gerettet hätten

Ich lief in meinem Zimmer aus Langeweile auf und ab.
Regentropfen knallten an das Fenster.
Was sollte ich machen?
Es fiel mir nichts Sinnvolles ein.
Aber ich hatte ja einen Fernseher, von dem ich mich den ganzen unglücklichen Tag berieseln lassen konnte.
Ich drückte den An-Knopf an der Fernbedienung und flippte mich durch die Kanäle.
Die nachmittäglichen Laber-Shows flimmerten über den Bildschirm, und ich blieb bei Grete Käfer hängen, die gerade die Gemüter von zwei Parteien beruhigte, die sich über Brust- und Achselbehaarung bei Frau und Mann stritten.
Die Streitrunde langweilte mich schnell, und ich hörte nicht mehr zu.
Statt dessen stellte ich mir Grete in einem Push-up-BH und einem schwarzen Slip vor, durch den man alles sehen konnte.
Das gefiel mir schon besser, aber dann war die Sendung auch schon zu Ende.
Nach einem dieser unzähligen Werbeblöcke lächelte mir ernst Marina Listen entgegen, die das Thema «Fremdgehen – Oder Nicht» hatte.
Die Diskutierenden waren Menschen wie du und ich, rekrutierten sich also aus der scheinbaren Durchschnittsbevölkerung und quasselten sich die Köpfe heiß.
Meine Begeisterung ließ nach, und ich wechselte auf Angela

Miesgärtner, die gerade mit etwas jüngeren Teilnehmern über den «Hang zur Promiskuität» schwatzte.
Sobald ein Werbeblock begann, oder es mich richtig anödete, flippte ich zu Marina und umgekehrt.
Nach diesen zwei unersetzlichen Einrichtungen des modernen Fernsehens hatte ich die Wahl zwischen Fritz Reiser, der sich mit seinen Gästen fragte, ob es moralisch sei, wenn alte Männer sexuelle Beziehungen zu jungen Frauen hätten, und auf dem anderen Programm Joachim Grieg, der mit seinem süffisanten Lächeln Mädchen und Jungen die One-night-Stand-Frage stellte.
Irgendwann waren auch diese Sendungen zu Ende, und ich stand vor einem großen, innerlichen Loch.
Warum nicht ein bißchen onanieren? Das regt oft die Phantasie an und entspannt meistens.
Also machte ich den Fernseher aus und legte mich ausgestreckt aufs Sofa. Mit Daumen, Zeige- und Mittelfinger massierte ich langsam meinen Penis, streichelte die Eichel und ließ langsam die Vorhaut vor und zurück gleiten.
Doch es rührte sich nichts.
Ohne Saft und Kraft hing er zwischen meinen Schenkeln, ohne das geringste Anzeichen des Aufbäumens.
Ich versuchte etwas Ordnung in meine konfusen Gedanken zu bringen und konzentrierte mich auf Frauen.
Grete im Push-up-BH! Angetrieben von lateinamerikanischen Salsa-Klängen tanzte sie lasziv eine Treppe runter. Wirbelnd ver-

lor sie nacheinander BH und Slip. Ihre prallen Brüste bewegten sich zum Rhythmus der Musik, und ihr kreisender Hüftschwung wurde von einladenden Stoßbewegungen unterbrochen.
Am Treppenende packte sie mit ihren Händen ihre Brüste, knetete sie und erschauerte offensichtlich am ganzen Körper. Mit geschlossenen Augen leckte sie die steif gewordenen Brustwarzen und fuhr dann, mit einer Hand über ihren Leib gleitend, zu ihrer Möse, die sie aufreizend rieb.
Diese Vorstellung war eine Hilfe für mich und meinen Degen, der sich nun aufrichtete.
Während ich es mir mit Auf-und-Ab-Bewegungen und sanfter Massage der Penisspitze ordentlich besorgte, lief der Film mit Grete vor meinen Augen weiter ab.
Sie führte gerade stöhnend den Mittelfinger bei sich ein, als plötzlich Joachim Grieg auftauchte.
Er hatte einen leopardengemusterten Tanga an, bei dem das Band zwischen den Arschbacken verschwindet.
Geifernd fragte er sie: «O Grete, du siehst so geil aus. Kann ich dir behilflich sein?»
«Ja, Achim. Ich möchte, daß du mir hier und sofort deine harte Kerze in meine feuchte und gierige Muschi schiebst.»
Grete legte sich auf eine Matratze, die einfach da war, und spreizte die Schenkel.
Ihre Vagina wartete erregt auf den Gast.
Joachim hatte indessen sein Tanga-Höschen schwungvoll ausgezogen, faßte sich beherzt seinen erigierten Penis, der nicht ganz so prächtig wie meiner geraten war, und präsentierte ihn stolz Grete. Er bleckte seine perfekten Zähne und sagte:
«Der kleine Achim und ich werden mit dir eine Talkrunde führen, die du nicht so schnell vergessen wirst.»
Sie zog ihn zu sich runter, nahm seinen Schwanz zwischen ihre Finger und führte ihn ein.
Er legte ihre wohlgeformten Beine auf seine Schultern und

pumpte mit sich steigerndem Rhythmus los. Gretes Blick war voller Lust und Inbrunst. Sie hauchte: «MHHHH. JAAA. Das ist Klasse, Achim. Das ist wirklich GUUUUT!»
Und während Joachim sich abrackerte, betraten Marina Listen und Fritz Reiser die Szene.
Sie hatte ein ledernes Mieder mit Stachelnieten an, das von der Sorte war, bei dem die Brüste und der Vaginalbereich offen liegen. Ihre knusprigen Brustwarzen waren gepierct und sie trug hohe Lederstiefel mit hohen Absätzen. Die Spitzen und Absätze der Stiefel waren mit Eisen beschlagen. Auf der Nase trug sie die typische Marina-Brille, das Haar war streng zurückgebunden, und in einer Hand trug sie eine neunschwänzige Peitsche, in der anderen eine schwere stählerne Kette. Am Ende der Kette befand sich ein Hundehalsband, das Fritz Reiser um seinen Hals hatte. Er war nackt, kroch auf allen vieren und schaute unterwürfig zu Marina auf, die die Neunschwänzige über seinen Rücken knallen ließ.
Idiotisch grinsend und sabbernd verlangte er nach mehr.
Er fing an, sich seinem Dauererigierten einen runterzuholen.
Marina genoß das Spektakel, schloß die Augen und peitschte über Reisers Rücken.
Auch ich war jetzt so richtig in Fahrt, und meine Rakete glühte in meinen Fingern.
Die Eichel war vor Erregung schon feucht, und in wenigen Augenblicken würde mein Penis ein einziger pulsierender Muskel sein, der seine flüssige Ladung in das Nichts verschießen würde.
Ich mußte noch die samtbraune Schönheit unterbringen.
Nur mit einem weißen Negligé bekleidet, durch das man all ihre atemberaubenden sexuellen Merkmale sehen konnte, stakste sie auf hohen Lackpumps herbei. Ihre Brustwarzen waren eine fleischgewordene göttliche Erscheinung. Angela ging zu Grete und Joachim und fragte:
«Darf ich auch mal?»

Mit hoffnungsvollen Augen erwiderte er:
«Aber ja doch, Angela. Ich habe die Kraft für zwei.»
Joachim nahm seinen Schwanz aus Grete raus und rollte erwartungsfroh auf den Rücken.
Doch Angela glitt in die Arme von Grete, sie knutschten, und die Blonde fing an, das Negligé von Angelas Leib zu reißen. Sie rutschte mit ihrer Zunge tiefer, um die dunkelbraunen Brustnippel lecken zu können. Angela lehnte sich genießerisch zurück, rieb ihre große Möse an Gretes Bein, bis diese begriffen hatte. Sie brachte ihre Hand an die saftige Muschi und massierte sie. Nach und nach glitt sie mit einem Finger rein und raus.
Inzwischen lag Fritz geifernd auf dem Rücken und ejakulierte zum x-tenmal.
Sein ganzer Körper war mit seinem Sperma bedeckt.
Marina befahl: «Joachim, du Lausebengel. Komm sofort mit deinem frechen Bohrer zu mir!» Er gehorchte. Marina nahm die Hundestellung ein, streckte ihm ihren Hintern hin und sagte zackig: «Du machst es mir jetzt auf griechisch. Du weißt, was du zu tun hast. Also los!»
Er schob ihre Hinterbacken auseinander und führte seinen Ständer in ihren After ein.
Sie stöhnte laut auf, als er eindrang. Sie sah trotz ihrer gepreßten Lippen zufrieden aus, und Joachim strahlte nur so vor Glück, daß er ihre Analität bedienen durfte.
«Schneller», befahl Marina.
Er kam ins Schwitzen, gab sich noch mehr Mühe.
Fritz jaulte bei der nächsten Ejakulation, Grete leckte indessen zwischen Angelas Schenkeln rum.
Marina und Joachim stöhnten jetzt in einem Rhythmus.
Angela quiekte laut, zitterte am ganzen Körper, umklammerte mit ihren Beinen Grete, warf den Kopf nach hinten ... und kurz gesagt: sie hatten einen wahnsinnigen Orgasmus.

Ich stand auch kurz davor. Ich fühlte, wie sich alles in meinem Körper spannte, um gleich in einem Augenblick reiner Freude zu explodieren.
Heftig schnaufend biß ich auf meine Unterlippe und spürte Schweiß auf meiner Haut.
Mein wunderbares Gerät glühte förmlich vor Lebenskraft und Ekstase.
Plötzlich klingelte es.
Scheiße, dachte ich und hörte auf.
Es klingelte erneut, eindringlicher als zuvor.
Die Phantasieorgie verschwand, und ich bemerkte, wie mein Penis langsam erschlaffte.
Wütend zog ich mir was an und machte die Tür auf, in Erwartung von wirklich wichtigen Dingen.
Vor mir stand mit hochrotem Kopf ein Paketbote, der mir stotternd erklärte, daß die Nachbarin nicht da wäre und ob ich das Paket annehmen könnte. Ich konnte, stellte das Paket beiseite und wollte da weitermachen, wo ich aufgehört hatte.
Ausgestreckt auf dem Sofa, versuchte ich das Bild der Talkshow-Orgie in meinem Kopf zu erzeugen.
Also Grete auf griechisch mit Joachim, Angela und Grete beim Cunnilingus und Fritz allein onanierend.
Es klappte bruchstückhaft, aber es kam nach mehrmaligen Versuchen immer wieder der Paketbote ins Bild, der ein Versandhauspaket loswerden wollte.
Mein Schwanz blieb schlaff. Dieser Talkshow-Nachmittag blieb mal wieder ohne Sinn für mich und Millionen anderer.
Aber morgen würde ein neuer Tag mit Talkshows sein, und ich werde bestimmt wieder einschalten.

Marc Pierdolla, 27 Jahre, Postbote

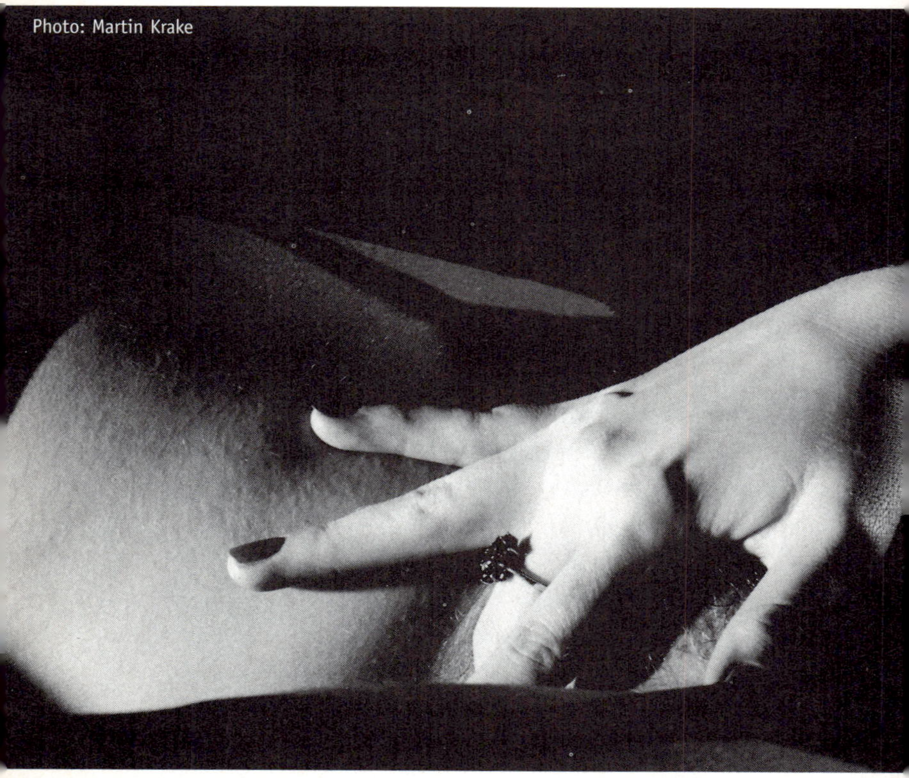
Photo: Martin Krake

Für meinen Liebsten

Da war doch eben so ein Gedanke – und auf einmal kann ich nicht mehr ruhig sitzen.
Noch weiß ich nicht, warum, nervös rutsche ich auf meinem Stuhl hin und her, spanne die Oberschenkel an, lege schließlich ein Bein über das andere.
Doch auch das stimmt mich nicht ruhiger.
Da ist auch wieder das Kribbeln im Bauch, das sich langsam zu meinem Schamhügel vortastet, diesen zum Beben bringt und einen Fluß in Gang setzt, der mir – wie es scheint – fast die Beine herunterrinnen möchte. Nervös fange ich an zu lachen, wechsle fast schon irre zu einem Kichern, während sich meine Zunge selbständig macht und genüßlich über die Lippen gleitet.
Hoch, ich muß aufstehen!
Wie unter Zwang steigen Bilder in mir auf von dir, und das Beben wird zu einem Ziehen, kaum auszuhalten, gleich einem Vulkan vor dem Ausbruch.
Ich eile zum Schreibtisch, hastig öffne ich die Schatulle, meinem größten Schatz, und greife zu den Bildern. Dann schließe ich die Bürotür und lege mich auf den glatten Boden.
Endlich, dich vor meinen Augen, greift mein Finger an die Möse.
Mein Gott, ist sie naß.
Hastig streife ich die Hose herunter und spreize voller Lust meine Beine, so weit wie möglich.
Säßest du, mein Liebster, jetzt vor mir, könnten deine Augen genau hineinsehen in den Liebessumpf.
Wie im Schlaf vollziehen meine Hände das, was du so gern siehst und was du sonst so wunderbar mit mir treibst.
Die linke Hand gleitet langsam unter meinen Arsch, bis sie den

Sündenpfuhl erreicht, die Schamlippen ertastet und mit zwei Fingern weit auseinanderzieht, so weit, daß problemlos der dickste Schwanz oder was auch immer damit Ähnlichkeit hat, hineingeschoben werden könnte.
Dann veranstalten die Finger meiner rechten Hand die wildesten Spiele auf dem Kitzler.
Ich spüre, wie er wächst, groß und dick wird.
Schade, daß du deine Hand jetzt nicht an meine nasse und vor Erregung zitternde Möse pressen kannst. So tue ich es selbst.
Oh, welch Genuß, immer schneller zu reiten auf dem Kitzler und dabei die schleimigen Innenwände meiner Venus zu massieren.
Wild wirft sich mein Körper hin und her, der Arsch streckt sich nach oben in der gewohnten Erwartung deines Schwanzes, der mich zum Höhepunkt treibt und stößt.
Eine kurze Minute nur zum Herausziehen, um den Vorgeschmack auf die Lust des Orgasmus weiter anzustacheln, so lange, bis ich winseln möchte, um die jetzt einzige Gnade, die Lust herbeizustoßen und zu reiben.
Meine Möse ist jetzt so groß, wie ich sie kaum erlebte.
Ich schließe die Augen und lasse meine Finger zu den deinen werden.
Dann stoße ich sie mit aller Entschlossenheit weit und gespreizt hinein in das tiefe Naß, so daß die Berührung vollkommen ist, alles ausfüllt, der Daumen streift über den Kitzler.
Ja, alles ist vergessen, schwarz um mich herum, ein Zucken und Fließen durchjagt mich.
Ich kann nur noch lauthals stöhnen, bis ich erschöpft zurückfalle.

K. C., 32 Jahre, Lehrerin

Liebe Redaktion,
diese Geschichte ist nicht erfunden und soll allen Mut machen, ihre Gefühle zu zeigen und auszuleben. Klar, nicht alles kann so glatt laufen, aber besser, man hat es versucht, als hinterher zu bereuen, nicht gehandelt zu haben. Viele Freunde und Bekannte kennen mein Erlebnis, und es gab nur positive Resonanzen. Wer die folgende Geschichte abstoßend oder unnatürlich findet, muß unheimliche Minderwertigkeitskomplexe haben oder wahnsinnig neidisch sein.

Letztes Jahr im September feierte eine sehr gute Freundin von mir ihr Examen. Sie fragte mich, ob ich nicht Lust hätte, an diesem Abend die Theke zu machen. Da ich sehr viel Spaß daran habe, auf Partys auszuschenken, war ich natürlich gleich zur Stelle.

Ich kannte nur zwei der ca. 80 Gäste, aber ich habe mich mit allen prima verstanden. Nach einiger Zeit fiel mir ein Mädchen auf. Ihre Blicke waren ziemlich direkt. Zuerst dachte ich mir nichts dabei, aber es fiel auf, daß sie immer öfter zu mir an die Theke kam und sich etwas zu trinken bestellte. Daraufhin flirteten wir ziemlich offensichtlich, und – obwohl ich nie etwas mit Frauen gehabt habe, geschweige denn es auch vorhatte – es war ganz schön aufregend. Etwas später stellte sich Kathy vor, und wir tauschten unsere Adressen aus.

Damit begann eine wundervolle Brieffreundschaft (obwohl sie nur 10 Minuten Fußweg weit weg wohnt!). Wir schrieben uns fast jede Woche. Einige Male schon wollten wir uns treffen, aber irgendwie kam immer etwas dazwischen. Wir sahen uns dann acht Monate nicht, hatten nur hin und wieder telefoniert. Wir vermißten uns, denn der Abend, an dem wir uns kennenlernten, war echt lustig.

An einem Freitagabend rief ich sie an. An diesem Tag hatte ich meine Abschlußprüfung, und sie wollte natürlich wissen, wie es ausgegangen war. Nachdem ich ihr von der bestandenen Prüfung berichtet hatte, sagte sie, sie wäre heute in einer Discothek ganz in unserer Nähe und ob ich nicht Lust hätte, mit-

Wenn Phantasie zur Realität wird

Photo: Frank Heer

zufahren. Ich lehnte ab, da ich wußte, daß sie mit vielen Freunden loszog. Und so ganz allein wollte ich dann auch nicht dabei sein.

Im Hinterkopf hatte ich aber doch schon jemanden, der eventuell mit mir hinfahren würde.

Um halb zwölf kamen Vanessa und ich in der Disco an, aber von Kathy war noch nichts zu sehen. Es war ja auch noch sehr früh. Um zwei war immer noch nichts von ihr zu sehen. Ich hatte mich schon damit abgefunden, daß mal wieder etwas dazwischengekommen war und ich sie auch heute nicht wiedersehen würde. Doch als ich wieder mal zur Theke sah, entdeckte ich sie endlich. Zuerst war ich mir gar nicht sicher, aber als ich sie eine Weile beobachtet hatte, gab es keinen Zweifel mehr.

Ich bat Vanessa, kurz zu warten. Als auch Kathy mich gesehen hatte, kam sie gleich rüber, und wir fielen uns in die Arme. Obwohl wir uns so lange nicht mehr gesehen hatten, war sofort eine ziemlich entspannte und vertraute Stimmung zwischen uns. Sie stellte mich ihren Freunden vor. Ich war richtig von ihr angetan, wollte es aber irgendwie gar nicht wahrhaben. Ich konnte mich doch nicht etwa wirklich in sie verliebt haben?!

Ich ging wieder zu Vanessa, die bald wieder nach Hause fahren wollte, da sie am nächsten Tag arbeiten mußte. Aber ich dachte mir: jetzt oder nie. Vanessa hatte nichts dagegen, daß ich noch bleiben wollte. Ich brachte sie noch zum Wagen und verabschiedete mich.

Auf der Tanzfläche sah ich Kathy wieder. Sie tanzte mit einem Jungen. Ich bin trotzdem zu ihr hin, und als sie mir entgegen kam, fragte ich sie, ob der Typ ihr Freund sei, worauf sie fragte, ob ich etwa eifersüchtig sei. Da wir uns aus den Briefen ja schon recht gut kannten und immer ehrlich zueinander waren, bejahte ich.

Wir waren schon ein wenig angetrunken. Sie umarmte mich

und wir tanzten (der Junge, mit dem sie kurz zuvor getanzt hatte, war irgendwie verschwunden). Schließlich faßte ich mir ein Herz und zog sie zum Rand der Tanzfläche. Ich sagte ihr, daß ich sehr viel für sie empfände, und nach einigem Zögern sagte sie, daß sie sich schon oft vorgestellt hätte, mit mir zu schlafen. Etwas Besseres hätte sie in diesem Moment wirklich nicht sagen können. Ich reagierte mit der Frage, wo denn das Problem liege, sie war manchmal sehr zurückweisend und hatte mir gleich in ihrem ersten Brief geschrieben, daß sie nur auf Jungs stehen würde.

«Ich trau mich nicht», sagte sie.

Ich gab ihr einfach einen Kuß, den sie aber nicht erwiderte. Das verdutzte mich, und da ich in diesem Moment wieder völlig verunsichert war, zog ich mich wortlos zurück und bestellte mir ein Bier. Sie hatte doch gesagt, daß sie sich schon ein paarmal vorgestellt hätte, mit mir zu schlafen. War das etwa nur so dahergeplappert? Das konnte ich mir einfach nicht vorstellen, nicht bei einem solch brisanten Thema.

Aber ich wollte mir auch nicht mehr den Kopf darüber zerbrechen und versuchte, an etwas anderes zu denken und die derzeitige Situation erst einmal so zu belassen. Ungefähr nach einer halben Stunde stand Kathy wieder neben mir und sah mir tief in die Augen. Ich tat nichts, da ich immer noch nicht viel mit der ganzen Sache anfangen konnte. Und ich wollte nicht wieder etwas falsch machen. Mir war immer noch unklar, was sie eigentlich genau von mir wollte. Kurze Zeit später nahm sie meine Hand und bat mich, mit auf die Toilette zu kommen. Ich war ziemlich perplex, aber ich ging natürlich widerstandslos mit.

Nachdem wir uns auf dem Klo eingeschlossen hatten, sahen wir uns eine ganze Zeitlang an. Ich brach das Schweigen und erzählte ihr noch einmal, was ich für sie empfinde, und wollte eine Stellungnahme, weil mich das Ganze ziemlich verrückt machte. Sie aber sah mich weiterhin nur an. Ihr Blick intensivierte sich, und es entstand eine wahnsinnige Spannung zwischen uns. Sie deutete einen Kuß an, zog aber wieder leicht zurück. Das wiederholte sich zwei- bis dreimal. Dann konnten wir nicht mehr.

Sie muß genauso empfunden haben wie ich, denn was nun folgte, hatte ich noch nicht einmal in meinen heißesten Träumen erlebt! Wir fielen regelrecht über uns her und küßten uns mit einer solchen Leidenschaft, wie ich nie zuvor empfunden hatte. Stürmisch zog sie mein Oberteil aus, und ich stand mit nacktem Oberkörper vor ihr. Sie schob mich auf die Toilette, setzte sich auf mich und küßte meine Brüste, meinen Hals und alles andere. Vor lauter Erregung vergaß ich sogar, wo wir uns eigentlich gerade aufhielten. Schließlich ist es auf der Toilette normalerweise ja nicht so romantisch. Wir waren, wie gesagt, völlig in uns vertieft, da kam eine von Kathys Freundinnen und rief, daß sie gleich nach Hause wollten und Kathy sich gefälligst beeilen sollte.

Kathy antwortete nicht. Sie gab mir noch einen langen, zärtlichen Kuß und ging hinterher. Ich schloß die Tür hinter ihr und zog mich erst mal wieder schnell an, denn ich mußte ja auch irgendwie wieder nach Hause kommen. Dann rannte auch ich los und hatte das Glück, Kathy noch zu erwischen. Sie nahm mich mit, und es war wie selbstverständlich, daß ich die Nacht bei ihr verbringen würde. Wir gingen gleich ins Bett, und ich fühlte mich selten so befriedigt und glücklich wie in dieser Nacht.

Wir sind heute nicht fest zusammen, haben aber oft das Bedürfnis, diese eine Nacht zu wiederholen, solange wir noch Zeit dafür haben … – immer wieder.

Christina E., 20 Jahre Kauffrau

Das Geburtstagsgeschenk

Wie jedes Jahr im Juli veranstaltete Simone, eine gute Freundin von mir, auch '95 ihre Geburtstagsparty. Jener Tag war einer der heißesten des Jahres, ich verbrachte ihn größtenteils in und am Baggersee in der Nähe von Schleißheim.

Die Sonne hatte den ganzen Tag auf meinen hageren Körper gebrannt, so daß ich gegen 18 Uhr, als ich zu Hause war, vor Müdigkeit ohne weiteres hätte ins Bett gehen können. Ich genehmigte mir statt dessen eine kühle Dusche, die mich wieder einigermaßen fit machte.

Ich schwang mich auf meinen Drahtesel und radelte gemütlich zum Haus von Simone mit dem Ziel, einen schönen Abend zu verbringen und richtig voll zu werden.

Als ich ankam, blieb ich wie so oft, wenn ich auf Besuch kam, vor der Gartentür stehen und schaute auf einen Traum von Haus. (Das Grundstück lag etwa zehn Kilometer außerhalb Münchens und war so weit genug vom Zentrum des Wahnsinns entfernt.)

Ich glotzte die Vorderseite des Hexenhäuschens an. Dies war der einzige Zugang zum Haus, an den Seiten und hinten wurde es von mächtigen Tannen verhüllt. Ansonsten war nicht viel zu erkennen, die Pflanzen wuchsen, wie sie wollten, so daß der ganze Garten am Verwildern war. Kein Mensch kümmerte sich und mähte den Rasen etc., einzig und allein der Hanf wurde gehegt und gepflegt, und das war gut so.

Ich war hier ziemlich oft zu Besuch, falls es das Wetter erlaubte. Wir hatten unzählige Abende mit Flänzen, Trinken,

Rauchen und Philosophieren verbracht, und das meist bis in die frühen Morgenstunden. Manchmal waren wir nur zu zweit, oft aber zu mehreren, MitbewohnerInnen (der 7er WohngenossInnen-schaft) von Simone oder gemeinsame FreundInnen.

An *dem* Tag waren bereits so an die zwanzig Personen anwesend, als ich ankam (die Affen hatten meine Träumerei vor dem Gartentor durch Geschrei zunichte gemacht). Als ich die leeren Bierfässer gesehen hatte, dachte ich mir nur, daß sie schon länger dasein müßten.

Nachdem ich alle begrüßt und Simone ein Küßchen auf die Wange gedrückt hatte – wobei ich die üblichen Geburtstagsfloskeln losgeworden war –, entschuldigte ich mich für mein nicht vorhandenes Geschenk, das ich nachreichen würde. Sie erwiderte, daß meine Anwesenheit genug Geschenk sei usf. Wir tauschten das übliche sinnlose Blabla aus, das uns eigentlich zuwider war, und was wir eigentlich voneinander wußten.

Es ist sowieso ein Phänomen, *worüber* Menschen sprechen. Der größte Teil des Geschwätzes ist reine Energieverschwendung. Ein Bekannter meines Cousins hatte es eines Tages so satt, daß er zu reden aufhörte. Drei Monate lang sagte er kein Wort, wirklich Wichtiges schrieb er auf einen Zettel, den er nach dem viertel Jahr meinem Cousin zeigte. Es waren keine fünf Sätze notiert. Und er war mit dem Alltag genauso fertig geworden wie die vielen Dummschwätzer, die sich über ihre neuen Gardinen unterhalten.

Mir persönlich wird oft *Mundfaulheit* vorgeworfen, weil ich nicht ständig der Sinnlosigkeit beisteuere und es auch nicht will. Auch bei *FreundInnen*, die es eigentlich kapiert haben müßten, kommt es vor, daß ich gefragt werde, ob ich «schlecht drauf» sei, wenn ich nicht viel rede. Doch gerade in einer Freundschaft muß mensch sich anschweigen können, ohne es unangenehm zu finden. Trotz all dieser Erkenntnis: es kommt vor, daß ich selbst diesen oberflächlichen Scheißdreck von mir gebe, den niemand hören will.

Allmählich tauchte ich in die Partygesellschaft ein und genehmigte mir die erste Hopfenkaltschale. Sofort war ich auch in die Kifferrunde integriert, was mir im Gegensatz zu einem «Nein!» (wenn ich mal keinen Bock habe) nie schwerfällt. Der Abend nahm so den üblichen Verlauf, es wurde gefressen, gesoffen und irgendwann auch gesportelt, und zwar auf dem Dach des Hauses.

Fitneßmäßig war diese Form des Kletterns die einzige Sportart, die ich zu der Zeit betrieb, neben *Matratzensport*, wobei ich meistens mit mir selbst schlafen mußte.

Was das mitunter gefährliche Bewandern der Dächer ausmachte, kann ich nicht genau sagen. Der Reiz des Waghalsigen war es nicht, da ich wie jedesmal eine Menge Alk intus hatte und somit ziemlich relaxt war. Gerade bei dem Dach des Hexenhäuschens knackten und krachten die Ziegel regelmäßig unter unseren Latschen. (Im nachhinein wundere ich mich, daß bis dato noch nie einer von uns dabei abgestürzt ist.)

Wie jedesmal genoß ich den Ausblick, während ich auf dem Kamin saß. Die Lichter Münchens erhellten den Nachthimmel, sie blendeten fast ein wenig. Ich saß da und dachte über diese verdammte Stadt nach, wo ich diesem Sport schon öfters nachgegangen war. Gerade in der Innenstadt war es ein leichtes, meinetwegen eine Stunde lang von Dach zu Dach zu geistern, ohne auch nur einmal auf den Gehweg oder die Straße hinab zu müssen.

Als ich wieder festen Boden unter den Füßen hatte, waren die ersten bereits eingeschlafen, sie lagen verstreut im Gras herum. Es sah beinahe so aus, als ob sie alle in einen Kniffelbecher gesteckt und danach wieder ausgewürfelt worden wären. Die Schlafsäcke dienten als Matratzen, um diese Uhrzeit waren sie einfach zu eng, als daß mensch hineinschlüpfen gekonnt hätte.

Durch die optimale Mischung meiner Lieblingsdrogen stiegen Gefühle in mir auf, die von meinem Schritt ausgingen. Es war der Punkt erreicht, an dem ich es auf körperliche Kommunikation mit dem anderen Geschlecht anlegte. Die guten Vorsätze (es *darauf* nicht anzulegen) hatte ich zwar nicht vergessen, doch waren sie mir in diesem Moment wurscht. Es zählte das Hier und Jetzt, ich *lebte*, und zwar nicht gestern und (vor allem nicht) morgen, sondern just in diesem Moment. Ich wandte mich Simone zu, die mir ziemlich voll erschien. Ich erzählte ihr, daß ich doch noch ein Geschenk für sie hätte, es wäre in ihrem Zimmer. Sie lächelte mich an, nahm mich an der Hand und führte mich in ihre 25 qm.

Als die Tür geschlossen war, fragte sie mich, was es denn sei.

«Ich», lautete die richtige Antwort, ich klärte sie aber weiter auf. Mein Präsent bestand darin, daß ich mich für die restliche Nacht zu ihrem Besitz machen würde, sie könnte mit mir anstellen, was sie wollte.

«Küß mich», antwortete Simone kühl. Schon spielten unsere Zungen das schöne Spiel, ich ließ meine Hände unter ihr rabenschwarzes Shirt gleiten und streichelte ihre kleinen, nackten Brüste.

«Fester, nimm sie in den Mund.» Ich tat wie befohlen und züngelte um ihre harten Warzen. Meine Erregung stieg, die leichte Dominanz, die sich in ihrem Tonfall und dem bestimmten Blick ausgedrückt hatte, machte mich beinahe unzurechnungsfähig. Ich war spitz wie ein Dartpfeil, der gerade die Fertigung verlassen hatte.

Die nächste Anweisung hieß «Ausziehen!», damit meinte sie uns beide. Schon standen wir uns nackt gegenüber, Simone stellte ihr linkes Bein auf einen Stuhl und schaute mir wie Henryetta Rollins in die Augen. Es lief mir kalt den Rücken runter.

Ihre Augen, diese verdammten, geilen Augen. Sie hatten mich vom ersten Augenblick unserer Bekanntschaft an fasziniert. Sie hatten einen Blauton, der schon eher in Richtung Grau ging. Diese Farbkombination strahlte eine eiskalte Tiefgründigkeit aus, ich hatte das Gefühl, als könnte ich kilometerweit in sie hineinsehen. Doch bei aller Anstrengung konnte ich nichts erkennen.

Ich denke, daß sie sich dessen ungefähr bewußt war, im nächsten Augenblick setzte sie ihr Merkmal gekonnt ein und verlangte, daß ich sie lecken sollte. Während ich mich hinkniete, stellten sich meine Nackenhaare auf.

Niemals war ich in so einer Situation gewesen. Es war nur noch geil, ich war *gebändigt* von den Geschehnissen, obwohl es nur ein Spiel war. Ich fühlte mich in meiner Rolle optimal aufgehoben – ohne dieses Gefühl wäre es wohl ein wenig problematisch für mich gewesen.

Ich küßte die Innenseiten ihrer warmen Schenkel, danach die Lippen und den kleinen Knopf. Langsam setzte ich meine Zunge ein, indem ich sie nach zärtlichem Kosten der Schamlippen heftig nach vorne stieß. Sie begann wie eine Katze zu schnurren und packte mich an meiner Matte. Ich nahm (unaufgefordert) meine Finger zu Hilfe und ließ sie schließlich in ihren beiden weichen Schönheiten verschwinden. Ihr Griff wurde stärker, ebenso ihr Stöhnen. Sie drückte plötzlich meinen Kopf fest zwischen ihre Schenkel, bis sie kam. Es schien ein gewaltiger Höhepunkt zu sein, sie spritzte regelrecht in meinen Mund. Ich küßte nochmals ihre kleine Spalte, stand auf und steckte ihr schließlich meine mehlige Zunge in den Rachen.

Sie verzichtete auf eine Pause, kniete sich ebenfalls hin, und ich sollte aufstehen. Mein Schwanz tanzte vor ihrem Gesicht, sie nahm ihn in die Hand, wobei ich beinahe explodierte. Sie umschloß mit ihrem Mund meinen Pimmel und saugte wie an einem Wassereis, dem sie die Farbe entziehen wollte. Ich wurde unruhig, worauf sie ihren Zungenring an meiner Eichel auf und ab blitzen ließ. Wenig später schoß ich los.

Nachdem ich mich hingesetzt hatte, befahl sie mir, mich auf den Rücken zu legen. Sie kam über mich, indem sie ihre Schenkel spreizte und sich mit ihrer Muschi auf meinen keuchenden Mund setzte. (Ich verschwieg, daß dies meine Lieblingsstellung war.) Der Rhythmus ihrer Bewegungen paßte optimal zu den schmatzenden Geräuschen, die unsere Lippen verursachten, mein Zauberstab regte sich auch wieder. Er verlangte nach einer warmen Höhle, in der er das alte Rein-Raus-Spiel vollführen konnte.

Simone setzte sich gefühlvoll auf meinen Schwanz, um im nächsten Moment einen Höllenritt zu beginnen. Bevor es uns kommen sollte, stieg sie ab und reckte mir ihren wunderschönen Hintern zu. Sie sprach ein etwas anderes «Leck mich am Arsch», als sie es sonst zu mir gesagt hätte. Ich tat wie verlangt, bis sie mir ihren Wunsch als Befehl nahebrachte, sie in den Po zu ficken. Währenddessen spielte ich an ihrer Muschi rum, bald verkrampfte sie und kam. Kurz darauf spritzte ich meinen Samen in ihren Darm. Ziemlich geschafft legte ich mich auf sie und ließ alles noch eine Weile stecken, wo es war.

Nach einer Zigarette ging es weiter. Es begann, als sie mich wieder in den Mund nahm. Kurz darauf saß sie wieder auf mir und hüpfte auf und ab. Besser gesagt, sie sprang auf und ab. Ich war bis dahin durchaus heftigen Sex gewöhnt, *dieses* Programm war jedoch neu für mich.

Sie stützte sich mit den Fäusten auf meinen Brustkorb auf, was ziemlich weh tat. Um mich zu revanchieren, kniff ich in ihre linke Arschbacke, drei Finger meiner linken Hand führte ich ihr auf einmal ein. Es gefiel ihr scheinbar, sie fing an zu stöhnen und klemmte sich meine Brustwarzen zwischen ihre Daumen und Zeigefinger, daß es eine Wonne war. Darauf biß ich leicht in eine der ihrigen, sie schrie leicht auf, worauf ich etwas erschrocken aufblickte. In diesem Moment bekam ich einen Schlag mit der flachen Hand ins Gesicht, Simone schrie mehr als sie stöhnte und kratzte mich während ihres Höhepunktes an der Brust, daß ich zu bluten begann.

Ich ließ sie nicht *runterkommen*, sondern schmiß sie mit einer gekonnten Rechtsbewegung von mir. Eine Sekunde später war ich wieder in ihr und fickte mir wie ein Missionar die Seele aus dem Leib. Eine halbe Minute später pumpte ich ihr den spärlichen Rest meines Samens zwischen die Schamlippen.

Als ich langsam wieder zu mir kam, küßte ich Simone in den Mund. Wir lagen uns gegenseitig in den Armen und knutschten eine Zeitlang. Ich war ihr so nahe, wie es noch nie der Fall war und nie wieder sein würde (mal sehn, was sie mir zum Geburtstag schenkt).

Nach einiger Zeit legte ich mich auf den Rücken und zündete mir eine Kippe an. Sie setzte sich auf mich und dankte mir für das «schönste Geschenk des Tages». Ich streichelte gerade ihr Gesicht, als es schlagartig unten rum heiß wurde. Sie pißte doch tatsächlich auf meinen Schwanz und rieb ihre Muschi währenddessen an ihm. Noch während sie auslief, sah sie mir in die Augen und küßte mich schließlich mit einer Zärtlichkeit, wie ich sie bis dahin noch nie gefühlt hatte. Es kam in mir bedingungsloses Vertrauen auf, wir waren uns so nahe.

Durch ihr Pinkeln hatte sich noch einmal Leben in meinem Piephahn angekündigt, wir ließen es aber bleiben. Wahrscheinlich hätte ich eh nur noch heiße Luft geben können, wenn überhaupt.

Einige Tage nach diesem Liebeserlebnis fiel mir ein, daß das eigentliche Geschenk eventuell erst in neun Monaten kommen würde. Dies wäre mit Sicherheit das teuerste meines ganzen Lebens gewesen.

Roman Kollar, 25 Jahre, Student

NACHSPIEL

Wenn auch Sie Lust bekommen haben, uns zu schreiben oder Fotos zu schicken, wir freuen uns. Senden Sie uns Ihre erotischen Erlebnisse und Phantasien von sanft bis wild, von angedeutet bis direkt. Es wäre schön, wenn Sie noch ein paar Zeilen über sich schreiben könnten: ihr Alter und Geschlecht, Ihren Beruf und was Sie mit der Geschichte verbinden. Ihr Beitrag kann, muß sich aber nicht an den Texten dieses Buches orientieren. Aus Ihren Einsendungen werden wir in einiger Zeit ein neues Buch zusammenstellen.

Vielen Dank im voraus.

Andrea Baldauf/Stefan Biele
Redaktion Lust & Liebe
Postfach 10 35 01
28035 Bremen

Autorinnen / Autoren
Photographinnen / Photographen
Herausgeberin / Herausgeber

A. K.: 37 Jahre, männlich, Literaturwissenschaftler.

Apollon, Tania: 39 Jahre, Ärztin Dr. med.

Andreas: 36 Jahre, Steuerfachangestellter.

B.: 29 Jahre, weiblich, Diplompädagogin, arbeitet im Theaterbereich.

Baldauf, Andrea: Jahrgang 1960, Diplompädagogin, lebt in Bremen. Herausgeberin von «Was uns anmacht – Die sexuellen Phantasien der Deutschen».

Belwe, Andreas: geboren 1962. Herausgeber einer Regionalzeitung. Mitarbeit bei einer Kabarettgruppe. Studium von Philosophie, Psychologie, Kommunikationswissenschaft. Promotion zum Dr. phil. Beiträge für Anthologien, Literaturzeitschriften, Lifestylemagazinen. Eigene Bücher: Das Totenbuch – Ein Protokoll, München 1996. Gesicht aus Stein – Kurzprosa-Sammlung, München 1996.

Berg, Maya von: 23 Jahre, Krankenschwester. Die Geschichte ist geschrieben in Gedenken an meine Nächte mit M.

Biele, Stefan: Jahrgang 1961, Studium der Architektur und Psychologie, arbeitet als Psychologe an einer Beratungsstelle in Norddeutschland, Herausgeber von «Was uns anmacht. Die sexuellen Phantasien der Deutschen».

Böhning, Gabriele: 50 Jahre, Drogistin, Sachbearbeiterin, Journalistin. Autorin «Feuervögel» – Liebes-Lyrik. «Das Lächeln des Wanderers» – Lyrik. Beide Scheffler Verlag, Herdecke. «Der Hammel Neid und andere ...» Leim-Reime, Foque-Verlag.

Brofazy, Susanne: 33 Jahre, Theater-, Film- und Fernsehwissenschaftlerin. Drehbuch, verschiedene Kurz- und Dokumentarfilme.

Busch, Andreas: 43 Jahre, viele Berufe, zusammenfassend «Ein Arbeiter der Stirn und Faust». Studium in Münster/ Westf.: Russisch und Englisch. Textbeiträge für Motorradzeitschriften, Redenschreiber, erotische Kurzgeschichten, Trivialliteratur, Heftchenromane etc.

Christoph, Katrin: 32 Jahre, Lehrerin.

Cordero, Isabel: Pseudonym

Dachwitz, Armin: 38 Jahre, Elektroinstallateur.

E. Christina: 20 Jahre, Kauffrau für Bürokommunikation.

Frido: 41 Jahre, männlich, Friseurmeister.

Gretter, P.: weiblich, 24 Jahre, Arzthelferin.

Grossgebauer, Thomas: 21 Jahre, Student Architektur. Seit 1995 glücklich verliebt.

Halbig, Johannes: 44 Jahre, Sonderschullehrer. 2 Kinder, alleinerziehend. Verschiedene Zeitschriftenartikel.

Heer, F.: Künstler. Fotos.

Hennemann, Silke: 34 Jahre, Finanzbeamtin, Dozentin, Diplom-Finanzwirtin. Studium Deutsch, Geschichte.

K. F.: 26 Jahre, Fremdsprachenkorrespondentin.

Katharina: 26 Jahre, sozial Arbeitende.

Katharina Anna: 75 Jahre, Rentnerin, kaufmännische Angestellte. Zwei Kinder, vier Enkelkinder. Mitglied in einem Literaturkreis, schreibt auch ernsthafte Texte.

Kalbheim-Gapp, Eva Maria Dr.: Jahrgang 1964, Ärztin, Journalistin, Referentin, Mutter. Lebt und arbeitet in Bonn. 1982 Veröffentlichung bei Rowohlt («Eine Nacht in New York City», rororo 7510).

Kiray-Hüholt, Barbara: Jahrgang 1956. Seit kurzem verwitwet, alleinlebend, voll berufstätig. Gedichte, Kurzgeschichten, Fragmente (alles zum eigenen Vergnügen, Krimi in Arbeit).

Kleinhenz, Stefanie: 32 Jahre, Filmemacherin.

Kohl, Paul: 43 Jahre. Fotos. Zahlreiche Veröffentlichungen: u. a.

Stern, Elle, Süddeutsche Zeitung, Vamica, Vital, Screen Multimedia, Heimliches Auge, Konkursbuch Verlag.

Kollar, Roman: 25 Jahre, Student. Veröffentlichungen: «Am Scheideweg» (Kurzgeschichten) im Literror-Verlag, diverse Kurzgeschichten.

Kopka, Dieter: 51 Jahre. «Die Erotik und das heulende Elend» – Aufsätze über Erotik und Gesellschaft, 1984.

Krake, Martin: Fotos.

Küster, Sabine: 31 Jahre, Lesbe, Kulturmanagerin. Arbeitet und forscht zu allen Gebieten von lesbischer/frauenbewegter Sub-Kultur.

Liv: 21 Jahre, weiblich, Medizinstudentin.

M. W.: 29 Jahre, männlich. Mitarbeit u. a. beim Sterz (Österreich).

Malia, Ani: 1963 geboren. Studentin der Politik und Geschichtswissenschaften.

Mores, O. de: 38 Jahre, männlich, Landwirt. Veröffentlichungen von Gedichten, Artikeln, einigen Bildern.

Müller, Jens: 32 Jahre. Fotos.

Müller, Margrit: 33 Jahre, Fotografin.

Müller, Olaf: 34 Jahre, Journalist.

Peters, T.: Redakteurin. Studium der Kunstgeschichte, Volontariat bei einer Agentur.

Pierdolla, Marc: 27 Jahre, zur Zeit Postbote. Das Übliche: Wegen Fehltritten im alkoholisierten Vollrausch wurde ich mehrmals aufgegriffen, verhaftet und verurteilt (Sachbeschädigung, Hausfriedensbruch, Beamtenbeleidigung, Diebstahl etc.). Nach dieser Phase versuchte ich mich am Westfalen Kolleg Dortmund weiterzubilden. Das brachte mir nach drei Jahren ein Zeugnis und das Gefühl, das Wort «Literatur» richtig buchstabieren zu können, ein.

Püschel, Erich: geb. 16. 06. 1958, Fotograf.

R., Stefanie: 29 Jahre, Hausfrau.

R., Denise: 29 Jahre, alleinerziehende Mutter von einem dreijährigen Sohn.

S., Pedro: 70 Jahre, Professor.

S., Nina: 22 Jahre, Studentin.

Schock, Frank: 30 Jahre, Chemiker, Photograph.

Simon, Roswitha: 35 Jahre, Krankenschwester.

T. J.: 48 Jahre, männlich, Photograph & Schriftsteller.

T. H.: männlich, 35 Jahre, Arzt.

Teufel, Christine: 28 Jahre, Steuerfachwirtin.

Tipper, Gaby: Jahrgang 1965. 1985 Röntgenassistentin und Berufstätigkeit in Bonn. 1989 Studium an der Universität Bremen Deutsch und Kunst auf Lehramt. Examensarbeit im Fach Kunst. «Über die Erotik in der Aktfotografie».

Ulm, Rudi: Fotos.

Umberty-Kater, Kattrin: ewige 35, momentan rege Erwerbslosigkeit, sonst Buchbereich. Studium in Berlin und Göttingen, geheimes Leben.

V. S.: 24 Jahre, Azubi Schiffahrtskaufmann.

Wolf, Jutta: Photographin.

Werner, Christian: 60 Jahre, Kaufmann, Lehrer.

Wollanik, Erika: 55 Jahre.

Wulf, Hans: 42 Jahre, Sozialarbeiter, Dolmetscher und Übersetzer.